AS FRONTEIRAS AFRICANAS

TÍTULO ORIGINAL
LES FRONTIÈRES AFRICAINES

AUTOR
Fernando José da França Dias Van-Dúnem

EDITOR
EDIÇÕES ALMEDINA, S.A.
Avenida Emídio Navarro, 81, 3D - 3000-151 Coimbra
Tel.: 239 851 904 · Fax: 239 851 901
www.almedina.net · editora@almedina.net

REVISÃO DA TRADUÇÃO DO FRANCÊS
Filipe Jarro

CAPA
Joana Carvalho

PAGINAÇÃO
João Jegundo

IMPRESSÃO E ACABAMENTO

junho 2023

DEPÓSITO LEGAL

ISBN 978-989-40-1281-8

AS FRONTEIRAS AFRICANAS

Fernando José da França
Dias Van-Dúnem

ALMEDINA

NOTA PRÉVIA

A obra que ora se dá à estampa, «As Fronteiras Africanas», foi escrita entre 1966 e 1969 e constitui a tese de doutoramento do autor, Fernando José da França Dias Van-Dúnem, à data um jovem exilado angolano, em Aix-en-Provence, na França.

Fernando França Van-Dúnem integrou o grupo de 100 estudantes das antigas colónias portuguesas que, em 1961, abandonaram clandestinamente Portugal para se juntar aos Movimentos de Libertação Nacional. Completara o 4.º ano da Faculdade de Direito, estudos que iniciou em Coimbra, transferindo-se a seguir para Lisboa. Depois de uma passagem pelo Gana, França Van-Dúnem concluiu o curso de Direito em Utrecht, na Holanda, onde se tornou assistente de Direito Internacional Público, sob a direcção do Professor Maarten Herman Bos.

A tese, apresentada na Faculdade de Direito e Ciências Económicas de Aix-en-Provence, foi discutida em Maio de 1969 perante um júri presidido pelo Professor Paul de Geauffre de La Pradelle de Leyrat, tendo como arguentes os professores Michel Henry Fabre (Decano da Faculdade) e Claude Gour (professor da mesma Faculdade).

Aprovado por unanimidade, com a classificação de distinção e louvor (*summa cum laude*) pelo júri assim instituído, o autor mudou-se para Bujumbura, no Burundi, onde, por três anos, entre 1969 e 1971, como *chargé de cours ordinaire*, leccionou Direito Internacional Público, Direito Constitucional e Direito Administrativo.

Em 1971, quando finalmente tinha reunido condições de distanciamento temporal para rever e publicar a tese, recebeu e aceitou uma proposta para trabalhar na então Organização da Unidade Africana-OUA, em Addis Abeba, como Adjunto do Conselheiro Jurídico. Em 1972, foi nomeado Chefe de Departamento de Recursos Humanos e Chefe Interino da Direcção de Administração e Conferências, tendo, em 1978, sido colocado em Genebra, como Representante Adjunto da OUA junto da ONU, encarregado dos assuntos políticos, jurídicos e de informação. O seu novo contexto profissional, que se prolongou por mais de oito anos, confrontou-o com a necessidade de ponderação da oportunidade e de adequação da publicação de uma tese que, sendo jurídica, envolvia opiniões que questionavam posições defendidas por importantes membros da Organização.

Iniciou-se então um processo de adiamentos sucessivos, motivados sempre por razões de ordem profissional, ainda que de diferentes naturezas.

A Independência de Angola acabou por ditar o regresso de França Van-Dúnem à sua pátria natal, onde exerceu funções políticas da mais alta responsabilidade, primeiro, como diplomata (Embaixador Extraordinário e Plenipotenciário de Angola nos Reinos da Bélgica e da Holanda e junto da então Comunidade Económica Europeia, inicialmente; e em Portugal e Espanha, depois) e, mais tarde, como Vice-ministro das Relações Exteriores, Ministro da Justiça, Ministro do Plano, Primeiro-ministro (cargo que exerceu por duas vezes, de 1991 a 1992 e de 1996 a 1999, respectivamente), deputado e Presidente do Parlamento Nacional. Simultaneamente, no plano internacional, foi membro e primeiro vice-presidente do Parlamento Pan Africano, com sede em Midrand, na África do Sul.

A elevada exigência das funções que desempenhou não lhe deixou as condições de espaço e tempo necessárias à revisão, tradução para português e publicação da tese de doutoramento. Porém, nunca abandonou esse objectivo, que agora realiza, com a publicação de uma versão em português, traduzida do original, em francês (que permanece ainda inédito), e revista por Filipe Jarro.

Identificam-se no texto algumas referências datadas (máxime, nomes de Estados e de cidades que foram, entretanto, alterados). O autor decidiu conservá-las por corresponderem ao tempo em que a tese foi redigida e às condições e pensamento dominantes, na época.

«As Fronteiras Africanas» têm uma dimensão simultaneamente histórica e actualista. Exprimem o «estado da arte» nos anos 60 do século passado, ao mesmo tempo que fixam o traçado das fronteiras de África de acordo com princípios doutrinários que perduram ainda hoje e cuja preservação é essencial à manutenção da paz e à prevenção de conflitos regionais.

É uma obra essencial para a compreensão dos processos de delimitação do território dos modernos Estados africanos e das regras-chave dos equilíbrios que garantem a estabilidade e as relações pacíficas entre os Estados do continente.

Muitas das fontes identificadas por França Van-Dúnem não serão hoje facilmente acessíveis. O anexo em que descreve exaustivamente as fronteiras de cada um dos Estados africanos na data em que fez a pesquisa (entre 1966 e 1969) constitui um auxiliar histórico de valia única na fixação do desenho do território de cada um dos Estados do continente.

A relevância e actualidade do tema fizeram com que, mais de quarenta anos volvidos sobre a data dos trabalhos do autor, o Departamento de Paz e Segurança da Comissão da União Africana, no âmbito do Programa Fronteiras, editasse, em 2013, uma publicação intitulada «Delimitação e Demarcação das Fronteiras em África», em que, além da enunciação de princípios e de metodologias de trabalho, enfatiza a necessidade de pesquisa de documentos e de arquivos sobre as fronteiras e da identificação de fontes de informação para a sua reafirmação.

Depois de concluir a licenciatura em Direito em Utrecht, Fernando França Van-Dúnem obteve um diploma de Estudos Superiores de Direito Público (mestrado) em Aix-en-Provence, onde veio posteriormente a doutorar-se.

É, desde 1965, membro da American Society of International Law.

Foi o arquitecto da solução jurídica encontrada para a independência da Namíbia, em 1990, tendo-se empenhado activamente na respectiva negociação.

Entre 2000 e 2022, foi professor titular da Faculdade de Direito da Universidade Católica de Angola.

INTRODUÇÃO

GÉNESE E FORMAÇÃO DA FRONTEIRA EM ÁFRICA

O limite, linha divisória de competências entre Estados, só apareceu em África quando, no continente, se formaram rivalidades entre potências europeias.

Recuando no tempo, podemos situar o aparecimento do primeiro exemplo de delimitação linear no século XV, quando os portugueses e os espanhóis se confrontaram nas suas expedições além-mar e, remetendo-se à arbitragem da mais alta autoridade espiritual da época — o Papa —, concordaram em fixar para as suas empresas futuras uma linha divisória sancionada por um documento pontifício.

Datam dessa época as primeiras bulas papais destinadas a definir a linha divisória entre as áreas do mundo que Espanha e Portugal iriam colonizar.

A bula «ROMANUS PONTIFEX» de 8 de Janeiro de 1454, do Papa Nicolau V, destinada ao Rei Afonso V de Portugal, cujo principal objectivo era o de deixar sob soberania portuguesa Fez e a Guiné, e as Canárias sob soberania espanhola, foi um desses primeiros actos.[1]

Esta partilha deu origem, em virtude de certas cláusulas contestadas, à celebração entre esses dois Estados do tratado de Alcáçovas, de 4 de Setembro de 1479, reafirmado pelo tratado de Toledo, de 6 de Maio de 1480, e ambos

[1] Cordero Torres, J.M. — «Fronteras Hispanicas», Madrid, 1960, p. 124 e ss.; veja também do mesmo autor, «Textos Básicos de Africa», Madrid, 1962, vol. I, pp. 37–38.

sancionados pela bula «AETERNIS CLEMENTIA» do Papa Sisto IV, datada de 21 de Julho de 1481.[2]

No entanto, foram as bulas «INTER COETERA», do Papa Alexandre VI (Bórgia), de 4 de Maio e 24 de Setembro de 1493, que levaram a uma partilha definitiva das esferas de influência luso-espanholas, em consequência do descobrimento dos territórios da América. A linha partia de um ponto localizado a cem léguas a Oeste do meridiano das ilhas de Cabo Verde, sendo a metade ocidental destinada à colonização espanhola, e a outra metade à colonização portuguesa.

Esta partilha foi confirmada pelo tratado de Tordesilhas, de 7 de Junho de 1494, que modificou, no entanto, o ponto de partida do meridiano anteriormente situado a cem léguas das ilhas de Cabo Verde, e que agora se situava a 370 léguas dessas ilhas.

As ilhas de Cabo Verde formam um arquipélago, contadas as cem léguas, e a questão foi discutida pela comissão encarregada da demarcação do meridiano de partilha, a Espanha argumentando que se tratava da ilha mais a oriente, enquanto Portugal avançava a posição contrária. Esta última solução foi novamente ratificada pela bula «EA QUE PRO BONO PACES», do Papa Júlio II, em 1501.

Todavia, o tratado de Zaragoza de 22 de Abril de 1529, embora ratificando o limite assim definido, emendou mais uma vez o ponto de partida do meridiano de separação. A linha ficou localizada 297,5 milhas a ocidente das ilhas de Cabo Verde.[3]

Como era de esperar, esta delimitação foi inevitavelmente contestada pelas demais potências marítimas da época, que ficavam assim excluídas do benefício de um título válido para as suas empresas de além-mar.

Recusando tanto a autoridade do Papa como a partilha estabelecida sob sua égide, esses Estados, pela mão dos seus juristas[4], contestaram a validade, enquanto direito de partilha, dos documentos pontifícios.[5]

[2] Ibid., «Fronteras Hispanicas», p. 124.

[3] No que diz respeito às dificuldades surgidas aquando da demarcação, leia De La Pradelle, P. «La Frontière», Paris, 1928, p. 158.

[4] Grotius, «De jure belli ac pacis», Lib. 2, Cap. 2, XIII; Suarez, «De Legibus ac Deo Legislatore», 1612, Lib. 2, Cap. XIV, 2; Gentilis, «De jure belli, libri tres», ed. Holland Oxford, 1887; Pufendorf, «De jure naturae et gentium», Lib. IV, Cap. IV, § 5.

[5] Cf. também de Courcel, G. — L'Influence de la Conférence de Berlin de 1885, sur le droit international colonial, Paris, 1936, pp. 8–9.

Este foi o ponto de partida de uma extensa disputa que acabaria por ter um grande impacto na história do direito das nações; a disputa «*mare liberum*» — «*mare clausum*», que constituía apenas um aspecto da partilha promulgada pelos Papas. Isto porque as bulas não só determinavam o destino dos territórios situados de cada lado da linha, mas também atribuíam aos espanhóis e aos portugueses a soberania plena sobre todos os mares vizinhos.

No entanto, é surpreendente constatar que foi precisamente um clérigo, no século XVI, quem primeiro desferiu com os seus escritos o golpe mais duro à teoria do monopólio da acção colonizadora, defendida pelos ibéricos.

O dominicano espanhol Francisco de Vitoria, no seu «*De Indis recenter inventis et De Jure Belli Hispanorum in Barbaros*», advogou não só o direito de Espanha ao comércio com as Índias, mas também advogou o princípio da liberdade de acção dos outros povos cristãos, no exercício dessa actividade: «*Et in summa, certum est quod non possunt barbari prohibere Hispanos a commercio suo quam Christiani possunt prohibere allios Christianos.*»[6]

Este exemplo será o primeiro de uma série de delimitações lineares que a África iria sofrer nos séculos seguintes.[7]

As descobertas levadas a cabo pelos portugueses e espanhóis não trouxeram qualquer alteração a esta solução de partilha bilateral, e este facto explica, de certa forma, a quase inexistência de territórios coloniais espanhóis na metade oriental do meridiano de separação, e vice-versa.

Até então, as coisas tinham corrido de acordo com a partilha prevista pelas bulas papais, porque os outros Estados europeus, preocupados com problemas de ordem interna, não tiveram nem a oportunidade nem a preocupação de pensar nas explorações ultramarinas. Porém, a realidade tornou-se diferente quando Estados como a Inglaterra, a França, a Holanda e os países escandinavos — países com forte tradição marítima — começaram a arrebatar aos ibéricos o que até então era considerado como seu domínio reservado.

No seguimento da contestação provocada pelas bulas e da proclamação do princípio da liberdade dos mares, esses países começaram uma expansão

[6] De Vitoria. — De Indis Recenter Inventis et de Jure Belli Hispanorum in Barbaros, Edições de Tübingen, 1952, p. 96 *sectio tertia*. «*E, em suma, é certo que os bárbaros não podem impedir aos Espanhóis o seu comércio, assim como os Cristãos não podem impedir outros Cristãos.*»

[7] Esta partilha também irá prenunciar as divisões do século XIX, de acordo com as zonas ou esferas de influência.

ultramarina, e expulsaram espanhóis e portugueses de várias partes do globo.[8] O movimento só terminou depois da conferência de Berlim de 1885, convocada por iniciativa do Barão von Bismarck.

O principal objectivo dessa conferência, que se reuniu de 15 de Novembro de 1884 a 26 de Fevereiro de 1885, foi o de procurar encontrar alguns princípios que, dali em diante, iriam presidir às empresas coloniais no continente africano. Foram aliás nessa ocasião celebrados na capital imperial muitos tratados de delimitação.[9]

Além da consagração do princípio da ocupação efectiva (art.º XXXIV da Acta Geral da Conferência de Berlim), e do reconhecimento da teoria do *hinterland*, segundo a qual a simples notificação aos demais Estados interessados bastaria para a aquisição da soberania sobre os territórios localizados no interior do continente africano, nessa conferência chegou-se a um acordo sobre a internacionalização de alguns rios africanos (Congo e Níger), e foi previsto um mecanismo de resolução de futuros conflitos. (Art.º XII da Acta Geral da Conferência de Berlim.)

Nessa época, o sistema de delimitação linear tinha uma aceitação generalizada, e seu uso no continente tornara-se a regra.

É de sublinhar que os Estados europeus, ao contrário do que acontecia no seu próprio continente, lograram chegar a acordo sobre a exploração e o aproveitamento do continente africano, e conseguiram subscrever algumas regras ou princípios destinados à solução pacífica de quaisquer diferendos que pudessem surgir em relação a esses territórios.

[8] Podem ser encontrados vestígios da presença portuguesa na maioria dos territórios africanos, e a diversidade de sentenças arbitrais proferidas em relação a esses territórios revela o ardor colocado pelas outras Potências em contestar a presença portuguesa: a sentença arbitral do Presidente Grant, dos EUA, no caso da soberania sobre a ilha de Bolama, que opôs a França e Portugal; o caso Delagoa Bay, em que portugueses e ingleses reivindicavam a soberania sobre a baía de Lourenço Marques; o caso, ou melhor, a sentença do senador italiano Paolo Vigliani no diferendo entre Portugal e a Inglaterra sobre os limites do planalto de Manica; e ainda, o caso da fronteira sudoeste de Angola (Norte do Zambeze), em que estes dois países voltaram a confrontar-se. (Sentença do Rei da Itália.)

[9] Cf. convenção sobre limites (Estado Livre do Congo-Portugal) de 14 de Fevereiro de 1885, assinada em Berlim; protocolo franco-alemão de 24 de Dezembro de 1885; convénio anglo-alemão de 1 de Julho de 1890; acordo anglo-alemão de 25 de Julho de 1893; convénio anglo-alemão de 15 de Novembro de 1893.

É certo que a Guerra dos Trinta Anos, que opôs a Inglaterra à França, foi provocada pela colonização das terras da América, na Acádia, mas não é menos certo que a partir daí, nenhum outro conflito — excepto o incidente de Fachoda causado pela expedição Marchand no Sudão — surgiu entre as potências europeias quando esteve em causa a posse ou a colonização de um território africano. Todos os diferendos sobre esses territórios foram resolvidos de maneira amigável, como foi o caso do incidente de Fachoda, ou através de um acordo arbitral.[10]

A Primeira Guerra Mundial não mudou esta mentalidade, salvo que a corrida para a África contou a partir daí com menos dois concorrentes, a Alemanha e a Turquia, que acabavam de ser derrotadas. A Itália, até então confinada à Tripolitânia e à Cirenaica, exigiu, como potência vitoriosa, a sua parte dos despojos. Daí resultou uma série de resoluções territoriais que, no entanto, não infringiam o princípio da delimitação linear.

Entretanto, os Estados Unidos da América, que até então seguiam a doutrina de Monroe[11], também fizeram uma tímida entrada no cenário político internacional. Devemos acima de tudo aos 14 Pontos do Presidente Wilson a criação da instituição que resultou no sistema de mandatos da Sociedade das

[10] A declaração Franco-Britânica de 21 de Março de 1899 pôs fim ao chamado incidente de Fachoda, causado pela chegada a Kodok, no Nilo, da expedição de Marchand, que ali encontrou a de Kitchener. Aconteceu numa época de grandes desígnios políticos. A França queria unir, por terra, os seus territórios da África Central com os do Mar Vermelho e da bacia do Congo. A Inglaterra queria de forma semelhante formar uma África inglesa que se estenderia da cidade do Cabo ao Cairo. Os portugueses tencionavam também ligar os territórios de Angola e Moçambique, através do chamado «mapa cor-de-rosa» da autoria de Barros Gomes.
Todavia, e no que diz respeito ao Sudão, a França comprometeu-se, no art.º 4 da convenção de 14 de Julho de 1891, a não exercer a sua influência política a leste duma linha fixada pela referida convenção. Por esse razão, a França teve de ceder às exigências britânicas. A Inglaterra obteve com essa partilha toda a bacia do Nilo, e a França obteve as do Chade-Chari e do Ubangui. Para os textos das convenções de 21 de Março de 1899 e 14 de Julho de 1898, ver Cordero Torres, Textos Básicos, II, pp. 261-262; Rouard de Card, «Traités concernant l'Afrique Française», Paris, 1910, pp. 113-114 e pp. 102-108.

[11] A doutrina Monroe tem a sua origem numa declaração feita ao Congresso pelo Presidente dos Estados Unidos James Monroe em 2 de Dezembro de 1823, que defendia em particular a não intervenção dos Estados Unidos nos assuntos do hemisfério ocidental, e foi enviada aos Estados europeus uma cláusula detalhando, em particular, as consequências desta doutrina, pp. 326-332 e Oppenheim-Lauterpacht: A. Treatise on International Law, vol. I, Peace, 8.ª ed., Londres, 5.ª tiragem, 1961, pp. 313-316.

Nações. As potências vencedoras, divididas pelas visões daquelas que desejavam uma anexação pura e simples dos territórios africanos pertencentes a Estados derrotados, e das que, em nome do princípio da autodeterminação das nações, preconizavam um sistema de administração internacional para esses territórios, tinham de chegar a um acordo. Nesse contexto, a ideia subjacente de que as colónias constituíam um pomo de discórdia entre os Estados e que o risco de uma nova guerra tinha de ser absolutamente evitado, foi decisiva.

Apesar da hesitação de alguns Estados, o sistema de mandatos acabou por ser criado. A administração dos territórios retirados aos Estados derrotados foi confiada aos Estados que tinham territórios vizinhos dos territórios em questão, e a Sociedade das Nações (S.D.N.), por intermédio da Comissão Permanente de Mandatos, exerceria sobre eles[12] um direito de controlo. Segundo o novo sistema, esses territórios foram agrupados em três categorias distintas: Os mandatos do tipo A, do tipo B e do tipo C, correspondentes aos diferentes graus de desenvolvimento. (Art.º 22 § 3.)[13]

No âmbito deste sistema, os mandatários resolveram problemas de limites, como foi o caso do Tanganica e do Ruanda-Urundi (agora Ruanda e Burundi)[14], dos Camarões[15], do Togo[16] e do sudoeste de África, na altura designado como Sudoeste Africano Alemão (actual Namíbia).[17]

[12] Para mais detalhes veja: De La Pradelle, Op. cit., pp. 119–120.

[13] «*A natureza do mandato difere em função do nível de desenvolvimento da população, da situação geográfica do território, das suas condições económicas e de quaisquer outras circunstâncias análogas.*» N. 3 do art.º 22 do Pacto da S.D.N. Para as várias categorias de mandatos, ver os n.ºs 4.º, 5.º e 6.º do art.º 22.º do Pacto. Os mandatos em territórios africanos eram de categoria B, referidos número 5 (Camarões, Tanganica, Ruanda-Urundi, Togo) e do tipo C (sudoeste de África, Sudoeste Africano Alemão).

[14] Para o Tanganica e o Ruanda-Urundi, ver o acordo de mandato para a África Oriental Alemã (Tanganica), de 22 de Junho de 1922, art.º 1, assinado em Londres, em Cordero Torres, Textos Básicos, II, pp. 627–628. Ver também o acordo que concede o mandato sobre o Ruanda-Urundi à Bélgica, de 18 de Abril de 1923, modificado pelo protocolo (anglo-belga) de 21 de Janeiro de 1924, em Cordero Torres, Textos, II, pp. 558–559.

[15] Para a delimitação da fronteira dos Camarões após a atribuição do mandato à França e à Grã-Bretanha, ver a declaração franco-britânica de 10 de Julho de 1919, em J. Off. S.D.N. XIX Reunião do Conselho de 8 de Agosto de 1922 (P. II), p. 874; e Cordero Torres, Textos, II, p. 477.

[16] Para o Togo, ver Franco-British Exchange of Declarations (anexo B), Londres, 10 de Julho de 1919, para a partição dos Camarões e do Togo, em Cordero, Torres Textos básicos II, pp. 477–478.

No seguimento da Segunda Guerra Mundial, a maior parte dos territórios africanos sob mandato acedeu à independência[18], com excepção do Sudoeste Africano Alemão, mandato de tipo C, em virtude da recusa do Mandatário em respeitar os princípios do mandato. No entanto, se a acessão à independência dos territórios que constituíam a ex-África Oriental Alemã (Tanganica, Ruanda e Burundi) não gerou problemas de fronteira, não se passou o mesmo com os territórios do Togo e dos Camarões, cuja administração partilhada fora confiada a duas potências europeias diferentes.

Assim, a parte do Togo sob administração britânica pertence hoje ao Gana, em virtude do plebiscito de Maio de 1956 confirmado pelas Nações Unidas a 6 de Março de 1957. Da mesma forma, parte dos Camarões sob administração britânica (norte dos Camarões) decidiu, na mesma data, integrar a Nigéria.[19]

De todos esses factos é possível tirar-se uma primeira conclusão. A África é um lugar de limites, desde as primeiras descobertas do século XV. As suas fronteiras, que sempre foram autênticos limites lineares, passaram a reproduzir as delimitações europeias e a obedecer às suas técnicas de aplicação, dando origem aos actuais Estados do continente africano, sem que se tenha ouvido a vontade dos povos.

A investigação sobre estes princípios e técnicas, bem como o inventário das vantagens e desvantagens do sistema, constituem o objecto deste estudo.

Esta fronteira foi definitivamente consagrada pelo plebiscito de Maio de 1956, em resultado do qual a parte do Togo sob administração britânica decidiu a sua integração no Gana. Este plebiscito foi confirmado pela ONU a 6 de Março de 1957. O mandato foi concedido em 20 de Julho de 1919.

[17] O sudoeste africano sob administração da União Sul-Africana também foi objecto de vários acordos de delimitação entre o seu Mandatário e Portugal, no que respeita a Angola. Cf. acordos de 29 de Setembro de 1928 e mandato de 30 de Maio de 1932 em Cordero Torres, Textos básicos II, p. 636 n.º 1; para o texto da atribuição do mandato, cf. Cordero Torres, Textos básicos I, pp. 345–346.

[18] Sabemos que ao sistema de mandatos seguiu-se, no âmbito das Nações Unidas, a Tutela Internacional, que obedecia aos mesmos princípios e regras. A Comissão de Mandatos Permanentes foi substituída pelo Conselho de Tutela da ONU, um dos seis principais órgãos da organização internacional. No entanto, a África do Sul, país mandatário para o sudoeste da África, contestou a transmissão para a ONU dos direitos da S.D.N., o que explica o facto de este território ser o único que ainda não se tornou independente.

[19] Os Camarões contestaram a validade desse plebiscito, e submeteram o caso ao Tribunal Internacional de Justiça. Veja Caso do norte dos Camarões, na Colectânea de Acórdãos do T.I.J., 1963, acórdão de 2 de Dezembro. As pretensões camaronesas foram rejeitadas «*in limite*».

SECÇÃO I: PROCESSO MODERNO DE FORMAÇÃO DA FRONTEIRA

Poder-se-ia pensar que o limite, linha de separação entre dois territórios sob soberanias diferentes, sempre existiu. Na realidade, o limite resulta de um processo longo e complexo, que envolve várias fases.

A delimitação, operação que consiste em separar espaços jurídicos submetidos a soberanias distintas, é de origem recente. No entanto, como instituição, data da era carolíngia, quando, depois da morte do imperador Carlos Magno, o seu império foi repartido entre os seus vários filhos.

Isso não significa que a instituição da fronteira não tivesse existido antes, mas o conceito que representava antigamente nada tinha que ver com os limites modernos.

Entre os povos antigos — romanos, hebreus e outros — o *limes*, que é o elemento mais antigo da fronteira, tinha um carácter tanto político como religioso. Em virtude da confusão que existia outrora entre o poder espiritual e o poder temporal, não era inusitado que a autoridade religiosa suprema fosse também investida de poderes temporais. Daí a tendência para atribuir aos detentores do poder um certo carácter sacro-santo. Essas *limes* marcavam de facto, para os antigos chefes, a extensão de uma competência de que tinham sido investidos pelas divindades. Entre os hebreus, por exemplo, os limites da Terra Prometida eram considerados como tendo sido enunciados pelo Senhor.[20]

A crença no carácter sagrado do poder vai depois ser transposta para os poderes seculares, numa perpetuação da solenidade, de que ainda hoje se encontram vestígios no cerimonial diplomático.

No entanto, o *limes*, que é, antes de tudo, uma linha simbólica, vai, sob a pressão demográfica, coexistir com a *finis*, que se situa nos confins do império, e que marca a linha de paragem voluntária entre o mundo conhecido e o mundo desconhecido.

Foram os romanos quem, primeiro, deu à fronteira esta nova dimensão. Esse povo de soldados, de temperamento audaz, cansou-se rapidamente da existência que levava no interior das cidades-estados, e decidiu fazer recuar as suas fronteiras iniciais. Foram acrescentados à *limes* do antigo território

[20] Cf. Paul de la Pradelle, Op. cit., p. 18, nota 2.

romano (o *ager romanus*), os territórios conquistados ou por conquistar, sem que se perdesse de vista a raiz inicial, eminentemente latina.

A adição destes novos territórios, por essência móveis — os *fines* —, ao elemento primitivo, conduzirá, a longo prazo, ao conceito do «*limes imperii*», ou seja, o limite extremo do Império.

Este *limes imperii* não é, no entanto, um limite real, porque não passa de uma «linha de paragem voluntária» nos confins onde se encontravam os «povos bárbaros»[21], o que não significa que todos os territórios situados no seu interior fossem considerados como romanos. O *limes* é apenas um limite estratégico, e não representa de modo algum um espaço de aplicação total das regras do *imperium*. Enquanto o «*fines*» é variável, aumentando à medida que a pacificação avança, a *limes* é estável. Representa a primeira forma da fronteira, importante para os romanos em razão da sua poderosa carga simbólica.

A expressão «*fines esse*», inscrita nas leis editadas para as colónias — *Leges colonarium*[22] — significa o conjunto de territórios aos quais se aplicará o *imperium* e, por conseguinte, opõe-se, ao *limes*, que é um limite estratégico.

O «*fines imperii*», que representa o quadro de validade espacial da autoridade do magistrado, vai assim servir de fundamento à teoria jurídica da fronteira, enquanto o *limes* fornece os elementos constituintes de uma instituição administrativa.[23]

O «*finis imperii*» representa, por conseguinte, o conjunto de territórios sujeitos à autoridade do magistrado, mas é, ao mesmo tempo, a expressão da unidade do território, da *Universitas Romanorum*[24]. A unidade dos romanos forma-se por conseguinte com base na lei.

[21] Cf. Paul de la Pradelle, Op. cit., p. 24.

[22] Cf. Paul de la Pradelle, Op. cit., p. 24.

[23] Para mais detalhes sobre a instituição romana da fronteira, consultar Paul de la Pradelle, Op. cit., pp. 19-25.
Cf. também Ancel, J. — Les frontières. Étude de géographie politique, R. d. C., 1936, vol. 55, p. 207 e ss., em que descreve a fronteira romana nestes termos: «*o limes romano não é um limite [...]. O limes era construído — com um talude e uma vala — nas regiões desérticas: Síria, África, e variava de acordo com as necessidades de defesa; nunca foi uma linha regular, mas sim uma zona estratégica e elástica*», Loc. cit., p. 208.

[24] É importante não esquecer a evolução da mentalidade romana durante o período de expansão colonial. Nomeadamente, o facto de que, a partir duma certa época, a aquisição da cidadania romana pelos súbditos das colónias se tornara a regra.

Todavia, tanto no caso do «limes imperii», como no caso do *«fines esse»*, a fronteira romana não era uma fronteira no sentido moderno do termo. O sentido moderno pressupõe um entendimento entre, pelo menos, duas partes, enquanto as situações de limites ou de confins eram, em Roma, a expressão da única vontade romana, expressa em actos unilaterais.

Como vimos, a delimitação, enquanto instituição de repartição de competências, remonta ao período carolíngio. Apesar da partição do território do Império entre os vários membros da linhagem de Carlos Magno, um acto claramente em conformidade com o conceito patrimonial do Estado que então vigorava, a ideia romana de *universitas*, de unidade do império, vai sobreviver a essas partilhas, pelo menos de forma simbólica, e é a simbiose desses dois elementos, um patrimonial — a partilha, o outro político — a *universitas*, que torna o conceito de fronteira num problema jurídico.[25]

Se bem que as partições dos francos tivessem sido, no início, simples atribuições de domínios privados, vão adquirir mais tarde o carácter de verdadeira delimitação política, acompanhada de um mecanismo de resolução de conflitos. É assim que no capitular do ano 806, Carlos Magno recomenda aos seus filhos *«que garantam reciprocamente os seus territórios, e que encontrem uma solução pacífica para os seus eventuais diferendos futuros»*[26].

A noção de delimitação que assim emerge da partilha do império franco vai ainda, na época feudal, ser objecto de um «retoque», que lhe dará a sua forma moderna. Isso porque a delimitação carolíngia tinha como objectivo essencial, não a partilha de competências iguais, característica que a delimitação assumiria posteriormente, mas a simples partilha de territórios de maneira igualitária, e foi somente durante o período feudal que iria, em virtude da desintegração do poder real, tomar a forma de disputas territoriais entre os detentores dos vários feudos.

Nessa altura pode dizer-se que nascera a fronteira moderna, se bem que será necessário esperar pelo fim do século XVIII para ver surgir os primeiros tratados de delimitação *«sensus proprio»*.

No entanto, já existiam anteriormente tratados relativos às fronteiras, assinados no período entre a época feudal e o século XVIII, mas a sua essência

[25] Para mais detalhes, consultar Paul de la Pradelle, Op. cit., p. 26 e ss.
[26] Ibid., pp. 28–29.

era diferente. A teoria monárquica da fronteira, que tem duas vertentes, uma política (a teoria das fronteiras naturais), e a outra jurídica (a teoria jurisdicional da acessão territorial), não se enquadra na existência de tratados sobre limites exactos.

Paralelamente à dispersão do poder real, que é uma das características do poder feudal, vai surgir um fenómeno inverso que irá permitir que a monarquia retome o poder.

Através do mecanismo da «*commendatio*», o Rei feudal vai exigir dos seus vassalos homenagem e fidelidade. O vassalo tinha para tal de se pôr de joelhos, e assim reconhecer o patronato do seu Senhor. Mas o sistema feudal não acaba aqui, porque nele entra um outro elemento, de ordem patrimonial, o benefício. Era considerado como um dos atributos da vassalidade.

Este benefício resulta da obrigação do Rei em recorrer aos serviços dos seus vassalos para a execução das funções públicas, serviços que o Rei retribuía não em dinheiro, mas em terras, que eram o benefício. O benefício confunde-se com o cargo, e quanto mais elevado era o cargo maior era a vantagem. Porém, o benefício é uma doação e, como tal, é irrevogável. E porque equivale ao cargo, este também se torna irrevogável. A partir daí, o serviço público torna-se hereditário, o que vai acelerar o processo de desintegração do poder real.

No entanto, como apontámos acima, o Rei, que assim vê os seus poderes escapar, irá buscar ao próprio arsenal do feudalismo as armas para reconquistar as suas vantagens anteriores.

Em primeiro lugar, irá tentar rodear-se do maior número possível de vassalos, sem passar por intermédio dos senhores. Para isso, irá utilizar a homenagem e o juramento, e irá introduzir o procedimento conhecido como fiança feudal. No momento da homenagem e do juramento, irá exigir que outros vassalos prestem fiança pelo promitente. Os laços pessoais entre o monarca e os vassalos tornam-se assim tão estreitos quanto possível.

Do ponto de vista patrimonial, tentará expandir o seu domínio. Trata-se da teoria jurisdicional, a acessão territorial a que referimos acima.

Para isso, usa o direito de reversão e o confisco. O primeiro consiste em reverter para o seu domínio todas as terras dos senhores mortos e sem herdeiros.

O segundo, decorrente dos seus poderes jurisdicionais, consiste em confiscar as terras dos senhores que, chamados a comparecer perante a sua corte, não o fazem.

Tudo isto é contrário à existência de tratados sobre limites exactos. Os tratados então celebrados limitam-se a designar os territórios pela fórmula da dependência, mas constituem, no entanto, um verdadeiro avanço em relação à teoria dominial da fronteira, dos primeiros tempos da era feudal.

Outros progressos serão feitos nessa área, com a introdução, na ciência jurídica, por volta do século XVII, do conceito de soberania — «*superioritas terrae ratione generalis et universalis dominii*»[27], que permitirá ao Rei colocar os seus direitos acima dos direitos dominiais particulares. Além disso, os progressos alcançados nas ciências cartográficas permitirão ao monarca traçar mapas das «orlas» do Reino, facilitando, no final do século XVIII, a celebração, entre os vários príncipes reinantes, de convenções de limites.

No final do século XVIII, assiste-se a uma verdadeira proliferação de tratados de limites, que marca o início de uma nova era e o fim da desconfiança dos Reis quanto à delimitação.[28]

Começa-se a compreender que a existência de limites precisos, separando territórios que relevam de soberanias diferentes, é a única garantia de uma boa administração.

As primeiras convenções de limites são, ao mesmo tempo, instrumentos de troca e cessão de territórios, porque o enredamento de territórios sujeitos a soberanias diversas é fonte suplementar de problemas e mal-entendidos.

Assim, o tratado de Turim de 24 de Março de 1860, celebrado entre a França e a Sardenha para delimitar a fronteira entre a Provença (França) e o Condado de Nice (Sardenha), procede a uma cessão e a uma troca de territórios entre as partes.[29]

Ao mesmo tempo, os juristas e os conselheiros dos Príncipes desdobram-se em incitamentos a que estes delimitem os seus Reinos, com o objectivo de evitar complicações futuras.

Vattel[30], Bielfeld[31], e Burlamaqui[32] são alguns dos autores, que, no final do século XVIII, foram arautos da ideia de que o território bem delimitado é único meio de dissipar os diferendos entre Príncipes.

[27] Cf. de la Pradelle, P. op. cit., p. 39: «*a superioridade da terra em razão do domínio geral e universal*».

[28] Cf. a lista de tratados celebrados na Europa no século XVIII entre os vários príncipes reinantes em: Paul de la Pradelle, Op. cit., p. 45, notas 1 e 3.

[29] Ibid., p. 46, nota 1.

[30] Vattel, «Droit des Gens», 1782, L. II, cap. 7, § 92, citado por Paul De la Pradelle, Op. cit., p. 46.

Bielfeld escreveu: «*para evitar disputas ou argumentos com vizinhos, é muito útil concluir com eles tratados de fronteira que delimitem exactamente os limites de cada Estado*».[33]

SECÇÃO II: A DETERMINAÇÃO DOS LIMITES NO CONTINENTE AFRICANO

Como já dissemos, a linha-limite só aparece em África quando as Potências europeias sentiram a necessidade de definir — para evitar eventuais diferendos territoriais — a extensão dos territórios sobre os quais reivindicavam um direito de colonização baseado, na maior parte das vezes, em relatos de soldados e aventureiros[34], ou em explorações realizadas em nome dos seus respectivos Estados por indivíduos ou por agentes de sociedades privadas, às quais os Estados delegavam determinados poderes públicos.[35]

Ao contrário do que aconteceu na Europa, onde o limite resultou, na maioria dos casos, de um processo longo e complexo, em África o limite representa um factor primordial, que antecedeu a reivindicação territorial. Era necessário antes de tudo traçar uma linha que marcasse o ponto extremo de um território, sem considerar, pelo menos no início, a ocupação do território assim delimitado.

[31] Bielfeld, «Institutions Politiques», 1760, T. II, cap. III, p. 1113.

[32] Burlamaqui, «Principes du Droit de la Nature et des Gens», 1768, T. VII, p. 253, citado por De la Pradelle, Op. cit., p. 47.

[33] Biefeld, Op. cit., p. 1113.

[34] Cf. Deschamps, H. — Peuples et Nations d'Outre Mer, Paris, 1954 p. 13: «*O objectivo da exploração ultramarina é duplo e assim permanecerá até ao fim: 1.º Em primeiro lugar, está o interesse material: a procura de ouro, especiarias, tecidos preciosos, conquistas territoriais; isto é feito por guerreiros, aventureiros, comerciantes, Estados.*» Ver também, Brunschwig, H. — L'Avènement de l'Afrique Noire, du XIX.º siècle à nos jours, Paris, 1963, p. 146–147, onde ele afirma que Pierre Savorgnan de Brazza tomou, por iniciativa própria, a ideia de negociar e concluir o tratado de protectorado com o Rei Makoko de que resultou a posse da colónia do Congo (Brazzaville); ver também Jones, S.B. — Boundary-Making A Handbook for Statesmen, Treaty Editors and Boundary Commissionners, Washington, 1945, p. 13: «*Em África, as reivindicações baseadas na exploração, na ocupação militar ou na colonização conduziram a fronteiras, feitas na Europa, sobrepostas aos padrões de vida dos nativos.*»

[35] Veja, em relação às Empresas Concessionárias, Cordero Torres, J.M. — Textos Básicos de África, p. 125, n. 3, Madrid, 1962.

Considerando o conhecimento muito incompleto que se tinha na altura sobre o continente africano, não é de estranhar que a delimitação dos territórios a colonizar se tivesse baseado nos relatos de exploradores, comerciantes e outros. Daí o recurso à ideia de delimitações por zonas ou esferas de influência, na extremidade das quais existiam verdadeiros limites — linhas rectas ligando pontos conhecidos, ou que tomavam como referência os meridianos de longitude ou os paralelos de latitude — linhas que as Potências presentes se comprometiam em não ultrapassar.

É nesta óptica que se deve situar e entender a utilização dos rios como pontos de separação das diferentes zonas ou esferas de influência. Se nos reportarmos aos primeiros tratados de delimitação, constatamos que, na maior parte dos casos, a delimitação dos territórios africanos tomou, como ponto de partida, a foz de um rio, no litoral. Assim, de acordo com o art.º 2 do protocolo franco-alemão de Berlim, de 24 de Dezembro de 1885, relativo às possessões respectivas dos dois países na costa ocidental de África e na Oceânia «*os limites entre os territórios alemães e os territórios franceses da Costa dos Escravos, (Togo, Daomé e Alto Volta) [...] partirá de um ponto no litoral a ser determinado entre os territórios do Petit Popo e do Agoué*»[36]. De igual modo, o art.º 3 da convenção de 5 de Fevereiro de 1885 entre a França e a Associação Internacional do Congo, para a delimitação dos respectivos territórios, estipula que «*o rio Chiloango, desde o oceano até à fonte mais setentrional*», servirá de fronteira.[37]

O exemplo mais notável deste tipo de delimitação em território desconhecido é-nos dado pelo § 2 do art.º 2 da declaração franco-britânica de Londres, assinada em 5 de Agosto de 1890, assim redigida: «*O Governo de Sua Majestade Britânica reconhece a zona de influência da França a sul das suas possessões mediterrâneas, até uma linha de título de Say, no Níger, a Barruwa, no Lago Chade.*»[38]

Como se pode constatar num mapa, esta linha liga localidades distantes de algumas centenas de quilómetros. Só posteriormente é que as chamadas Comissões de delimitação foram encarregadas, após estudo no terreno, de especificar o limite.

[36] Cf. Van Ortroy, Conventions internationales définissant les limites actuelles de Possessions, Protectorats et sphères d'influence en Afrique, Bruxelas, 1898, p. 146.

[37] Cf. Van Ortroy, Conventions internationales définissant les limites actuelles de Possessions, Protectorats et sphères d'influence en Afrique, Bruxelas, 1898, pp. 103–105. Colecção Basdevant, vol. 1, p. 398.

[38] Van Ortroy, Op. cit., pp. 229–232.

Podemos dizer que a primeira fase da formação da fronteira em África, foi a da delimitação de zonas ou esferas de influência, com base em factos relatados por exploradores ou viajantes, relatos de senhores da guerra, ou em tratados celebrados com chefes locais. A operação consistia numa simples determinação, no mapa, de algumas linhas unindo imensas regiões, reservadas para empresas de colonização pelo Estado que, por tratado, acabava de obter o reconhecimento dos direitos que reclamava.

Os instrumentos jurídicos reconheciam efectivamente a linha que acabara de ser objecto do tratado, e registavam o compromisso dos Estados de não invadir os seus respectivos territórios. Esta figura de estilo consta de todos os primeiros tratados de delimitação dos territórios africanos.

«O Governo alemão», afirma o art.º 2 do protocolo franco-alemão já citado, «*compromete-se a abster-se de qualquer acção política a leste da linha assim determinada. O Governo francês compromete-se a abster-se de qualquer acção a oeste da mesma linha.*»[39/40]

Essa delimitação de princípio reveste-se desde o início do carácter de um verdadeiro limite. Dentro desta linha, as fronteiras podem deslocar-se, mas a própria linha não se irá deslocar muito. À medida que progridem a ocupação e a pacificação, as fronteiras dentro da zona de influência tendem a mudar e a aproximar-se, cada vez mais, da linha-limite, até que as duas acabam por se sobrepor.

A doutrina também vê no limite o primeiro elemento da fronteira africana.

P. de la Pradelle sublinha na sua obra[41] a importância que o limite assume nos novos países, como em África, nestes termos:

> «*Enquanto nos territórios europeus, com séculos de cultura e de povoamento, o limite é uma formulação de aplicação que se insere num meio territorial pré-existente, (a fronteira),*

[39] Cf. Van Ortroy, Op. cit., p. 146 e ss.; Colecção Basdevant I, p. 64 — Rouard de Card. — Traités de délimitation concernant l'Afrique Française, Paris, 1910, p. 7.

[40] Ver também o art.º II da convenção franco-portuguesa de 12 de Maio de 1886 em relação à delimitação das possessões francesas e portuguesas na África Ocidental, em Rouard de Card, I, p. 187 e ss; cf. também o §3 do Protocolo entre a França e o Estado Independente do Congo assinado em Bruxelas, em 29 de Abril de 1887, que delimita as fronteiras das suas respectivas possessões na região do Ubangui, em Rouard de Card, I, p. 56; o art.º 4 da convenção franco-britânica que determina os limites das respectivas possessões na costa ocidental da África, a norte da Serra Leoa, assinada em Paris, em 28 de Junho de 1882 (não ratificada) em Rouard de Card, I, p. 75.

[41] De la Pradelle, P. — Op. cit., p. 182.

nos novos países a delimitação implica criação de território. O Estado colonizador apresenta-se como um indivíduo que pensa apenas em proteger uma posse contra qualquer intrusão de um possível vizinho. O problema da delimitação é para ele preliminar.[42]

Não é a fronteira, um problema complexo e duradouro, que está em causa, mas o limite, um problema aparentemente simples que requer uma solução imediata, problema de autenticação de uma apropriação privada ou de uma partilha cujo título, a carta oficial, aliás muitas vezes retirada de arquivos científicos privados, será vinculativo entre as partes contratantes, e oponível a terceiros.

Assim, se há fronteiras sem limites, há limites sem fronteiras; a sua eclosão é natural em novos territórios, mal conhecidos e escassamente povoados, o que só permite uma avaliação muito geral e exclusivamente política do solo. A sua sobrevivência é normal nos Estados recém-criados do zero.»[43/44]

O limite, em África, antecede, portanto, a fronteira, o que equivale a dizer que os limites foram primeiro fixados nos mapas, antes de serem traçados com a precisão possível, no terreno.[45]

Aliás, o facto de, ao contrário do que acontecia na Europa, os limites representados por linhas rectas terem sido amplamente utilizados em África prova que a linha de fronteira era determinada sem respeitar quase nunca as condições locais, e as práticas anteriormente seguidas pelas populações indígenas.[46]

Os habitantes desconheciam a existência dessas linhas, que eram como paredes que impediam os seus movimentos. Obedeciam ao fenómeno das «caminhadas», regidos pela falta de água ou de pastagens.

[42] Sublinhado do Autor.

[43] Cf. De la Pradelle, P. op. cit., pp. 181–182.

[44] Cf. também Louis C. Joos, «Des frontières trop souvent établies au gré du colonisateur», Monde Diplomatique, Fevereiro de 1965, p. 9, 1.ª coluna: «*A delimitação de zonas foi feita num mapa, não no terreno; em chancelarias europeias e não num tribunal africano. Nestas condições, ater-se, para delimitar as zonas de influência, às linhas de demarcação simples fornecidas por dados astronómicos (latitudes e longitudes) ou pelos grandes rios.*»

[45] R.T. Bright, Central Africa, no Geographical Journal vol. 34, 1909, p. 154: «*Na maioria dos países, e certamente na África equatorial, uma linha arbitrária, baseada em observações astronómicas e sem ter em conta as divisões tribais ou outros interesses locais, cria geralmente um limite muito insatisfatório, e causa muitas injustiças e dificuldades.*»

[46] De acordo com Boggs, S.W. — International Boundaries, «Columbia University Press», 1940, p. 157, as linhas rectas constituem 30% do total das fronteiras em África.

«*O terceiro continente maciço*, escreve Ladreit de Lacharrière, *pouco evoluído, não sentiu a necessidade de determinar exactamente uma fronteira linear entre os Estados, surgidos na sua imensidade; para estes, a noção de marcha era suficiente e os impérios confiaram a sua protecção não a um muro mas a um planalto atravessado pela incessante nomadização das tribos fiéis.*»[47/48]

O seu conceito de fronteira era diferente do europeu, que supunha resolvido da melhor forma possível o problema da elaboração do conceito de soberania tal como descrito por Jean Bodin nos seus «Six Livres de la République».

A soberania, para eles, resulta de um vínculo pessoal entre o Rei, o chefe da tribo ou outra autoridade, e os seus súbditos. Tratava-se de um elo que lembrava a «homenagem» e a «fidelidade» devidas aos Reis e aos grandes Senhores do sistema feudal, tal como existia na Europa durante a Idade Média.

Os estados africanos também possuem uma espécie de sistema feudal, com toda a gama de direitos e obrigações dos senhores e vassalos. Tomemos, por exemplo, o império do Gana que, segundo os historiadores árabes, já existia no século IV depois de Cristo, e cuja estrutura não era diferente da dos estados feudais da Europa. Tinha uma organização política e administrativa digna de um verdadeiro estado medieval, com uma notável actividade comercial. No entanto, como diz Georges Hardy, «*O império do Gana nunca teve limites precisos: de acordo com a sua força e o grau de resistência dos seus vizinhos, espalhou-se mais ou menos pela vasta planície que se estende de Timbuktu até ao Atlântico. Em torno dos domínios que pertencem efectivamente à raça reinante, estão agrupados Estados secundários, tributários, vassalos ou simplesmente aliados, os quais, em tempos de*

[47] Ladreit de Lacharrière, prefácio da obra de Jean Pichon, «La question de Lybie dans le règlement de Paix», Paris, 1946, p. III.

[48] Cf. também Ancel, J., Loc. cit., p. 214: «*Nas estepes do Norte de África, as fronteiras estatais também não são fixas [...] nas estepes, de facto, o nomadismo impera. O estado pastoral é um estado em movimento. A fronteira é elástica, ao longo dos percursos. Os Lârdas nomadizam nos planaltos do Saara ao Tell, dos Dayas a Tiaret. Os Angad da Oranie estão no Inverno à volta do Chott Gharbi, na Primavera nas estepes do Dahra, onde as trovoadas fazem surgir novos tufos de esparta ou artemísia, no Verão no Atlas. Na Tunísia Telliana, a maioria das tribos de montanha possuem uma parte da planície subjacente; as populações da orla da planície possuem um pedaço de estepe e um pedaço de Tell, que são utilizados alternadamente para o Verão e o Inverno. Mesmo as pessoas mais sedentárias do Tell superior sentem a necessidade do "outono nos cactos", segundo a expressão árabe, ou seja, vão à estepe para apanhar as suculentas piteiras, os figos da Índia, que dão às suas ovelhas ou aos seus bois. A horda está em movimento de acordo com as estações do ano. A noção de fronteira é de facto incompatível com a natureza física, com a vida social.*»

crise, se tornam eles próprios centros do império ou se juntam a entidades vizinhas.» E mais adiante, o autor acrescenta: «*No império do Gana, por exemplo, a distinção era perfeitamente clara entre os reinos vassalos e aquilo a que poderíamos chamar o domínio da coroa; este domínio estava dividido em províncias, e os governadores dessas províncias, ao mesmo tempo grandes Dignitários do império (mordomo, mestre de infantaria, mestre de cavalaria, guardião dos cemitérios reais, etc.) contribuíram, juntamente com ministros igualmente especializados, para formar o conselho imperial. Governadores e ministros foram escolhidos hereditariamente entre as proeminentes famílias aristocráticas, que, tal como a família imperial, tinham a sua corte e os seus vassalos.*»

Nos países do Mani Cong[49], os portugueses e os italianos descobriram uma organização semelhante, quando dos primeiros contactos com estes povos, entre os séculos XV e XVII. A estrutura claramente feudal desses Estados surge na maioria dos relatos da época e, sobretudo, refere-se neles o pagamento de um tributo. Os países também estavam divididos em províncias dirigidas por um príncipe ou outro alto dignitário da coroa, «*os chefes menores prestando homenagem aos maiores e os maiores prestando homenagem ao Mani Congo*».[50]

A semelhança com as práticas feudais europeias é notável, especialmente no que diz respeito ao poder do Rei de pedir «ajuda e conselho» aos seus vassalos, nomeadamente em caso de guerra. Quando, por exemplo, um dos grandes senhores não prestasse homenagem ao Rei como era exigido pelo costume, este último podia, por meio do seu «Makaka» ou Ministro da Guerra e Generalíssimo dos Exércitos, ordenar aos Príncipes e Governadores Provinciais, o levantamento das tropas necessárias para chamar à ordem o dignitário recalcitrante.[51]

Há numerosos exemplos desta organização na história da África, antes da chegada dos europeus. Entende-se facilmente que, num tal sistema, os limites dos Estados não fossem conhecidos com precisão, tudo dependendo da

[49] Mani ou Mouéni ou Mouéné ou Mono significa, nas línguas bantu, Senhor ou, melhor ainda, o grande Senhor.

[50] Cf. Basil Davidson, «Mère Afrique», P.U.F., Paris, 1965. O italiano Cavazzi, que viveu por estas partes por volta de 1687, descreve o cerimonial em vigor na corte do Mani Congo e menciona as obrigações a que os grandes senhores estavam vinculados, em particular no que diz respeito aos votos de vassalagem devidos ao grande Senhor: «*Os governadores provinciais e todos aqueles que tinham feudos do Rei tinham de vir à corte de três em três anos e renovar os seus votos de vassalagem ao Mani Congo. Sempre que um novo Mani Congo era coroado, tinha de redistribuir feudos e poderes.*» Op. cit., p. 127.

[51] Basil Davidson. — Op. cit., pp. 128-129.

relação de forças existente entre o Senhor e os seus vassalos, e dos movimentos das fronteiras do seu Reino, que se alargavam ou se retraíam em resultado dos desfechos das guerras.

«*Em casos extremos, a vassalagem ao poder central,* diz Louis C. Joos, *já só se expressava através de um tributo simbólico. O vassalo deixava de pagar o tributo. Em consequência, as fronteiras do Estado suserano encolhiam de forma correspondente. Se prestou homenagem a outro príncipe, surgia uma nova fronteira.*»[52]

Além disso, para os Estados mais ou menos sedentários ou as tribos nómadas, o conceito de fronteira é fluido. Estas adaptam-se às condições do tempo e lugar do seu habitat temporário.[53] Do mesmo modo, o conceito de soberania não está de forma alguma ligado ao território, mas aos laços pessoais existentes entre o Monarca e os vassalos. Essa conexão pessoal é evidenciada por Ryder, um dos membros da comissão de demarcação da fronteira turco-iraniana de 1913–1914. «*Eles* [os nómadas da zona fronteiriça] *têm uma concepção da fronteira que é diferente da nossa mas é bastante sensata. De acordo com eles, a soberania não reside na terra, mas nos seres humanos. A liberdade de circulação, de acordo com a estação do ano, o clima e o ano, é essencial para os nómadas, que devem encontrar boas pastagens, a fim de sobreviver. Se uma tribo turca ocupa um vale, esse vale torna-se turco enquanto lá estiver; se o ocuparem com exclusão de outros, o próprio vale torna-se turco.*»[54]

[52] O autor cita o caso do lamidato camaronês de Tibati, que pagava tributo ao Emir de Yola, por sua vez vassalo do imperador de Sokoto. Desde 1895, esse lamidato deixara de pagar o tributo ao seu Senhor e, quando os alemães lá chegaram, pensando que se tratava de uma cidade independente, impuseram-lhe o mesmo tributo que o Emir de Yola: três vacas e três bezerros: «*Assim, a fronteira entre os Camarões alemães e o Império de Sokoto foi deslocada por mais de 100 quilómetros sem que o Emir de Yola ou o Imperador de Sokoto fossem informados.*» Cf. Loc. cit., p. 9. De igual modo, Frei Carli, que vivera no Reino do Congo antes do Padre Cavazzi, descreveu os feudos do Songo (actual Angola) «*onde havia um Conde que não prestava homenagem ao Rei do Congo há alguns anos*». Citado por Davidson, Op. cit., p. 128.

[53] A natureza sedentária dos Estados africanos da época não excluía as migrações. Para citar apenas um exemplo, digamos o seguinte: hoje conhecemos aproximadamente a origem das nações bantus que vivem na região da África a sul do equador. A maioria dos historiadores localiza a sua origem na região dos Grandes Lagos, e as migrações que posteriormente ocorreram por várias razões — invasões de povos do norte (árabes, berberes, sudaneses), epidemias, guerras entre tribos, etc. — levaram-nos para o sul do continente. Cf. A este respeito, Endre Sik, «Histoire de l'Afrique Noire», Budapeste, vol. I, 1961, p. 57.

[54] Ryder, «The demarcation of the Turco-Persian Boundary» em 1913–1914 no «Geographical Journal», vol. 66, 1925, pp. 227–228.

A ideia de que o limite é um objecto de importação, estrangeiro à África antes dos seus contratos com a Europa, também é sublinhada por Boggs, no seu excelente estudo sobre as fronteiras. «*Uma comparação do mapa de África de 1880*, escreveu ele, *com o mapa de hoje revela como é recente a marca da fronteira internacional sobre o segundo maior continente. Desde a época das explorações portuguesas do século XV, que deram a conhecer as costas de África, a sul do Saara, até ao final do século XIX, apenas faixas estreitas de território aqui e ali ao longo das costas foram marcadas com o início do actual padrão de soberania europeia. Um mapa ocasional de séculos anteriores tentou colocar linhas divisórias no interior para representar os limites das tribos vagamente conhecidas, mas as próprias tribos não conheciam fronteiras no sentido moderno.*»[55/56]

Portanto, não era improvável que um vassalo pagasse tributo a mais de um Senhor, criando assim uma co-suserania entre eles. O fenómeno da dupla vassalagem, de que também conhecemos exemplos na Europa — o Senhorio de Andorra — existe em África, embora possa ser considerado como uma excepção.[57]

No entanto, o caso mais frequente era que o vassalo recalcitrante, recusando-se a pagar tributo ao seu Senhor, se constituísse num novo Estado, ou se tornasse o embrião de um novo Império, do qual representava o núcleo. Foi o caso, por exemplo, dos Ngolas[58] que, por volta de 1566, conseguiram libertar-se do jugo do Mani Congo, o seu suserano nominal, afirmando assim a sua independência.[59]

Seja em resultado da existência de um certo nomadismo, seja fruto da incerteza das fronteiras dos antigos reinos africanos, em virtude do seu carácter feudal ou semifeudal, seja ainda o produto de uma concepção político-religiosa[60],

[55] Sublinhado do Autor.

[56] S.W. Boggs, «International Boundaries. A Study of Boundary Functions and Problems», Nova Iorque, 1940, p. 155.

[57] Louis C. Joos relata no seu artigo o exemplo do Baguirmi que, no século XIX, pagava tributo tanto ao Bournou como ao Ouadaî, cf. Loc. cit., p. 9.

[58] Davidson B. — Op. cit., p. 140; também James Dufy, «Portugal in Africa», Penguin Books, Londres, 1962, pp. 49-50.

[59] Os portugueses mais tarde usaram essa dominação para a sua colónia da África Ocidental, Angola.

[60] Sobre a noção de território árabe, ver o estudo de M. Flory, «La notion de territoire arabe et application au problème du Sahara» em A.F.D.I., 1957, p. 73 e seg. Os marroquinos distinguiam, por exemplo, os territórios submissos (Blad es Maghsen) dos territórios ou países em revolta

a fronteira em África não tinha, antes da chegada dos europeus, o carácter de uma linha além da qual o Estado não tinha o direito de agir. É uma zona de extensão variável, fluida e incerta.

No início do século XIX, a fronteira alcançou, na Europa, a sua forma mais acabada — o limite — e é essa forma que será utilizada em África.

A tarefa foi, portanto, facilitada pelo facto de os Estados que procederam às primeiras delimitações africanas serem os mesmos a quem a prática ensinou que só as fronteiras bem delimitadas poderiam evitar contestações territoriais. Na Europa, assim como na América, tinham pago um preço elevado pelos erros e imprecisões das fronteiras dos seus respectivos territórios.

Não é de estranhar, por conseguinte, que tenham aplicado imediatamente em África a delimitação, fruto de um longo processo de traçado da fronteira na Europa.

Para conseguir isso, foram escolhidos e aplicados os mesmos métodos técnicos de determinação que a teoria e a prática tinham produzido na Europa, ao longo dos séculos.

O efeito resultante será, no entanto, díspar.

Na Europa, os territórios dos Estados adquirem limites precisos quando as nações tomam consciência de si próprias. Em África, as delimitações são importadas, antes da manifestação desse fenómeno nacional.

Por uma estranha conversão, é em África que a permanência de um quadro territorial pré-estabelecido — as fronteiras da colonização — dará às comunidades humanas que aí vivem, a oportunidade de definir a sua pertença a uma mesma Nação.

O objectivo dos capítulos seguintes é o de investigar e descrever os elementos e procedimentos técnicos de delimitação que foram utilizados pelos europeus em África, e de analisar as suas vantagens e desvantagens, do ponto de vista das realidades africanas actuais.

(Blad es Siba), o que leva a crer que as fronteiras do império eram móveis. Ver também sobre o assunto, Ancel, Loc. cit., p. 215; Philippe Husson «La question des frontières terrestres du Maroc», pp. 7–13; Mesa Garrido, R. «Las Fronteras de la descolonisación: reflexiones en torno al conflicto argelino-marroquí», R.E.D.I., vol. XIX (1966), pp. 53–56; Cordero Torres, Fronteras Hispanicas, p. 36, em nota.

PRIMEIRA PARTE
AS FRONTEIRAS AFRICANAS NA ÉPOCA COLONIAL

CAPÍTULO I
OS FACTORES DETERMINANTES DAS DELIMITAÇÕES AFRICANAS: O ELEMENTO POLÍTICO-ECONÓMICO

O elemento político-económico desempenhou um papel muito importante, se não o mais importante, na delimitação dos territórios africanos no período da colonização.

A principal preocupação dos colonizadores era a busca de ouro, de especiarias, de tecidos, e de matérias-primas. Os primeiros eram procurados para posterior troca em portos europeus. As últimas eram valiosas dada a falta de matérias-primas nos países industrializados, ou em vias de o ser.

Os numerosos relatos dos navegadores portugueses dos séculos XVI, XVII e XVIII, descrevem a natureza das cargas que os seus navios transportavam para a Europa, para aí serem vendidos: ouro, especiarias, tecidos, transportados em tais quantidades que causaram frequentes naufrágios causados pela sobrecarga dos navios.

Às viagens de reconhecimento e comércio seguiu-se a fundação de feitorias, ao longo da costa africana, com o objectivo de fazer comércio com as populações do interior.

Os europeus, e muito especialmente os portugueses, iriam em breve lançar-se num outro tipo de actividade lucrativa: o tráfico de escravos.

A descoberta da América e as necessidades de exploração do Novo Mundo, levaram os europeus a organizar o transporte de mão-de-obra escrava. O tráfico generalizado de escravos expôs o facto de que o recrutamento forçado de mão-de-obra só poderia ser assegurado regularmente quando os europeus tivessem o controlo dos territórios do continente africano.

Em consequência dessa constatação, foi celebrado um conjunto de tratados de amizade, comércio e protecção com os chefes indígenas. Foi a partir daí que se traçou o destino de África, e começou a sua partilha. O contacto da Europa com a África, até então limitado ao litoral, iria continuar no interior do continente. A exploração sistemática é organizada por indivíduos mandatados pelos seus Estados de origem, ou por empresas privadas, mais ou menos oficiais.

É preciso assinalar, a este respeito, que a abordagem dos vários países foi diferente, consoante se tratasse de Estados de origem latina ou de Estados de origem anglo-saxónica. Estes últimos utilizaram preferencialmente a solução de empresas majestáticas para a exploração dos territórios conquistados, enquanto os primeiros dependeram mais da audácia de exploradores individuais.[61]

Mas uns e outros fizeram tudo para garantir às suas Pátrias os territórios de que reivindicavam a posse, para formar o grande império que os tornaria verdadeiras Potências coloniais.

O destino de África, colocado nas mãos das maiores potências da época — Inglaterra e França — parecia ter de ser decidido entre elas. Em todo o lado, em África e no resto do mundo, as Potências vão de facto acabar por se enfrentar.

Pode dizer-se sem hesitação que a história da partilha da África se resume a uma luta pelo controlo dos principais canais e artérias de comunicação.[62]

Quer seja pelo controlo de grandes rios como o Nilo, o Congo, o Níger, o Orange ou o Zambeze, ou dos grandes lagos africanos, a luta pelo controlo das vias fluviais entre vários protagonistas presentes foi acérrima. Todas as armas do arsenal militar e diplomático, e acima de tudo o ardil, foram utilizadas por todos os países a fim de garantir o máximo de benefícios possível.

[61] O sistema das empresas concessionárias foi utilizado principalmente pela Inglaterra; na África Oriental só a Alemanha o utilizou.

[62] «*A dificuldade de todas as jovens colónias*, escreveu J. Darcy em 1900, *é a escassez de vias de comunicação. Só estas podem dar vida a um país. A sua ausência atrasou por muito tempo o desenvolvimento da Argélia, e ainda trava o do Senegal, do Sudão e de Madagáscar. No Congo, por outro lado, os rios correm em todas as direcções, transportando vapores rapidamente e sem esforço para as regiões mais remotas. Trata-se de uma vantagem incalculável de que o país iria beneficiar grandemente.*» Cf. Darcy, J. — La Conquête de l'Afrique, Tours, 1900, p. 73.

Porém, a luta não se limitou apenas à França e à Inglaterra. Outros Estados, como Portugal — ao qual devemos os primeiros relatos sobre o continente, em resultado das viagens dos seus navegadores, a Bélgica, ou pelo menos um grupo financeiro liderado por Léopold II, Rei dos Belgas, assim como a Alemanha, irão todos intervir nesta luta pela influência e controlo dos grandes canais de comunicação africanos.

A Alemanha, última a chegar entre as potências colonizadoras, será forçada, apesar da relutância dos seus governantes, a participar nessa luta. Liderada por Bismarck, que conseguiu fazer dela a maior potência da Europa continental, vai primeiro desempenhar o papel de árbitro nas questões do continente africano e, posteriormente, aproveitando-se dessa situação, irá também lançar-se na criação do seu império africano.

No final do século XIX, toda a África tinha sido partilhada, e «*cada nação tinha a sua parte delineada no mapa que conscienciosamente se esforçou [...] por valorizar, apregoando as vantagens específicas das suas características*».[63]

A política seguida pelos vários países, na constituição das suas colónias e protectorados, corresponde essencialmente a duas ordens de factores: um político, o desejo de formar um grande império colonial, e o outro, económico, o desejo de constituir uma grande potência industrial.

SECÇÃO I: A LUTA PELO CONTROLO DAS PRINCIPAIS VIAS DE COMUNICAÇÃO

A corrida para controlar as principais vias de comunicação é um dos aspectos mais significativos da partilha da África.

Opôs ingleses e franceses, para o controlo da bacia do Nilo e do Níger; ingleses e alemães, na África Austral, para o controlo do Rio Orange, e na África Oriental e Central para o controlo da região dos Grandes Lagos africanos; ingleses, alemães e franceses, para o controlo da Bacia do Congo.

Este factor não foi, todavia, o único elemento impulsionador para os colonizadores. No século XIX, quando a industrialização da maioria dos Estados europeus já atingira um certo grau de desenvolvimento, surgiu a necessidade

[63] J. Darcy, Op. cit., p. 12.

de matérias-primas em maior quantidade, assim como a necessidade de encontrar um maior escoamento para os seus produtos transformados.

G. Hardy explica esse facto do seguinte modo: «*a economia do mundo civilizado, desde meados do século, mudara significativamente: todos os valores foram derrubados com a utilização do vapor e da electricidade; em toda a parte, a fábrica tende a substituir a oficina, e certos povos de organização recente, tais como a Alemanha e os Estados Unidos da América, competem com os países de indústria mais antiga nos seus mercados tradicionais: <u>daí o desejo de encontrar ao mesmo tempo, nos novos países, grandes escoamentos e abundantes reservatórios de matérias-primas</u>*».[64] [65]

Nos dois casos, a África oferecia um excelente banco de ensaio. Os comerciantes e industriais, até então bastante relutantes quanto às vantagens que poderiam advir da exploração dos territórios africanos, foram os primeiros a compreender esta situação. Os governos, ainda hesitantes, foram obrigados a ouvir a demonstração sobre os lucros que poderiam ser obtidos nessas empreitadas.

Na Alemanha, a pressão exercida sobre o governo pelos comerciantes e industriais de Bremen e de Hamburgo, foi o principal motivo da entrada deste país no cenário político africano.[66]

Os alemães estavam na verdade muito interessados na questão africana. Estavam envolvidos por interposta pessoa — a Associação Internacional do Congo, a quem pensavam poder, mais tarde ou mais cedo, suceder, recusando-se, todavia, a abrir o seu jogo em público.

A colónia do Congo não poderia ter sido criada sem o apoio dado pelo governo imperial à Associação Internacional do Congo, cujo presidente honorário era Léopold II, Rei dos Belgas. Foi o governo imperial que, através do seu chanceler, o Sr. Bismarck, apoiou a formação dessa associação privada, cujo objectivo declarado era a ocupação e a exploração dos territórios africanos da Bacia do Congo, bem como a luta antiesclavagista.[67] O seu nascimento foi financiado por capitais privados, e nada deixava prever o fim que ela teria.

64 Sublinhado do Autor.

65 Cf. Hardy G. — Visão Geral da história de África, Paris, 1922, p. 127.

66 Ibid., p. 127 e ss.

67 Este objectivo último, segundo Darcy, escrevendo no início do século, teria sido muito mal cumprido porque suscitou, por parte de todos os meios de comunicação social europeia da altura, um grande alarido por causa das atrocidades cometidas pelos agentes da Associação

Ao prometer o seu apoio à Associação, a Alemanha esperava obter, a baixo custo, a posse dos territórios por ela ocupados ou reclamados. O papel preponderante desempenhado pela diplomacia alemã nos assuntos mundiais, no final do século XIX, permitia imaginar um controlo bastante fácil pela Alemanha dos territórios detidos pela Associação privada, cuja criação facilitara e apoiara. A Bélgica, uma potência neutra, hesitava em embarcar numa empresa colonial. Daí o expediente soberano dos territórios explorados em seu nome. Este expediente obteve a aprovação da chancelaria imperial, que facilmente percebeu que uma associação privada nunca se constituía *ad aeternum*, em particular quando pretendia arrogar-se prerrogativas que o direito das nações reconhecia apenas aos Estados.

O papel influente de Bismarck naquela época explica o facto de a Conferência Diplomática sobre a África ter sido realizada na Alemanha.

Foi, como se sabe, por iniciativa de Bismarck que se reuniu em Berlim, de 15 de Novembro de 1884 a 26 de Fevereiro de 1885, uma conferência, cujo objectivo principal seria o de estabelecer os princípios jurídicos que as potências interessadas deveriam respeitar para reivindicar a soberania sobre qualquer território no continente africano.

Para os seus organizadores, era preciso a todo o custo evitar que uma disputa territorial em África se transformasse na causa directa de um conflito armado entre as Potências europeias.

Dois princípios fundamentais emergiram da conferência: o princípio da *ocupação efectiva*, aplicação africana do conceito de efectividade, e o princípio da *resolução pacífica dos diferendos territoriais internacionais*.

O primeiro, constante do art.º XXXIV da Acta Geral da Conferência de Berlim de 1885, exigia a efectiva apropriação dos territórios reivindicados, como condição prévia para o reconhecimento de qualquer reivindicação de soberania. Apenas as reivindicações baseadas em factos concretos seriam consideradas legítimas: a apropriação e a notificação desse acto às outras potências.

O artigo citado estipulava o seguinte: «*A Potência que, doravante, se apropriar de um território costeiro do continente africano, situado fora das suas actuais possessões,*

Internacional na administração civil e militar dos seus territórios do Congo. Cf. Darcy — Op. cit., pp. 66/7 e especialmente a nota 1 da p. 66.

ou que não as tendo até então, viria a adquiri-las no futuro, e de igual modo, a Potência que aí vier a assumir um protectorado, deverá fazer acompanhar o respectivo acto de uma notificação dirigida às demais Potências signatárias do presente Acto, a fim de lhes permitir fazer valer, se for o caso, a sua reclamação.»[68]

Todavia, foi deixada em aberto uma excepção em relação aos territórios localizados no interior do continente, que ainda não tinham sido explorados. Conforme se depreende da letra do artigo em questão, só os territórios situados no litoral seriam submetidos ao duplo teste da efectividade e da notificação. Para os outros, bastava uma simples notificação.

Essa distinção, adoptada pela maioria das Potências Contratantes, deu origem à chamada teoria do *hinterland*, segundo a qual a potência que controlasse o litoral de um território, ou a foz de um rio, teria também o direito de reclamar as terras situadas no seu interior.[69]

Na prática, essa teoria nem sempre deu frutos, porque houve muitas vezes reivindicações contraditórias. No entanto, terá permitido a muitas Potências obter o reconhecimento do direito de colonizar vastas regiões, onde nunca se tinham apropriado de nada.

Através do mecanismo do reconhecimento das esferas de influência, as potências garantiram reciprocamente direitos futuros de colonização desses mesmos territórios. A notificação desses acordos era válida *erga omnes.*

Um exemplo deste expediente é-nos dado pela troca de declarações franco-britânicas, assinadas em Londres a 5 de Agosto de 1890, a que já foi feita várias vezes referência.[70]

O segundo princípio adoptado pela conferência, foi o da solução pacífica de diferendos, constante do art.º XII da Acta Geral. Ficou assim redigido:

> *«Em caso de desacordo grave, surgido acerca ou dentro dos limites dos territórios mencionados no art.º 1.º e colocados em regime de liberdade comercial, entre Potências signatárias deste Acto, ou Potências que posteriormente a ele venham a aderir, estas comprometem-se, antes de apelar às armas, a recorrer à mediação de uma ou mais potências amigas.*

[68] Cf. De Martens, N.R.G., 2.ª série X, p. 246.

[69] Cf. G. Hardy, Op. cit., p. 129.

[70] V. por ex. o art.º 1 do protocolo ítalo-britânico para a delimitação das suas respectivas esferas de influência na África Oriental, assinado em Roma, a 24 de Março de 1891, em Van Ortroy, Op. cit., pp. 238/9.

De igual modo, as mesmas Potências reservam-se o direito de recorrer ao procedimento arbitral.»[71]

Além destes resultados, a Conferência procedeu à internacionalização de dois dos principais rios africanos, o Congo e o Níger (Capítulos IV e V do Acto), e adoptou regras relativas ao tráfico de escravos.

Esta internacionalização foi concebida na perspectiva que já dera origem à própria convocação da conferência: era importante não correr o risco de uma guerra por causa dos territórios africanos. Nesses dois rios, e nas suas bacias, a liberdade de navegação era reconhecida a todas as potências signatárias, bem como a igualdade do direito ao comércio.[72] (Artigos I, II, III, IV e V da Acta.)

Foi criada uma Comissão Internacional para o Congo, e os vários parágrafos do art.º I do Acto descreviam a delimitação da bacia do Congo que resultara do acordo.

No entanto, não foi feita qualquer delimitação da bacia do Níger, nem criada qualquer comissão, por causa de recusa da Grã-Bretanha.[73]

Na véspera da conferência, a Alemanha comunicara que pretendia tornar-se uma potência colonial. O Sr. Bismark, que até então havia hesitado, teve de tomar medidas imediatas.

Nomeou para tal o explorador alemão Nachtigal. Este, em poucos meses, conseguiu colocar sob a órbita do governo imperial os territórios ainda não ocupados da costa do continente africano. Assim nasceram os territórios alemães dos Camarões, do Togo e do Sudoeste Africano (actual Namíbia), imediatamente declarados colónias do Império.

O pretexto invocado pelos alemães para justificar as explorações de Nachtigal foi a necessidade de se proceder à uma investigação, *in loco*, sobre queixas apresentadas por súbditos alemães. O resultado da investigação foi a pura e simples anexação dos territórios em questão, seguida de uma notificação às demais Potências.

[71] Cf. Geoffroy de Courcel, Op. cit., p. 409.

[72] Esses artigos foram modificados pela convenção de St. Germain de 10 de Setembro de 1919. Foram invocados, sem sucesso, pela Inglaterra durante o caso Oscar Chinn. Para este caso, consultar o Compêndio de la Pradelle, 1935, 1.ª Parte, pp. 15/17.

[73] Sobre a situação do rio Níger, ver a tese de doutoramento do Sr. Bangoura Malik — Le régime juridique du Niger, fleuve international, Aix-en-Provence, 1967.

Assim, a Alemanha imperial estabeleceu-se em África, manifestando ao mundo a sua vocação colonial.

Na costa oriental de África, o império alemão não foi menos rápido.

Karl Peters, presidente da sociedade alemã denominada «Sociedade para a colonização»[74], assinou com chefes autóctones da região muitos tratados de protectorado, em nome de sua Majestade Imperial. Essa sociedade comprometeu-se a proceder à prospecção e à exploração dos territórios que acabavam de ser objecto dos tratados, trabalho entregue no terreno à «Deutsche Ostafrikanische Gesellschaft», empresa contratada.[75]

A partir desse momento, o pânico instalou-se nas velhas potências coloniais. Para evitar que a influência da Alemanha em África continuasse a expandir-se, concordaram em participar na Conferência de Berlim, proposta pelo chanceler Bismarck. A Inglaterra, em especial, não apreciava nada a presença dos alemães nas margens do Nilo, e as outras potências temiam que essa apropriação de territórios pela Alemanha se espalhasse.

Esta foi, por conseguinte, uma das razões que levou as potências coloniais da época a participar na Conferência de Berlim. A luta pelo controlo dos territórios da Bacia do Congo foi outra.

§ 1. A luta pelo controlo da bacia do Congo

O Congo, ou Zaire, é um dos maiores rios de África (4.640 km).

A sua importância deriva da sua grande navegabilidade, mas sobretudo da navegabilidade dos rios afluentes da sua bacia.[76]

Na verdade, três estados lutavam pelo controlo do rio e, se possível, de toda a sua bacia. Tratava-se da Inglaterra, da França e de Portugal.

[74] Esta empresa foi fundada em Berlim, com fundos privados e constitui o único exemplo de colonização alemã através de empresas contratadas.

[75] Cf. G. Hardy, Op. cit., p. 127.

[76] Desde a sua nascente, na região dos grandes lagos, a sudoeste do lago Tanganica, até à foz no Oceano Atlântico, o Congo mede mais de 4.000 km, dos quais mais de 2/3 são navegáveis. Da mesma forma, a maior parte dos seus afluentes são navegáveis, e em 1900 já se estimava em 18 000 km a extensão das vias navegáveis ligadas à bacia do Congo. Cf. Darcy, Op. cit., p. 33.

Além destes países, existia a Associação Internacional do Congo, resultado da fusão do Comité de Estudos do Alto Congo e da Associação Internacional Africana, ambas fundadas em 1876 por iniciativa do Rei da Bélgica, Léopold II.

Esta associação, com sede em Bruxelas, tinha como objectivo estudar e explorar as regiões que acabavam de ser objecto de uma empresa de exploração pelo jornalista americano Stanley. A sua finalidade era ao mesmo tempo económica, científica e «civilizadora».

Stanley, que regressou à Europa em Janeiro de 1878 depois da sua viagem por África, aceitou regressar para tomar posse, em nome da Associação Internacional do Congo, das regiões que acabara de explorar. Todavia, quando chegou em 14 de Agosto de 1879 à foz do rio Congo, Savorgnan de Brazza já lá tinha hasteado a bandeira da França, na margem direita. Um pouco decepcionado com esse facto inesperado, Stanley e os seus homens aceleraram a exploração dos territórios localizados na margem esquerda, e assim nasceu a actual Kinshasa (ex-Léopoldville).

É evidente que a tomada de posse dessas imensas regiões não deixou de provocar uma certa reacção por parte das outras potências interessadas.

Portugal, primeiro, que através de um dos seus navegadores, Diogo Cão, chegara à foz do Zaire em 1482, onde erguera um monumento de pedra.

Os portugueses queriam fazer valer os seus direitos históricos, a fim de garantir o controlo de todos os territórios incluídos na bacia do rio, visto que o controlo da foz de um rio africano implicava, em princípio, a aquisição da soberania sobre os territórios do *hinterland*.

Infelizmente, não foram os únicos.

A França, para quem Brazza havia adquirido territórios ao longo da margem direita do rio, assinando tratados de protectorado com os chefes indígenas e, em especial, com o rei Makoko[77], chefe dos Batéllés, também tinha a sua palavra a dizer.

Por sua vez, a Inglaterra também estava interessada nessas regiões não só porque aí se localizavam algumas das terras mais férteis de toda a África, mas também porque pretendia fazer passar por elas uma linha férrea, que iria ligar

[77] Sobre a actividade diplomática e militar desenvolvida por Savorgnan de Brazza, com vista a garantir o controlo dos territórios dessa região de África, consulte-se o excelente trabalho do Sr. Henry Brunschwig. — L'avènement de l'Afrique Noire, du XIXème siècle à nos jours, Paris, Librairie Armand Colin, 1963.

as suas possessões do Egipto e em torno do Nilo às suas possessões da África Austral. Além disso, do sucesso das suas empresas nessa região dependia a formação, ou melhor a realização do grande sonho, há muito acalentado, de uma África inglesa, do Cabo ao Cairo.

Perante os seus três grandes rivais, a tarefa da Associação não era fácil, tanto mais que não se tratava de um Estado soberano ao qual os outros teriam sido obrigados a reconhecer determinados direitos. A sua posição era, portanto, precária.

A Inglaterra, sobretudo, tentou frustrar os projectos da Associação, através do seu mais antigo aliado, Portugal.

Com o tratado anglo-português de 26 de Fevereiro de 1884, a Inglaterra reconheceu a soberania portuguesa sobre toda a foz do rio, ao mesmo tempo que obteve vantagens de carácter comercial e político.

É nesse preciso momento que a Alemanha entra em cena.

Léopold II, que via a existência da Associação ameaçada e receava ao mesmo tempo a perda dos territórios aos quais havia dedicado tanto interesse e dinheiro, pede o apoio da Alemanha contra as intenções nocivas dos seus rivais, e submete-lhe o projecto de fazer da Associação um Estado independente, com soberania sobre os territórios explorados sob o seu controlo.

Em resposta a este apelo, Bismarck irá protestar, em Abril do mesmo ano, junto dos governos de Londres, Bruxelas e Lisboa, contra as estipulações do acordo luso-britânico. Podemos imaginar quais seriam para a Alemanha as consequências da sua inacção sobre o assunto. A ideia de a Alemanha suceder à Associação deixaria de ser possível.

Dois meses depois, mais exactamente a 23 de Junho de 1884, o chanceler alemão comunicou ao Reichstag o projecto do Rei dos Belgas, a quem promete o apoio do governo imperial. É desse período que surge a ideia de convocar a conferência de Berlim.[78] Todas as potências europeias foram convidadas a participar.

No entanto, tendo em conta a extensão da oposição alemã ao tratado luso-britânico, o governo de Sua Majestade recusou-se a submeter o projecto do tratado em questão à Rainha, para assinatura, e as negociações fracassaram.

[78] No desenvolvimento deste capítulo, seguimos em termos gerais os trabalhos de Darcy e Hardy já mencionados.

Entretanto, a conferência inicia-se em Berlim a 15 de Novembro de 1884, data em que a Acta geral da conferência foi assinada, e o Estado Independente do Congo nasceu.

Esse Estado foi imediatamente reconhecido como entidade soberana pela maioria dos representantes dos governos presentes na conferência. A sua bandeira foi saudada como a bandeira de um Estado soberano.

No entanto, durante os trabalhos da conferência, difundiu-se a ideia, desta vez abertamente, de que a Alemanha estava a usar a Associação em seu próprio interesse, e que ao apoiar as suas reivindicações, o governo imperial esperava livrar-se do seu protegido, quando chegasse o momento.

Apesar da incerteza que ainda pairava sobre o futuro do chamado Estado Independente do Congo, o Rei dos Belgas conseguira, no entanto, frustrar o plano dos seus maiores concorrentes: Portugal e Inglaterra.

Para materializar os resultados alcançados, o Rei dos Belgas encetou negociações com os Estados vizinhos do Congo, com vista a uma possível delimitação dos respectivos territórios.

Assinou com Portugal, em Berlim, o tratado de limites de 14 de Fevereiro de 1885[79] e em Lisboa, a 25 de Maio de 1891, uma convenção de delimitação das respectivas esferas de influência dos dois países na região da Lunda[80]. Na mesma data, foi assinada outra convenção em Bruxelas, destinada a resolver algumas dificuldades relacionadas com as respectivas fronteiras no Baixo Congo.[81]

O perigo para o Estado Independente, vindo de Portugal, foi assim definitivamente eliminado. Restavam a Inglaterra e a França.

A primeira, que havia julgado mal a real possibilidade de um Estado do Congo, bem como a importância do apoio da Alemanha, começa a admitir a derrota e tenta encontrar uma solução alternativa.

Se Portugal — em quem tinha depositado todas as suas esperanças — acabara de desistir das suas pretensões, a possibilidade de retirar algumas

[79] Para o texto, *vide*, entre outros, Van Ortroy, Op. cit., pp. 106/9. Através deste tratado, Portugal renunciou às suas reivindicações sobre a foz do rio.

[80] Ibid., pp. 248/251. O traçado da fronteira resultante desta convenção foi efectuado pelos respectivos comissários, e sancionado pela declaração luso-belga de Bruxelas de 24 de Março de 1894. Cf. Van Ortroy, Op. cit., pp. 315/7.

[81] Para o texto, ver Van Ortroy, Op. cit., pp. 243/7. Cf. também a declaração interpretativa de 2 de Março de 1894, ibid., pp. 310/4.

vantagens da situação mantinha-se, porque podia agora tratar directamente com a entidade interessada, o Estado Independente do Congo. Este Estado era de qualquer modo um adversário menos temível do que a Alemanha.

Não devemos esquecer, no entanto, que a Alemanha acabara de se estabelecer na costa leste de África e as suas possessões — a África Oriental Alemã, constituída pelas colónias ou protectorados do Tanganica e do Ruanda-Urundi — eram vizinhas das possessões da Inglaterra.

Se a Inglaterra perdera os territórios que contava herdar de Portugal[82], poderia, no entanto, poupando o Estado Independente do Congo, obter pelo menos uma faixa, situada entre os territórios deste último e os da Alemanha, para realizar a ideia da sua linha férrea, do Cabo ao Cairo. É nessa direcção que ela vai trabalhar.

Por seu lado, o Estado Independente recorre à França para resolver definitivamente a questão das fronteiras.

Já chamámos a atenção para o interesse da França num possível controlo da bacia do Congo.[83]

Vendo o conflito que se estava a desenrolar entre a Associação Internacional do Congo e Portugal, a França também tentará tirar partido da situação. Os territórios em questão tinham para ela um valor simbólico, mas também representavam a possibilidade de uma possível ligação do território francês do Congo com os da bacia do Ogoué e com o mar, e uma via de acesso ao Nilo através do Bahr el Gazal. Além disso, através do Chari, teria acesso ao Lago Chade, ligando assim as suas possessões no Congo com as do noroeste da África (Níger).

[82] Tanto a Alemanha como a Inglaterra tinham intenções políticas para os territórios coloniais de Portugal. Chegaram mesmo a assinar uma convenção secreta de partilha das colónias portuguesas que as Partes poriam em vigor assim que fossem cumpridas certas condições. Trata-se do acordo assinado em Londres, em 30 de Agosto de 1888, entre *Lord* Balfour e o Sr. Hatzfeld. Estipulava que, caso Portugal viesse a necessitar de assistência financeira para desenvolver colónias, estas duas potências dar-lhe-iam essa assistência mediante uma garantia constituída pelas receitas aduaneiras e fiscais das colónias de Angola, Moçambique e Timor. No caso de não pagamento da sua dívida, a administração dos serviços tributários e aduaneiros seria transferida para a Alemanha e a Inglaterra, nas proporções fixadas nos parágrafos 2.º e 3.º do art.º 1.
Para o texto desta convenção em espanhol, consultar Cordero Torres, Textos, pp. 653/7.

[83] Os esforços da França para garantir o maior número possível de territórios na Bacia do Congo devem estar ligados à sua tentativa de obter um acesso ao Nilo.

Até agora omitimos o facto de a Associação Internacional, durante as suas disputas com Portugal, ter abordado a França para pedir o seu apoio. Esta vai conceder esse apoio de bom grado, e não irá hesitar em reconhecer a soberania da Associação sobre os territórios que esta possuía. Em troca, ver-se-á atribuir o direito de preferência sobre todos esses territórios, caso a Associação decidisse aliená-los, por qualquer forma que fosse. Esse resultado foi alcançado pelo acordo de 23 de Abril de 1884, seguido pelo de 5 de Fevereiro de 1885 que delimita, pela primeira vez, os seus respectivos territórios, do mar até ao equador.

No entanto, surgiram posteriormente dificuldades de interpretação, devido ao conhecimento geográfico imperfeito da região que acabara de ser objecto do tratado de limite.

Segundo os delimitadores, a fronteira entre os territórios dos dois Estados seguiria «*o rio Congo, até um ponto a determinar, a montante do rio Licona-Nkundja*».[84] Porém, segundo informações que recolhera junto dos nativos, acabou por ficar com uma grande massa de água salgada. Isso levou os negociadores do tratado a identificar o Ubangui como primeiro rio, cujo curso supostamente fluía na direcção norte-oeste.

Os belgas, apesar das recentes descobertas, alegaram que o tratado deveria ser interpretado à letra, enquanto os franceses defendiam uma interpretação baseada no espírito da convenção.

Chegou-se finalmente a uma transacção que foi imediatamente sancionada pelo protocolo de 29 de Abril de 1887.[85] De acordo com art.º I deste instrumento, «*o Governo da República Francesa [...] concordou em aceitar as seguintes disposições como regulando definitivamente a execução do último parágrafo do art.º III da Convenção de 5 de Fevereiro de 1885:*

Desde a sua confluência com o Congo, o talvegue do Ubangui formará a fronteira até a sua intersecção com o quarto paralelo norte.

O Estado Independente do Congo compromete-se perante o Governo da República Francesa a não exercer qualquer acção política na margem esquerda do Ubangui a sul do mesmo paralelo, formando o talvegue em ambos os casos a separação.

[84] Cf. último parágrafo (6.º) da citada convenção.

[85] Cf. o protocolo assinado em Bruxelas em 29 de Abril de 1887, que delimita as fronteiras entre as respectivas possessões do lado do Ubangui, em Van Ortroy, Op. cit., pp. 181/2; Compêndio Basdevant, I, p. 401; Rouard de Card, Op. cit., pp. 56/7.

Em caso algum a fronteira norte do Estado do Congo descerá abaixo do quarto paralelo norte, limite que já é reconhecido pelo art.º V da Convenção de 5 de Fevereiro de 1885.»[86/87]

Como resulta deste protocolo, o 4.º paralelo norte serviria de limite das duas zonas de influência, independentemente da direcção seguida pelo curso do Ubangui.

Além disso, foram concedidos dois tipos de compensação ao Estado Independente do Congo, uma política e outra financeira.

No primeiro caso, tratava-se de uma limitação do direito de preferência que a França obtivera pelo Tratado de 23 de Abril de 1884, em todos os territórios do Estado Independente. A França comprometeu-se a não fazer uso dessa cláusula, no caso de o Estado Independente transferir para a Bélgica a soberania sobre os seus territórios africanos.

Poucos anos depois, mais exactamente a 20 de Agosto de 1908, o Rei dos Belgas, Léopold II, legou, por testamento, esses territórios à Bélgica.

A compensação financeira limitou-se à um empréstimo por lotes cuja concessão o governo francês autorizou em Paris, em benefício do Estado Independente do Congo.[88]

Entretanto, as empresas de exploração iniciadas pelo Estado Independente do Congo continuaram em direcção ao norte, e ultrapassaram o limite da zona de influência que lhe fora reconhecida pelas convenções anteriores, ou seja, o 4.º paralelo de latitude norte.

A França também se estendeu a norte (Chari) e a leste (Ubangui), procurando assim juntar, através do Bahr el Ghazal, o lago Chade às suas outras possessões no noroeste de África (Níger).

No entanto, a França, nos seus avanços, esbarra num obstáculo: a Inglaterra, que acaba por perceber que desse modo, tanto a França como o Estado Independente do Congo se estavam a aproximar cada vez mais das suas possessões do Nilo.

Confrontada mais uma vez a dois adversários, a Inglaterra será obrigada a ceder a um deles. Por motivos de fácil compreensão, prefere tratar com o Estado Independente do Congo. As negociações tiveram lugar em Bruxelas

[86] Cf. nota 85.

[87] Sublinhado do Autor.

[88] Cf. Darcy, Op. cit., pp. 59/60.

e em Londres, tendo culminado, a 12 de Maio de 1894, com a assinatura da convenção anglo-congolesa de 12 de Maio de 1894.[89]

A Inglaterra cede em locação a Léopold II, como soberano do Estado Independente, um território localizado na margem esquerda do Nilo, de Mahagi, no Lago Albert, até Fachoda. Além disso, a Inglaterra cedeu ao Estado Independente do Congo a parte da bacia do Bahr el Ghazal, limitada a oeste pelo 25.º meridiano de longitude e a norte, pelo 10.º paralelo.

Esses territórios seriam administrados pelo soberano do Congo enquanto fosse vivo, mas voltariam para a esfera da Inglaterra após a sua morte, com excepção dos territórios situados no Bahr el Ghazal.

Além disso, uma via de 25 km de largura foi cedida ao Estado Independente do Congo, nas imediações do Lago Albert.

Por outro lado, foi concedido à Inglaterra o arrendamento de uma faixa de território de 25 km de largura ao longo da fronteira oriental do Congo, que ia desde a extremidade sul do Lago Albert até ao extremo norte do lago Tanganica. Era por aí que a Inglaterra planeava construir a sua famosa linha férrea do Cabo ao Cairo.[90]

Esta convenção, como era de esperar, não deixou os governos francês e alemão indiferentes. Este último, porque se via já excluído da corrida por uma região próxima das suas possessões, e sobre a qual consideravam ter ainda uma palavra a dizer. O primeiro não só porque qualquer acesso às suas possessões, do Congo ao lago Chade, lhe seria impossível, mas também porque os termos desta última convenção estavam em flagrante contradição com o protocolo franco-congolês de 29 de Abril de 1887.

Este último fixava no 4.º paralelo de latitude norte o limite setentrional da zona de influência congolesa, a nascente do Ubangui-Ouelle, ou seja, o 30.º meridiano constituía o limite ocidental da zona de influência congolesa.

A convenção de 1 de Maio de 1894 fixou o limite da zona de influência congolesa no 10.º paralelo de latitude norte, e transferiu para oeste a fronteira do Congo, no 25.º meridiano de longitude, o que fez com que a zona francesa se estreitasse da mesma distância, mas, pior ainda, esta ficava impedida de aceder ao Chade pelo Bahr el Ghazal.

[89] Ibid., p. 60.

[90] Cf. Darcy, Op. cit., pp. 59/61.

A Alemanha, sobretudo, não podia tolerar a existência de uma via inglesa entre as suas possessões e o Congo.[91] Vai protestar vigorosamente junto dos governos de Londres e de Bruxelas contra as cláusulas da convenção de 1894, e as duas Partes tiveram de renunciar, pela convenção de 22 de Junho de 1894, às suas pretensões.[92]

No entanto, o Congo conseguia fazer reconhecer os seus direitos sobre a margem esquerda do Nilo, desde o lago Albert até Lado, garantindo assim um acesso seguro ao Nilo.

Com esta renúncia, a França obteve o acesso pelo Bahr el Ghazal[93], mas não conseguiu, no entanto, chegar ao Nilo por essa mesma via, deparando-se aí com a mais viva oposição por parte da Inglaterra.

Aliás, o confronto entre franceses e ingleses nesta região da África deu origem ao que hoje se denomina «incidente de Fashoda»[94], que culminou com a evacuação das tropas francesas aí estacionadas e com a assinatura do acordo franco-inglês de 21 de Março de 1898.[95]

Foi nessa época que o Congo (Kinshasa) adquiriu as suas fronteiras actuais.

§ 2. A luta pelo controlo da bacia do Zambeze

O Zambeze tem 2.660 km de largura e não é tão navegável como o Congo. Outros rios e afluentes estão ligados à sua bacia, como o Cuando e o Cubango, mas a importância dos territórios que atravessa provém, em grande parte, da existência de minas de ouro, diamante, cobre e ferro.

O tratado luso-britânico de 25 de Fevereiro de 1884 reconhecia a Portugal a soberania sobre toda a foz do grande rio, o que significava que doravante todos os territórios do interior podiam, por meio da teoria do *hinterland*, ser considerados como estando na sua órbita.

[91] Recordemos aqui os desígnios da Alemanha sobre os territórios do Estado Independente do Congo. A existência de uma linha férrea inglesa nesta região excluiria a possibilidade de sucessão alemã para os «despojos» do Estado do Congo.

[92] Cf. Darcy, Op. cit., p. 61; Geoffroy de Courcel, Op. cit., pp. 168 e 186.

[93] Veja a convenção franco-britânica de 14 de Agosto de 1894 em Rouard de Card, Op. cit., pp. 58/60.

[94] Consulte Geoffroy de Courcel, Op. cit., p. 169; cf. também Darcy, Op. cit., pp. 56/63.

[95] Cf. Geoffroy de Courcel, Op. cit., p. 186.

Portugal era de facto reconhecido como tendo soberania sobre toda a foz do rio Congo, mas também sobre todos os territórios localizados ao longo da costa atlântica, entre os paralelos 5º 12' e 8º de latitude sul, e a Inglaterra obteve de Portugal a renúncia a qualquer exploração e ocupação dos territórios situados dentro desta última região e que, em qualquer caso, mesmo na região do Congo, a esfera de influência portuguesa não ultrapassaria Noqui. Portugal comprometeu-se também a abrir o Congo à livre navegação, e a execução de todas estas medidas foi confiada a uma comissão anglo-portuguesa. A Inglaterra teria, nesses territórios, o tratamento da Nação mais favorecida e o direito de preferência sobre os territórios portugueses localizados na costa da Guiné, entre o meridiano 5º de longitude oeste e 5º de longitude leste. Na costa oriental da África, o limite das possessões portuguesas foi estabelecido no Chiré, na confluência do Ruo.

As vantagens conseguidas pela Inglaterra eram visíveis e significativas. Por um lado, pelo simples facto de estar em pé de igualdade na Comissão para a navegação no rio Congo, obtinha uma espécie de veto sobre todas as questões relativas à região e, por outro, tinha o caminho livre no que diz respeito às possibilidades de expansão dentro das terras portuguesas, ou seja, na região que separa os territórios de Angola e Moçambique, portanto, em toda a região do Zambeze.

Além disso, dado que Portugal se comprometera em fixar a sua fronteira no Alto Chiré na confluência com o Ruo, renunciara, em consequência, a uma expansão para o próprio Chiré e os territórios vizinhos do lago Niassa, o que para a Inglaterra era de extraordinária importância porque, deste modo, obtinha um acesso directo à região dos Grandes Lagos.

A renúncia ao referido acordo, embora tenha feito com que Portugal perdesse os territórios que reivindicava na foz do Congo[96], tinha pelo menos a vantagem de que, pela não ratificação do acordo, tinha agora as mãos livres no que diz respeito à sua expansão nos territórios situados entre Angola e Moçambique. Portugal vai aliás trabalhar para obter as vantagens que a não ratificada Convenção de 26 de Fevereiro de 1884 lhe recusara.

[96] A Portugal foi reconhecido, pela convenção franco-portuguesa de 12 de Maio de 1886, em virtude dos seus direitos históricos, a soberania sobre os portos de Landana e de Cabinda. Consulte, neste contexto, Rouard de Card, Op. cit., p. I, pp. 187/190.

Os seus exploradores irão em breve penetrar nessas regiões e assinar, com os chefes indígenas, vários tratados de protecção, amizade e comércio.

Os ingleses começaram a preocupar-se com as proporções que tomavam as explorações portuguesas em territórios vizinhos dos seus, na África Austral.

As suas possessões, confinadas nesta região à costa (colónia do Cabo), teriam de aumentar, tanto mais que os boers, que eles tinham expulsado do Cabo para o interior, fundaram o Estado do Transval e o Estado Livre de Orange, onde tiraram proveito das riquezas naturais do solo, provando assim que essas regiões eram das mais ricas de toda a África — diamantes e ouro, em particular, que, dizia-se, podiam ser extraídos com uma simples pá — além do clima ser mais ameno e permitir a fixação de europeus.

A Inglaterra não podia permitir que essas regiões ficassem fora das suas mãos.

A descoberta de diamantes em 1870 no Estado Livre de Orange, e de ouro no Transval, abriram os apetites territoriais do imperialismo britânico.

Anexaram, no primeiro desses Estados, a região de Western Griqualand e a Basutolândia — cujos territórios tinham sido colocados sob o protectorado do Estado Livre de Orange[97]. Alguns anos mais tarde, desanexaram este último território e colocaram-no sob a protecção da Coroa.[98]

O controlo dos ingleses sobre os territórios do Estado Livre de Orange representava uma grande hipoteca sobre o futuro da República do Transval, que começou a ficar legitimamente inquieta.

Apesar das suas lutas intestinas, chegam a um acordo para repelir o inimigo. Levantaram-se em massa e até conseguiram repelir os ingleses, que tinham declarado guerra contra eles e queriam anexar os seus territórios, em Abril de 1877. Foi a guerra anglo-boer, em que os ingleses sofreram pesadas baixas.[99]

Os ingleses então tentaram sufocar os boers do Transval, cercando-os por todos os lados. Em direcção ao norte, atravessaram o rio Orange (1885), e ao

[97] O território da Basutolândia fora colocado sob a protecção dos boers pelo Rei Mosheh.

[98] A Basutolândia foi anexada à colónia do Cabo por acto de 11 de Agosto de 1871, e desanexada em 1884 para posteriormente se tornar uma colónia da Coroa; a Basutolândia foi objecto de dois tratados de limites entre a Inglaterra e o Estado Livre de Orange, o primeiro a 12 de Fevereiro de 1869 e o segundo a 13 de Julho de 1876.

[99] Para estes desenvolvimentos, consulte Darcy, Op. cit., p. 221 e ss.

mesmo tempo anexaram as terras dos Bechuana (actual Botsuana). Dois anos depois, conseguiram colocar na sua órbita o Reino de Khama.

A partir daí, os dias da República do Transval estavam contados. Em teoria, havia apenas um adversário restante nessa região: Portugal.

Mas surge agora um outro obstáculo, inesperado, no seu caminho! Tratava-se da Alemanha que acabara de pôr os pés em África, e que se encontrava precisamente nessa região.

A luta pelo controlo da região da bacia do Zambeze será, portanto, uma luta a três: a Inglaterra, a Alemanha e Portugal, que não teve em conta a existência do Transval.

Em 1884, a Alemanha ainda não tinha territórios africanos. Porém, as coisas tomaram outro rumo a partir dessa data. A pretexto de proteger os interesses dos cidadãos alemães, o governo imperial vai implantar-se em África e consegue mesmo fundar, nas proximidades da colónia britânica do Cabo, a colónia do Sudoeste Africano (actual Namíbia).

Embora possuíssem a costa do Oceano Atlântico desde o limite sul de Angola (rio Cunene) até à colónia do Cabo (rio Orange), careciam, todavia, de um bom porto natural, visto que a costa desta região é muito escarpada, e o único porto existente estava nas mãos dos ingleses (Walfish Bay).

Por outro lado, o governo imperial também nutria esperanças quanto à soberania sobre os territórios situados no interior, e em particular sobre o Zambeze.

Enquanto a guerra se desenrolava entre os ingleses e os boers do Transval, os alemães tentarão obter vantagens políticas, poupando por um lado os boers e por outro lado, jogando com o facto de a guerra anglo-zulu ter acabado recentemente.

Note-se a propósito, que se os alemães ainda não estavam oficialmente estabelecidos em África, a emigração alemã era, no entanto, considerável nessas áreas. Uma grande colónia alemã estava localizada em Natal, onde povoavam por vezes distritos inteiros.

Esses alemães tinham uma simpatia natural pelos boers do Transval e do Estado Livre de Orange, com os quais viam um certo parentesco racial. Os boers, diziam eles, eram «*Nieder Deutsche*», baixo-alemães.[100]

[100] Cf. Darcy, Op. cit., pp. 226/7.

Na Alemanha estava em formação uma corrente de opinião que defendia a ideia de uma grande Federação germano-boer na África do Sul, o que poria em causa a preponderância inglesa nesta parte da África.

Aproveitando a guerra que se travava entre os ingleses e os zulus da colónia do Cabo, os alemães vão tentar concretizar os seus sonhos.

Desembarcaram na baía de Santa Lucia, mas fracassam na sua tentativa de anexação. Os ingleses, adivinhando os planos alemães, anexaram todo o litoral, desde a Zululândia até à baía de Lourenço Marques (Delagoa Bay, hoje Maputo).

Esta tentativa foi seguida por uma outra, desta vez bem-sucedida, de se estabelecer na costa atlântica. Foi o início da colónia do sudoeste africano.

Acostaram na foz do rio Orange e hastearam a bandeira imperial na margem norte. Em tempo recorde, conseguiram anexar todo o interior do país e assinaram um tratado com Portugal que lhes concedia uma saída para o Zambeze.[101]

«*A fronteira entre as possessões alemãs e portuguesas, no sudoeste da África*», pode ler-se no art.º 1 do Acordo luso-alemão de Lisboa de 30 de Dezembro de 1886, «*seguirá o curso do rio Cunene desde a sua foz até às cataratas que este rio forma a sul de Humbe, quando atravessa a Serra Caná. A partir desse ponto, a fronteira seguirá o paralelo até ao rio Cubango; depois, o curso deste rio até a localidade de Andara, que permanecerá na esfera de interesses alemã;*

A seguir, a fronteira seguirá esse paralelo em linha recta, em direcção leste até aos rápidos de Katima, no Zambeze.»[102]

É claro que o sucesso dos alemães encontrou eco favorável junto dos boers do Transval, que aproveitarão esse facto para forçar os ingleses. Assinaram com eles, em 27 de Fevereiro de 1887[103], um acordo que lhes concedia certas vantagens.

Além disso, milhares de boers emigram para a nova colónia alemã no sudoeste de África.

Na sua viagem de regresso ao Transval — a convenção a que nos referimos já fora assinada em Londres — o Presidente Paul Krüger passa por Berlim,

[101] Para os textos em português e alemão deste acordo, cf. Van Ortroy, Op. cit., pp. 172/4.

[102] Sublinhado do Autor.

[103] Cf. os textos em inglês e holandês desta convenção, em Van Ortroy, Op. cit., pp. 82/97. Este acordo substitui o de 3 de Agosto de 1884.

onde recebe a mais calorosa recepção por parte do chanceler Bismarck e da Corte Imperial.

Os ingleses, cientes do perigo que representaria uma aliança germano--boer, vão acelerar as suas empresas e anexar a Bechuanalândia — em 1885, e o Reino de Khama — em 1887.

Agora o Transval está completamente cercado e os alemães, encostados ao deserto do Kalahari, nada podem fazer.

No entanto, os alemães conseguem obter dos ingleses o acesso ao Zambeze.[104] Dá-se a esta faixa o nome de «Kaprivizipfel», a faixa Kaprivi.

Portugal, apesar da sua intensa actividade para assegurar o controlo do Zambeze, não alcançará os seus objectivos.

Liberto das inconvenientes estipulações do tratado de 26 de Fevereiro de 1884, vai apressar a exploração dos territórios situados entre Angola e Moçambique. À medida que avançam as explorações e aumenta o conhecimento sobre esses territórios, começa a tomar corpo aquilo que na linguagem diplomática se chamará o «mapa cor-de-rosa».[105]

Trata-se de um mapa representando a região que separa Angola de Moçambique, pintado a cor-de-rosa e apresentado às Cortes (o Parlamento) em 1888 pelo Ministro dos Negócios Estrangeiros de Portugal, Sr. Henrique de Barros Gomes, como constituindo a África portuguesa nessa região.[106]

Entretanto, os portugueses continuam a querer consolidar a sua posição na região, que percorrem em todas as direcções.

Os ingleses opuseram-se ao avanço dos soldados e exploradores portugueses e fizeram saber, em 13 de Agosto de 1887, que não reconheciam a soberania portuguesa nem sobre a Mashonalândia nem sobre as regiões do Lago Niassa, porque essas reivindicações não tinham sido acompanhadas por «*uma ocupação real, constante, permanente e uma organização administrativa, judicial e militar*».[107]

Os portugueses protestaram e argumentaram dizendo que os chefes indígenas nunca tinham deixado de prestar homenagem ao Rei de Portugal em sinal de submissão, apesar da ocupação portuguesa ter sido interrompida.

[104] Cf. acordo anglo-alemão de 1 de Julho de 1890, art.º III parágrafo 2, em Van Ortroy, Op. cit., pp. 213/223. Os textos estão em inglês e alemão.

[105] Cf. este mapa em Hertslet, The map of Africa by treaty, 2.ª edição, Londres, 1898, pp. 326 e 327.

[106] Cf. Duffy. — Op. cit., p. 113.

[107] Cf. Darcy. — Op. cit., p. 143.

A Inglaterra, por sua vez, enviou uma expedição que assinou, em 11 de Fevereiro de 1888, com o Rei Lobengula, soberano dos Matabélés e suserano nominal de Machona, um tratado de protectorado que também lhes concedia importantes concessões de exploração mineira, em regime de monopólio.

Para explorar esses jazigos, foram criadas duas empresas inglesas, a British Bechuanaland Compagny e a Central British African Company, cuja fusão, alguns anos mais tarde, deu origem à Companhia Britânica da África do Sul (British South African Company).

Esta última foi imediatamente dotada de uma carta imperial, em 27 de Outubro de 1889, adquirindo assim direitos soberanos sobre todos os países localizados a norte do protectorado inglês da Bechuanalândia, e em particular sobre as terras dos Matabélés e dos Machonas (hoje o Zimbabué).

Portugal retaliou alguns dias depois, mais precisamente a 9 de Novembro de 1889, com um decreto que separava os territórios situados no interior de Moçambique — o Machona e o Niassa — e formava uma nova província chamada Zumbo.[108]

Mais uma vez, a reacção inglesa não se fez esperar. A 21 de Novembro de 1889, informa a governo de Lisboa que não aceita a reivindicação portuguesa.

À proposta portuguesa de submeter o litígio a arbitragem, nos termos do art.º XII da Acta Geral da Conferência de Berlim, o governo de Sua Majestade Britânica responderá com um ultimato, datado de 11 de Janeiro de 1890, redigido nos seguintes termos:

> *«O Governo britânico deseja e insiste que as seguintes instruções sejam enviadas, imediatamente, por telégrafo, ao Governador de Moçambique. Retirar imediatamente todas as forças portuguesas do Chire, bem como dos territórios dos Makololos e do Machona. O Governo britânico considera que, se isso não for feito, as garantias dadas pelo Governo português serão consideradas ilusórias, e o Sr. Petre (legado inglês em Lisboa) será forçado, de acordo com as instruções que recebeu, a deixar Lisboa imediatamente com todos os membros da delegação, caso não receba uma resposta satisfatória esta tarde.»*[109]

[108] Para estes desenvolvimentos cf. em geral Darcy, Op. cit., pp. 142/5.

[109] Cf. Darcy, Op. cit., pp. 157/8. Para o texto em espanhol, cf. Cordero Torres, Textos, II, p. 641.

Portugal, por conseguinte, teve de se vergar perante a Inglaterra, a sua antiga aliada, e teve de assinar, em 20 de Agosto de 1890, um tratado delimitando os respectivos territórios na África Austral.

O Parlamento português recusou-se a ratificar o tratado em causa e foi imediatamente assinado um *modus vivendi*, com a duração de seis meses, que previa a neutralização dos territórios em disputa.[110]

Outro tratado de limites foi assinado em 11 de Junho de 1891, consagrando assim a supremacia britânica nesta parte da África Austral. Este tratado, cujo projecto foi redigido apenas em inglês, em Londres, pelo Marquês de Salisbury e o Sr. de Soveral, Ministro português, foi assinado em Lisboa, na data acima referida, desta vez nas duas línguas, pelo legado inglês em funções em Lisboa e pelo Ministro dos Negócios Estrangeiros de Portugal.[111]

Este tratado deu forma quase definitiva às fronteiras das possessões portuguesas no sul da África. Angola, pelo art.º 4.º deste tratado, vê os seus territórios delimitados, no lado oriental, pelo Zambeze, do qual segue «*o centro do leito principal, desde os rápidos do Katima, até ao ponto onde entra no território do Reino de Barotsé*», permanecendo este território na esfera de influência britânica.[112] O limite ocidental deste Reino teria de ser fixado posteriormente por uma comissão conjunta anglo-portuguesa. Além disso, em caso de divergência, essa comissão teria o poder de nomear um árbitro para dirimir o diferendo.

Na verdade, a comissão não conseguiu chegar a um acordo, e as partes recorreram à arbitragem do Rei de Itália.

A sentença do monarca italiano foi proferida a 30 de Maio de 1905[113] e Angola recebeu, por conseguinte, o seu limite oriental.

No entanto, em resultado das divergências que surgiram posteriormente sobre a interpretação de algumas frases contidas no art.º II, as duas partes concordaram, na declaração de Londres de 7 de Janeiro de 1895 (Kimberley-Soveral), em submeter-se à arbitragem.

[110] *Vide* o *modus vivendi* de 14 de Novembro de 1890.

[111] Este Tratado foi precedido pelo de 20 de Agosto de 1890 e pelo *modus vivendi* de 14 de Novembro de 1890. O tratado de 11 de Junho de 1891 segue, em linhas gerais, o *modus vivendi* de 14 de Novembro de 1890. Para o texto em inglês, cf. também Parl, Papers. Portugal N.º 1 (1891), C. 6375.

[112] Cf. acima da linha provisória que foi fixada como fronteira pelo *modus vivendi* de 14 Novembro de 1890.

[113] Cf. Cordero Torres, Textos, II, p. 646, observe o texto em espanhol.

A tarefa foi confiada ao Sr. Paolo Vigliani, Ministro de Estado, senador e ex-presidente do Supremo Tribunal de Florença, que proferiu a sua sentença no dia 30 de Janeiro de 1897.[114]

Na corrida pelo controlo da região do Zambeze, a Grã-Bretanha foi a clara vencedora. Portugal, que foi o primeiro a chegar a essas terras, ficou relegado para segundo plano, e a Alemanha, que entrara apressadamente na corrida, também teve de ceder face a um adversário mais poderoso.

§ 3. A luta pelo controlo da bacia do Níger

O Níger, com mais ou menos, 3.500 km, é um dos rios mais importantes de África.

Por essa razão, a luta pelo controlo dos territórios da sua bacia assumiu aspectos de crise entre as partes interessadas: a França, por causa da sua implantação na costa oeste de África e em particular no Senegal, e a Inglaterra, por causa das suas possessões na África Ocidental e na Costa dos Escravos.

A disputa iria ter lugar entre esses dois países, embora temporariamente as pretensões alemãs os tivessem forçado a uma maior prudência. O governo imperial, que acabava de proclamar a sua soberania sobre territórios localizados na costa oeste, nomeadamente nos Camarões, procurava uma saída para o lago Chade.

Na realidade, a questão do Níger estava estreitamente ligada à do Congo, visto que a internacionalização dos dois rios fora consagrada na conferência de Berlim de 1885.

Em Fevereiro de 1885, quando foi concluído o trabalho da conferência de Berlim, os territórios da bacia do Níger ainda não tinham sido delimitados. Por um lado, havia a França, cujos territórios eram irrigados pelo Alto Níger, e, por outro, a Inglaterra, que controlava, por intermédio de empresas comerciais privadas, os territórios por onde corria o Baixo Níger.

Na conferência de Berlim, os delegados das várias Potências presentes, em particular da Alemanha e da França, exigiram a internacionalização de toda a

[114] O texto da sentença, redigido em francês, encontra-se nas páginas 476/86 da obra de Van Ortroy, frequentemente citada.

bacia do Níger, e pediram a criação de uma comissão internacional que seria responsável pela liberdade de navegação nesse rio.

Essa proposta[115], que já dera origem a negociações preliminares franco-alemãs em Agosto e Setembro de 1884, suscitou a mais viva oposição por parte da Inglaterra.

Esta argumentou que o rio Níger não era navegável em toda a sua extensão, e que estava na realidade entrecortado por inúmeros rápidos em três secções distintas, uma das quais, no Baixo Níger, estava sob o controlo de empresas inglesas. A Inglaterra rejeitou a ideia de constituição de uma comissão internacional e declarou que tencionava desempenhar ela própria essa função, na parte do rio sob o seu controlo, convidando a França a fazer o mesmo no Alto Níger.

A luta pelo controlo da bacia do Níger vai traduzir-se por pequenos incidentes, que serão resolvidos no quadro da arbitragem internacional.

Acima de tudo, a liberdade de navegação nessas regiões era importante para a França porque poderia, se esta liberdade lhe fosse garantida, ligar pelo Benoué, afluente da margem esquerda do Níger, e não pelo próprio Baixo Níger, as suas possessões do Congo interior às suas outras possessões junto do lago Chade, e, por essas mesmas rotas, conseguir uma ligação ao Oceano Atlântico.

A Alemanha também tinha um certo interesse no assunto, porque representava a ligação das regiões dos Altos Camarões pelo Bénoué — navegável numa extensão de 620 km — e pelo Baixo Níger, ao oceano.

Embora essas regiões não tivessem sido inteiramente delimitadas, foram, no entanto, objecto, pelos Estados em questão, de notificações, de declarações ou de convenções que estabeleciam zonas de influência.

Em 18 de Outubro de 1887, a Inglaterra notificou às demais Potências interessadas, o seu protectorado sobre o território do Níger *«que estava ou poderia estar submetido à administração da Companhia do Níger»*.[116]

[115] Sobre essas conversas, que ocorreram entre o chanceler Bismarck e o Sr. De Courcel, na propriedade do primeiro em Varzin, nos dias 26 e 27 de Agosto de 1884, consultar Geoffroy de Courcel, Op. cit., p. 41 e ss.

[116] Cf. Geoffroy de Courcel, Op. cit., p. 247. A colonização dos territórios do Níger fora, por parte da Inglaterra, feita por sociedades que em 1879 se fundiram e deram origem à National African Company, uma companhia majestática.

Além disso, em 5 de Agosto de 1890, numa troca de declarações assinadas entre o Sr. Wadington e *Lord* Salisbury, a França reconheceu o protectorado britânico sobre as ilhas de Zanzibar e Pemba (declaração francesa)[117], e foi reconhecido o seu protectorado sobre Madagáscar (declaração inglesa)[118] e a sua área de influência a sul das suas possessões mediterrâneas.

O art.º 2 da segunda parte estipulava o seguinte: «*O Governo de Sua Majestade Britânica reconhece a zona de influência da França a sul das suas possessões mediterrâneas, até uma linha de vai de Say, no Níger, a Barroua, no lago Chade, traçada de modo a incluir, na zona de acção da Companhia do Níger, tudo aquilo que pertence legitimamente ao Reino de Sokoto.*»

Com base no princípio da liberdade de navegação na bacia do Níger, proclamado na conferência de Berlim de 1885, a Alemanha e a França tentarão obter vantagens económicas nesta região de África.

A Alemanha foi a primeira a querer penetrar nos territórios do interior do Níger, mas a partir de 1888 os seus comerciantes entraram em confronto com os homens da Royal Niger.

§ 4. A luta pelo controlo do Alto Nilo

O Nilo, com 5.600 km de extensão, é o maior rio de África. É amplamente navegável e é também importante porque fertiliza, com as suas águas, as regiões que atravessa.

Aqui, como em quase todas as lutas de influência pelo controlo dos grandes rios africanos, vários países se digladiaram.

Quando da conferência de Berlim de 1885, a questão do Congo foi resolvida, no âmbito dos acordos celebrados em Berlim, com uma solução de princípio.

Estiveram presentes três grandes adversários — A Associação Internacional do Congo, a França e Portugal — e outros dois, não menos interessados na questão, a Grã-Bretanha e a Alemanha.

117 Para o texto, ver Rouard de Card, Op. cit., p. 89. Essas declarações estavam claramente em contradição com o convénio franco-britânico de 10 de Março de 1882, pelo qual essas duas potências se comprometiam a garantir e assegurar o respeito pela independência e soberania do sultão de Zanzibar. A Alemanha aderiu a esse acordo, em 1 de Novembro de 1886. Para o texto em espanhol deste acordo, consulte Cordero Torres, Textos, II, p. 577.

118 Para o texto, consultar Geoffroy De Courcel, Op. cit., p. 90.

No entanto, enquanto os primeiros já tinham possessões na região e pretendiam apenas aumentá-las ou pelo menos consolidá-las, os segundos ainda pretendiam adquiri-las aproveitando-se das dissensões que existiam entre os primeiros.

Portugal, depois de negociações com a França e com a Associação Internacional do Congo, conseguiu delimitar Angola a norte e a nordeste, e a França demarcou as suas possessões do Congo, do lado de Angola, ganhando uma fronteira com o Oceano Atlântico — pouco menos de 100 km — seja por acordos com a França ou com Portugal. A França também não conseguiu garantir nenhuma vantagem na região, e teve de se retirar da corrida.

No que diz respeito ao Estado do Congo, as suas fronteiras orientais ainda não tinham sido delimitadas, e o pequeno litoral que tinha conseguido obter no Oceano Atlântico deixava-lhe poucas possibilidades de criar o grande escoamento indispensável a qualquer desenvolvimento económico.[119]

Este grande escoamento, que não obteve no Atlântico, tentará obtê-lo não só do lado do Oceano Índico, mas também do lado do Nilo.

A França, embora tenha conseguido chegar ao Chade pelo Chari, mantinha a esperança de chegar ao Nilo, pelo Bahr el Ghazal, uma região que lhe fora concedida pelo tratado franco-congolês de 1887. A França também estava presente na África Oriental, perto do Mar Vermelho, onde tinha assinado tratados de protecção com os chefes somalis: com os Dankalis, em 11 de Março de 1869[120], os Tajoura, em 21 de Setembro de 1884[121], os Gobad, em 9 de Abril de 1884[122] e os Issas, em 26 de Março de 1885. Tentou então chegar às regiões do Alto Nilo pelo Bahr el Ghazal, concretizando assim o sonho de juntar, por via terrestre, as suas possessões do Congo às do Níger e da costa somali.

A Alemanha também participará na luta pela influência nesta região, por intermédio da Sociedade Alemã de Colonização.

[119] Pelo acordo de Luanda de 22 de Julho de 1927, a Bélgica cedeu a Portugal um território de 3.500 km^2 na confluência do Kassai com o Lua Kano em troca de um território de 32 km^2, adjacente à foz do Congo e que expandiria as suas instalações portuárias, em particular construindo uma linha ferroviária de Matadi a Léopoldville (Kinshasa), no Congo. Cf. S.W. Boggs, Op. cit., pp. 198/9; e Cordero Torres, Textos, p. 542, nota 1. Para o texto, cf. Colectânea de tratados da S.D.N., vol. 71, p. 449.

[120] Veja o texto em espanhol em Cordero Torres, Textos, II, p. 377.

[121] Ibid., p. 378.

[122] Ibid., p. 380.

Esta sociedade, fundada pelo Dr. Karl Peters, em 1884, organizou uma expedição no final desse mesmo ano, e assinou com os líderes africanos dos países vizinhos de Zanzibar, tratados de protecção de quatro províncias incluídas entre o Lago Tanganica e o litoral.[123]

Em 27 de Fevereiro de 1885, o governo imperial ofereceu a sua protecção oficial a esses territórios, e em 6 de Março do mesmo ano, notificou a Inglaterra do protectorado alemão sobre essas regiões.

Como se pode ver, além da Grã-Bretanha, que era o país mais preocupado com a questão do Alto Nilo, porque já se encontrava no Egipto, que além disso ainda estava sob a suserania nominal do Império Otomano, três outros países estavam também interessados na questão da aquisição de soberania nessa região da África Central.

Todos irão organizar expedições para explorar a região e procurar as nascentes do Nilo. Além disso, todos também encontrarão no seu caminho a Grã-Bretanha, que sairá vitoriosa dessa corrida.

O Estado Livre do Congo, cujo soberano, Léopold II, *«ainda sonhava com a glória de ser faraó»*, será o primeiro a mover-se, organizando uma expedição ao norte do país.

A par das conversações que manteve com Gordon Pasha, explorador e oficial britânico, com o objectivo de acrescentar ao Congo toda a região de Bahr el Ghazal, enviou, em 1886, um destacamento de tropas africanas supervisionadas por oficiais belgas, que iriam ocupar a área de Stanley Falls.[124]

Esta região é interessante por diversas razões. Em primeiro lugar, porque é um reservatório de escravos e de marfim, importantes para o comércio da época, depois porque se situava a meio caminho entre o Congo e o Alto Nilo, meta que o Estado Livre do Congo queria absolutamente alcançar.

Em 1887, o Congo conseguiu colocar sob sua alçada a província de Equatoria, mais tarde denominada Equador.

Em 1890, o soberano do Congo enviou para o Alto Nilo uma expedição comandada por Van Kerkhoven, com o objectivo de estabelecer postos no Bahr el Ghazal.

[123] Cf. Geoffroy de Courcel. — Op. cit., p. 170.
[124] Cf. de Courcel. — Op. cit., p. 166.

A 24 de Maio desse mesmo ano, essa missão assinou, com os representantes da East Africa Company, um acordo pelo qual esta «*se comprometia a não efectuar operações na margem esquerda do Nilo*».[125]

Essa obstinação do Estado do Congo em procurar uma saída para o Nilo justificava-se tanto mais que naquela época, a Alemanha e a Grã-Bretanha já estavam instaladas na costa oriental de África, o que tornava muito difícil concretizar as esperanças de Léopold II de encontrar uma saída para o Oceano Índico.

Essas duas potências acabavam de dividir os territórios do sultão de Zanzibar[126], apesar da garantia de independência que este recebera em consequência do tratado franco-britânico de 1862.

O entendimento de 1890, que operou a partilha, consagrou a renúncia da Alemanha a Witout, a norte da esfera inglesa, mas esta recebeu em troca, na Europa, a ilha de Heligoland. A França, por sua vez, viu-se reconhecer o protectorado sobre Madagáscar.

Entretanto, o Estado do Congo continuou as suas expedições, e de certa maneira foi para compensar esta perda que enviou expedições para o sul do país, talvez com o objectivo de chegar ao Zambeze. Em 1891, dois exploradores belgas, de Marinel e de Commune, instalam-se na região do Katanga, conhecida pela existência de cobre, já relatada alguns anos antes por Livingstone.[127]

As missões de reconhecimento para o norte não cessaram, mas foram atrasadas pelo facto de os membros das expedições terem de lutar em várias ocasiões com os árabes caçadores de escravos e de marfim, que se encontravam na região há cerca de cinquenta anos.

Estas expedições conseguiram instalar postos a norte do Ubangui, o que provocou a reacção da França, que invocou o acordo franco-congolês de 1887.

A Grã-Bretanha assina a 12 de Maio de 1894, a convenção com o Estado Independente do Congo. Esta reconhece a esfera de influência do Estado do Congo sobre toda a região de Bahr el Ghazal, e arrenda a título vitalício ao Soberano do Congo um território localizado na margem esquerda do Nilo, do lago Albert até Fachoda.

[125] Ibid.

[126] A partilha ocorreu com o acordo anglo-alemão de 1 de Julho de 1890. Para o texto deste acordo, consultar Van Ortroy. — Op. cit., pp. 213/223.

[127] Fundaram aí uma empresa e um sindicato comercial, o embrião da actual «Union Minière du Haut Katanga».

À Grã-Bretanha, por outro lado, é reconhecida uma esfera de influência que abrange todo o vale do Nilo.

A Alemanha, entretanto, associa aos protestos da França as suas próprias reclamações contra as estipulações da convenção. A sua insatisfação advém do facto de, sendo herdeira presuntiva do Estado do Congo, ver desaparecer qualquer esperança de suceder ao Estado do Congo depois da concessão de uma faixa de território de 25 km de largura, entre os territórios do Congo e as suas próprias possessões, para que a Inglaterra aí pudesse fazer passar a linha férrea do Cabo ao Cairo. A convenção não é ratificada, mas a Alemanha também não obtém os benefícios que esperava.

No entanto, Léopold II volta em 1901 a interessar-se pelo Nilo. Pensa poder ligar o Congo ao Nilo por uma linha férrea de 1.200 km de extensão. As missões belgas penetram, mais uma vez, na região de Bahr el Ghazal, onde se descobriram minas de cobre, mas foram obrigadas a retirar-se perante a hostilidade da Grã-Bretanha.

Em 1905, o Rei dos Belgas enviou outra missão comandada pelo Sr. Lemaire, para descer um pouco mais longe no vale do Nilo. Os ingleses intervêm novamente, e, a 9 de Maio, é assinado um acordo entre a Inglaterra e o Estado Livre do Congo pelo qual este Estado renuncia ao Barh el Ghazal mas obtém, em troca, o porto de Mahagi, no lago Albert, com o direito de aí criar uma linha férrea até ao Nilo navegável.[128]

Resta a França, que vai querer aproveitar o fracasso das negociações de 1893 entre o Congo e a Grã-Bretanha.

Entretanto, o Sr. Liotard, nomeado em 1896 Comissário do Governo para o Alto Ubangui, ocupou os territórios atravessados pelos belgas e criou dois portos na região, um em Zemio, e outro em Tambura.

É desse período, que data a ideia de constituição da expedição Marchand.[129]

[128] Cf. Geoffroy de Courcel, Op. cit., pp. 173/4.

[129] Cf. Fernand Rouget, Ce que tout français doit savoir sur l'A.E.F. brochura, Paris, 1918, p. 5.

§ 5. A missão Marchand e o incidente de Fachoda

Esta expedição, que fora decidida em França, com vista a juntar, através da região do Alto Nilo, os portos do Gabão aos postos do Mar Vermelho, teve, devido a diversas crises ministeriais, que ser adiada várias vezes.

A missão, que acabou por partir de Marselha em Junho de 1896, era comandada por Marchand, e visava chegar ao Nilo pelo Bahr el Ghazal.

Ao mesmo tempo, uma outra expedição, cujo comando fora confiado ao Sr. Bonchamps, partiu de Obok, na costa francesa dos Somalis (hoje Djibuti), e juntou-se à primeira em Fachoda, depois de atravessar a Abissínia (Etiópia).[130]

A missão Marchand chegou ao Congo alguns meses depois, e partiu do porto congolês de Loango, para seguir a rota traçada.

Dois anos depois, conseguiu chegar a Fachoda, no dia 10 de Julho de 1898, e hastear aí a bandeira francesa. A outra missão, que partira de Obok, embora se tivesse aproximado de Fachoda antes dessa data, não conseguiu, todavia, juntar-se à de Marchand.

Uma terceira expedição, enviada da Abissínia pelo Imperador Menelik, por não ter notícias da missão Marchand, parte de Fachoda 13 dias antes da chegada deste.

No entanto, os ingleses, que estavam a combater os Mhadistas que se tinham revoltado contra o Quedive, acabam por livrar-se deles e chegam por sua vez a Fachoda, quando a bandeira francesa já aí estava hasteada.

Espantado por aí encontrar os franceses, Kitchener, o chefe da missão inglesa, ordenou a evacuação do posto de Fachoda.

O governo francês argumentou dizendo que, visto que o acordo de 1894 entre o Congo e a Grã-Bretanha, que reconhecia a esfera de influência congolesa sobre todo o Bahr el Ghazal e a margem esquerda do Nilo, era nulo e sem efeito, então esses territórios não eram ingleses nem congoleses, mas o governo britânico respondeu dizendo que: «*todas as águas que correm em direcção ao Nilo, pertencem de direito, à Inglaterra*».[131]

Perante a esmagadora superioridade dos ingleses, que tinham 25.000 homens sob o comando de Kitchener, e em risco iminente de guerra, foi dada ordem a Marchand para regressar a França, pela Abissínia (Etiópia).

[130] Cf. Vast, H. — L'Algérie et les colonies françaises (sem data, por volta de 1900), p. 435.
[131] Ibid.

A França obteve, no entanto, importantes compensações.

Pela declaração adicional de 21 de Março de 1899[132], foi-lhe reconhecida a posse soberana e legítima de todo o território situado a norte do Ubangi, do Uadai, do Canem, do Sorkou e do Tibesti. Além disso, também lhe foi reconhecido o acesso ao Nilo, para finalidades de comércio.[133]

Assim foi resolvida, para vantagem da Grã-Bretanha, a questão do Nilo. A Alemanha conseguiu, negociando, estabelecer-se nas proximidades, assim como o Estado do Congo, que conseguiu obter o porto de Mahagi, no lago Albert.

A França, completamente afastada desta região, conseguiu, no entanto, criar aquilo que se denominou África Equatorial Francesa. Foi nessa época que os limites definitivos da A.E.F. foram fixados.[134]

SECÇÃO II: A FORMAÇÃO DOS IMPÉRIOS COLONIAIS

À medida que as explorações do continente avançavam, a política dos Estados colonizadores assumia formas cada vez mais complexas.

A ideia de encontrar jazigos, marfim, de fazer comércio, que foi a primeira causa da corrida às principais vias de comunicação, logo deu lugar à constituição de grandes impérios. Nenhuma potência colonial escapou a esta tentação. Todas elas se viam como impérios interoceânicos.

§ 1. A Alemanha imperial e o «*Mittel Afrika*»

As dificuldades que encontrou no seu caminho a Associação Internacional do Congo, durante a constituição da sua colónia do Congo, foram em parte superadas pelo apoio que lhe deu o governo imperial da Alemanha.

Este último, ainda não oficialmente instalado em África, espera, no entanto, poder tirar proveito deste apoio concedido gratuitamente.

[132] Para ver o texto, entre outros, Rouard de Card, Op. cit., p. 113.

[133] Cf. Vast. — Op. cit., p. 436 *in fine*.

[134] Cf. Darcy. — Op. cit., p. 60; e Geoffroy de Courcel. — Op. cit., p. 169.

Instalados nos Camarões, no Togo e no Sudoeste de África a partir de 1884, os alemães vão estabelecer-se posteriormente, em 1887, nas costas do Oceano Índico.

No entanto, entre os Camarões e a África Oriental Alemã, durante a corrida ao Nilo, existiam apenas as possessões do Estado Independente do Congo e as da Inglaterra.

O primeiro passo que deveria conduzir à constituição de uma África alemã, presente tanto nas costas do Atlântico como nas do Oceano Índico, consistiria em tomar posse dos territórios pertencentes ao Estado Independente do Congo, e, dado o prestígio de que gozava a Alemanha na época, não lhe seria difícil fazê-lo.

Além disso, esta ideia foi expressa sem ambiguidade em Junho de 1912, pelo Dr. Burchard, deputado e prefeito de Hamburgo, durante a Assembleia Geral da Sociedade Colonial Germânica, comentando os resultados obtidos pela convenção franco-alemã de 4 de Novembro de 1911. Afirmou o seguinte: *«É de esperar que as gerações futuras também apreciem a aproximação das fronteiras da África Oriental Alemã com os Camarões [...]. Estes dois territórios já não estão separados por nenhuma colónia pertencente a uma grande potência.»*[135]

Além disso, durante as conversas entre o Sr. Cambon, Embaixador de França na Alemanha, e o Sr. Jagow, Ministro das Relações Exteriores da Alemanha, sobre a conexão das suas linhas férreas em África, o primeiro também propôs recorrer à Grã-Bretanha e à Bélgica, a que o segundo respondeu que o acordo teria de ser feito à custa da Bélgica, *«para quem o Congo era uma empresa que ultrapassava as suas possibilidades»*.[136]

Essas motivações, de natureza puramente política, ocultavam as reais intenções da Alemanha. A industrialização, a decorrer na Alemanha, e as pressões dos comerciantes de Hamburgo e de Bremen, teriam sido os verdadeiros motivos dos pedidos alemães.

Podemos, portanto, neste contexto considerar dois períodos distintos da expansão colonial alemã: um que começa com a entrada da Alemanha em África, e o outro, que começa nas vésperas da Primeira Guerra Mundial.

O primeiro período é caracterizado pelo desejo da Alemanha de interferir em todos os assuntos relativos ao continente africano. Sempre que houvesse

135 Cf. de Courcel. — Op. cit., p. 192.

136 Ibid., p. 289.

conflito entre duas Potências, a Alemanha também lá estava, para tentar tirar vantagem da situação.

No Congo, a luta de influências entre a Associação Internacional do Congo, Portugal, a França e a Inglaterra, iria servir à perfeição os propósitos do chanceler Bismarck.

Nesta luta desigual, a Alemanha iria apoiar, como já aludimos, a Associação Internacional do Congo, contando tirar para si vantagens não só económicas[137], mas também políticas.

Fracassada a tentativa de obter territórios na região do Congo, a Alemanha irá direccionar todos os seus esforços no sentido de acelerar o colapso da Associação e do Estado do Congo. Infelizmente para ela, a França e a Inglaterra estavam presentes, e a ocupação do *hinterland* do Congo aconteceu sem a participação da Alemanha.

Na África Austral, as tentativas alemãs de implantação fracassaram também dada a oposição generalizada da Inglaterra, omnipresente. Apenas conseguiu obter o imenso deserto do Kalahari.[138]

No entanto, mesmo com a partilha da África já consumada, a Alemanha iria, num acordo com a Inglaterra, concentrar as suas atenções sobre os territórios portugueses.

Portugal encontrava-se então em sérias dificuldades financeiras, e aqueles dois países irão, em negociações secretas, partilhar os territórios portugueses. O acordo assinado em Londres a 30 de Agosto de 1898 previa que se Portugal, cujas dificuldades financeiras eram conhecidas, precisasse de fundos para desenvolver as suas colónias, a Inglaterra e a Alemanha forneceriam essa ajuda, mediante uma garantia sobre as receitas aduaneiras e fiscais de Angola, Moçambique e Timor.

No caso de não pagamento da dívida e dos seus juros, a administração fiscal dessas colónias seria transferida para a Inglaterra e para a Alemanha nas proporções fixadas nos parágrafos 1.º e 2.º do art.º 1 do acordo de 1898.

Segundo este acordo, a parte dos territórios portugueses destinada ao pagamento da dívida inglesa seria constituída pela parte de Moçambique situada a sul do Zambeze, bem como a margem esquerda deste mesmo rio,

[137] Cf. Darcy. — Op. cit., p. 109.

[138] No entanto, parece que a descoberta e exploração de minério de ferro e cobre, e de diamantes, valorizou esta ex-colónia alemã.

a partir da sua confluência com o Chiré. A parte de Angola que reverteria para a Inglaterra ficaria assim delimitada: a fronteira começaria na costa, no paralelo 8º de latitude norte até ao 16.º meridiano a leste de Greenwich; a fronteira seguiria então este meridiano em direcção ao sul até ao paralelo 9º de latitude norte e, por este paralelo, em direcção ao leste até a fronteira do Estado do Congo; depois, de um ponto 5 milhas a norte do Egipto, seguindo para leste até a fronteira oriental de Angola.[139]

Todo o resto de Angola e Moçambique, assim como Timor reverteriam para a Alemanha.

Esta tentativa de alargamento territorial da Alemanha não deu frutos porque Portugal não recorreu a esse empréstimo.

No entanto, numa fase posterior, a Alemanha ainda tentará obter vantagens nas colónias portuguesas.

Em 13 de Agosto de 1919, outro acordo secreto foi celebrado entre a Inglaterra e a Alemanha para a partilha das colónias portuguesas. Este acordo tinha, em linhas gerais, disposições semelhantes às do acordo de 1898, com algumas modificações.

A Inglaterra tomaria a totalidade de Moçambique, excepto a província de Niassa e a parte oriental de Angola, a partir do 20.º meridiano de longitude leste, enquanto a Alemanha receberia o resto, mas em vez de Timor, ficaria com as ilhas de São Tomé e Príncipe, no Atlântico.[140]

Nas vésperas da Primeira Guerra Mundial, as ambições territoriais da Alemanha iriam recair não só sobre os territórios de Portugal, mas, também, sobre os territórios da França, da Bélgica e da Inglaterra.

É o sonho da «*Mittel Afrika*» que começa a tomar forma e que constituirá, segundo os teóricos alemães do pangermanismo, a base de reivindicações territoriais da Alemanha depois da guerra.

Por detrás desse sonho, estava a ideia de que na Europa, «*os pequenos Estados não podiam prosseguir com a sua existência independente como era o caso até então*».[141]

No que diz respeito à França, a Alemanha exigirá indemnizações sobre os seus territórios do Congo, a fim de permitir o acesso directo dos Camarões ao Congo.

[139] Cf. Cordero Torres. — Textos, II, pp. 653/7.

[140] Cf. Cordero Torres. — Textos, II, p. 66, em nota.

[141] Cf. de Courcel. — Op. cit., p. 289. Esses comentários são feitos pelo Sr. Jugow ao Sr. Cambon.

Esta questão tem a sua origem nas tentativas francesas de estabelecer o seu protectorado sobre Marrocos. Em 1911, a França, invocando o acto de Algeciras de 7 Abril de 1906, ocupou Fez, o que provocou uma reacção da Alemanha, que também queria ter interesses na área.

Enquanto a Alemanha e a França continuavam as negociações sobre esta questão, em 19 de Julho de 1911, o Sr. Schoen, Embaixador da Alemanha em Paris, remeteu ao Sr. Selves, Ministro dos Negócios Estrangeiros francês, uma nota anunciando o envio da canhoneira Panther para a baía de Agadir.

O motivo alegado foi a existência de distúrbios no sul de Marrocos e a protecção dos interesses alemães na área.

Oficiosamente, a Alemanha fez saber que se contentaria com uma indemnização no Congo. Queria, acima de tudo, um acesso ao Rio Congo e pediu que lhe fosse dado o Baixo e o Médio Congo (no actual Gabão), localizados a leste da colónia alemã dos Camarões, o que representava um acesso ao Ubangui e, além disso, a extensão do regime aduaneiro da bacia convencional do Congo a todas as possessões francesas da África Equatorial Francesa.

De argumento em argumento, as negociações resultaram numa transacção. Foi assinado um acordo em 4 de Novembro de 1911[142], que estipulava em grandes linhas o seguinte: a França receberia no Congo, 14 000 km^2 de território localizados no extremo daquilo que foi chamado de «bico do pato», ao longo do Chari, para rectificar a sua fronteira. Além disso, receberia, em arrendamento, territórios à sua escolha, nas margens do Bénoué, para a criação de uma via de etapas.[143]

Por outro lado, a Alemanha recebeu os seguintes territórios:

1.º — Uma faixa de territórios a sul dos Camarões, à volta da Guiné espanhola (Rio Muni), e que se estendia até à confluência do Ngoko e do Shanga, e a bacia do Shanga desde os Camarões até ao Congo;

2.º — Um território que se estendia de Logone a Ubangui, a norte da Lobaye.[144]

142 Para o texto, consultar Rouard de Card. — Op. cit., pp. 7/18; e Colecção Basdevant, vol. i, 1918, p. 118.

143 Cf. Geoffroy de Courcel. — Op. cit., p. 189.

144 Ibid., p. 190. A contrapartida alemã foi de 250.000 km^2.

O Congo francês saía fragmentado dessa troca, mas a França conseguira, todavia, o desinteresse da Alemanha por Marrocos, o que representava para ela, na época, uma grande vantagem, por causa da Argélia que ocupava desde 1830.[145]

A Alemanha não fica, no entanto por aqui. Pela pena dos seus propagandistas coloniais, vai exigir cada vez mais territórios em África.

Oskar Karstaedt, editor da revista «Deutsche Kolonial Zeitung», escreveu num panfleto, publicado pouco tempo antes da guerra: «*O próprio Congo belga poderia servir o propósito de ligar a região da África Oriental Alemã aos Camarões. Mas só o Congo belga nunca nos poderia dar independência no que diz respeito às matérias-primas. Para tal, precisamos de uma extensão do nosso território, em particular para noroeste, através da aquisição das posições francesas na África Ocidental e, se possível, da Nigéria Britânica e da Gold Coast.*»[146]

A guerra lavrava na Europa, e os autores alemães intensificavam as suas exigências para o período do pós-guerra.

Hans Delbruck, no «Bismarck Erbe», escreveu em 1905 que, para formar a «*Mittel Afrika*», os territórios do Congo belga e francês não eram suficientes. Advogava uma verdadeira Índia germânica que seria composta pelos territórios citados, mas também pelos ricos territórios ingleses que os cercavam.[147]

Em 1917, Paul Leutwein, filho de um ex-governador do Sudoeste Africano Alemão, escreveu, num artigo intitulado «Mittel Europa, Mittel Afrika», o seguinte: «*Um território alargado à África Central (tocando tanto o Oceano Atlântico como o Índico), dar-nos-ia as condições favoráveis para a nossa futura actividade colonial.*»

Para iniciar esta «*Mittel Afrika*» — cuja delimitação já teria sido efectuada, mas que permanecia confidencial por motivos de «sagacidade política» —, preconizava a ideia da anexação pura e simples do Congo Belga, de parte dos territórios ingleses, franceses e portugueses, bem como da África do Sul.[148]

O Sr. Herman Oncken escreveu em 1917 que: «*teremos de adquirir a maior parte do Congo belga e das colónias portuguesas [...]. O complemento do nosso domínio*

[145] Esta convenção foi revogada após a guerra pelo art.º 125 do Tratado de Versalhes.

[146] Cf. Geoffroy de Courcel. — Op. cit., p. 289.

[147] Cf. Geoffroy de Courcel. — Op. cit., p. 290.

[148] Ibid.

deverá ser procurado nas regiões da África Ocidental, que a França terá de nos ceder para readquirir a parte do seu território que ocupamos.»[149]

Num artigo publicado no «Preussische Jahrbuch» (Fevereiro de 1917), da autoria de Emil Zimmermann, lemos em particular o seguinte:

> «*O grande pensamento revela-se com maior clareza a cada dia que passa: Mittel Europa und Mittel Afrika com, para os unir, a ponte do mundo turco e árabe.»*[150]

Do lado oficial, embora esse optimismo não fosse inteiramente partilhado em relação aos proveitos que resultariam da guerra, a ideia encontrou eco favorável, especialmente no que diz respeito a uma redistribuição dos territórios africanos, que deveria ser feita «*tendo em conta, proporcionalmente, as capacidades, as necessidades e a importância dos Potências colonizadoras*».

Em 21 de Dezembro de 1917, o Dr. Solf, Secretário de Estado das Colónias, disse: «*o* statu quo *ante em África não significa uma partilha equitativa, uma partilha que tenha em conta as necessidades de cada nação interessada e as capacidades de colonização*».

Em Fevereiro do ano seguinte, em Karlsruhe, ao pretender esclarecer as suas ideias, disse o seguinte: «*Uma redistribuição justa das possessões de todas as nações em África é necessária. Do ponto de vista da política das Potências, esta redistribuição deve ser feita em proporção da força física destas Potências, e do ponto de vista económico, em proporção das suas necessidades económicas e das suas capacidades produtivas [...]. Basta recordar a extensão das possessões da França, de Portugal e da Bélgica, para reconhecer que a actual distribuição das possessões coloniais não corresponde a esta regra justa.»*[151]

Infelizmente para a Alemanha, a derrota retirou-lhe todas as ambições de expansão territorial, e as suas próprias colónias tiveram de ser colocadas sob o sistema de mandatos criado pela Sociedade das Nações. Assim, por conseguinte, se desfez o sonho alemão da uma «*Mittel Afrika*», a grande Alemanha colonial.

[149] Ibid.
[150] Ibid., p. 291.
[151] Cf. Geoffroy de Courcel. — Op. cit., p. 292.

§ 2. A Bélgica e o império unido do Congo e da Abissínia

Devemos começar por sublinhar que em relação a este assunto, é mais correcto falar do Rei dos belgas, Léopold II, e da alta finança, do que da Bélgica.

No entanto, e uma vez que as empresas de colonização foram em última análise atribuídas aos Estados de onde eram oriundos os exploradores e soldados, iremos fazer o mesmo em relação à Bélgica.

Há, evidentemente, uma outra razão que explica essa forma anormal de colonização que, muitas vezes, foi atribuída à vontade única de Léopold II. Também é verdade que, sem ele, a colonização do Congo, ou pelo menos a entrada da Bélgica em África, talvez não tivesse acontecido.

Visto que a Bélgica se encontrava, no momento da entrada da Associação Internacional Africana e da Comissão de Estudos do Alto Congo no cenário africano, sob o regime de neutralidade permanente garantido pela França e pela Inglaterra, em consequência da sua secessão da Holanda em 1830, era difícil de aceitar que pudesse ter colónias.

O sistema de penetração no Congo não tem carácter especial, até porque, como tantos outros, foi inicialmente obra de privados, antes de se transformar em questão de Estado. Todavia, enquanto os outros Estados quase sempre apoiavam as empreitadas dos seus nacionais, com a Bélgica isto não aconteceu. Lembremo-nos também do facto de que Stanley, um dos organizadores das actividades de exploração da Associação Internacional do Congo, era um jornalista de nacionalidade americana.

Na origem das empresas coloniais do Rei dos Belgas estava a ideia de que o tráfico de escravos era um flagelo social que afectava toda a humanidade, e que era necessário pôr-lhe um fim. Foi por isso que a Associação Internacional Africana e o Comité de Estudos do Alto Congo se fundiram, dando origem à Associação Internacional do Congo, cujos objectivos eram de natureza científica e humanitária.

Foi por intermédio desta que decorreu a ocupação e a exploração dos territórios do Congo.

Apesar dos resultados positivos obtidos na conferência de Berlim de 1885, e da delimitação dos seus territórios com os Estados vizinhos, o Estado Livre do Congo permaneceu «diminuído», devido ao seu pequeno litoral. Só tinha conseguido uma saída para o Atlântico com menos de 100 km de largura.

Foi sobretudo para ultrapassar este incómodo que o Rei dos Belgas tentará abrir um caminho para o Índico. No entanto, fracassou nessa tentativa não só por falta de meios, mas também porque a Alemanha, desde há pouco instalada na costa do Índico, travou o seu avanço.

A corrida às vias de comunicação é ilustrada de forma significativa pelos esforços desesperados do Estado do Congo para encontrar uma saída para o mar. Dono de imensos territórios irrigados pelo Congo navegável, precisava a todo o custo de encontrar um bom porto natural, de onde os produtos das suas plantações (borracha e marfim, sobretudo), pudessem chegar aos portos da Europa.

Se a rota para o Oceano Índico acabava de ser bloqueada pela Alemanha, ainda havia a possibilidade de encontrar uma saída para o Nilo.

Mas à medida que avançavam as explorações no interior da bacia do Congo, vai tomar forma, na mente do Rei dos Belgas, Léopold II, a ideia da formação de um Império unido do Congo e da Abissínia.

O acordo franco-congolês de 1887[152], que fixou no 4.º paralelo norte o limite setentrional da esfera de influência congolesa, deixara o Rei dos Belgas muito insatisfeito.

É por essa razão que as explorações congolesas continuam em direcção ao norte, mesmo além deste limite, e levam à instalação de postos congoleses a norte do Ubangui, e à assinatura da convenção anglo-congolesa de 12 de Maio de 1894, que reconhecia as respectivas esferas de influência.

Com esta convenção, o Congo obteve todo o Bahr el Ghazal, enquanto a Inglaterra recebeu todo o vale do Alto Nilo.

Todavia, as reacções da França e da Alemanha abortaram os resultados da convenção, e foi então que o Estado do Congo pensou em abrir um caminho até ao Nilo, para formar esse Império unido do Congo e da Abissínia com o qual sonhou o Rei Léopold II.

O Rei iniciou então negociações com a Itália, com vista a obter terras arrendadas na Eritreia, e pediu o apoio da Alemanha para resolver a questão do Nilo. Lançou a ideia de neutralizar todo o rio e fazer do vale do Nilo uma «terra internacional».

A administração desta «terra internacional» seria confiada ao Estado Internacional do Congo, enquanto Potência colonial neutra.

[152] Para o texto deste acordo, ver Rouard de Card. — Op. cit., pp. 56/7.

Essas ideias, como as da Alemanha, não se materializaram. A Inglaterra opôs o seu veto formal e o sonho de Léopold II de dotar a Bélgica de um grande Império Colonial abrangendo as terras do Congo e da Abissínia fracassou.

§ 3. A França e o seu império colonial

A França, a segunda Potência colonial, não teve, desde o início, uma política coerente de colonização.

A situação interna em que se encontrava[153], caracterizada por graves crises ministeriais, não lhe permitia participar activamente nos assuntos coloniais, porque os governos em funções receavam, a qualquer momento, ser censurados pelo Parlamento.

A aquisição de colónias francesas em África foi, frequentemente, obra de entidades privadas agindo em nome de diversos comités de índole «científica e comercial».

Um autor francês do início do século, ao fazer um retrato da Nação Francesa na época da grande corrida à África, queixou-se da inércia em que a França estava mergulhada em relação às colónias, e chamou a atenção para as consequências gravosas dessa atitude. «*Este descuido por parte da Nação, a nossa incapacidade de olhar para além das nossas fronteiras,* escreve ele, *tem tido demasiadas vezes consequências lamentáveis. As partes mais belas de África escaparam-nos. Se, no entanto, a França não faz má figura no mapa africano, não é a ela que isso se deve. Louis Philippe teve de lutar durante vinte anos contra o seu Parlamento para conquistar e manter a Argélia. Jules Ferry deu-nos a Tunísia apesar de uma oposição violenta. Por último, mas não menos importante, uma série de oficiais audazes e dedicados, esquecidos ou repudiados, esculpiram para nós imensos domínios no oeste, desde o Senegal até ao Congo.*

Sem a energia e a iniciativa destes homens de elite, a divisão de África teria sido feita sem nós. Graças a eles, o futuro ainda nos pertence.»[154]

A ideia de formar um grande império colonial francês vai-se criando à medida que soldados e exploradores penetram o interior das terras.

153 Na época da grande expansão colonial, por volta do terceiro quarto do século XIX.
154 J. Darcy. — Op. cit., p. 16.

Estando as possessões francesas espalhadas por toda a África, foi necessário juntá-las. O primeiro passo para a concretização dessa ideia, foi a delimitação dos seus territórios.

Nesse contexto, assinou com várias potências coloniais vizinhas, tratados de limites[155], e com os líderes somalis, assinou (1884/7) vários tratados de protecção.

Entre todas essas regiões havia espaços vazios, que os franceses tentaram colmatar em seu benefício. As explorações de Brazza, de Gentil e de outros, na região do Alto Congo, abriram a possibilidade de ligar as possessões do Congo às do Níger, através do Bénoué, especialmente a partir da troca de declarações franco-britânica de 5 de Agosto de 1890, que fixou o limite das possessões do Mediterrâneo numa linha que partia de Say, no Níger, e chegava a Barroua, no Lago Chade.

O segundo passo para a formação de um grande império africano unido consistiria em obter vantagens nessas regiões, ainda não submetidas à influência de uma outra Potência colonial.

As declarações de Agosto de 1890 não tinham sido do agrado do Ministro francês das Colónias, porque foram seguidas por comentários maldosos proferidos por *Lord* Salisbury, o negociador inglês, que terá dito que «*os territórios deixados à França são solos leves, muito leves. O Galo gaulês, que gosta de esgravatar o chão, poderá aí engastar os seus esporões. Quanto a nós, ficamos com a região fértil.*»[156]

Além disso, os homens deste Ministério tinham expressado a opinião de que o Quai d'Orsay, «*não entendia nada dos problemas postos pela delimitação dos territórios coloniais*» e que o Ministério mais envolvido nas questões coloniais deveria ter uma palavra a dizer. Vão, portanto, interpretar as declarações de 1890 de forma a evitar os inconvenientes da declaração acabada de receber.

A opinião que prevaleceu na altura consistiu em dizer que as declarações de 1890 interditavam a penetração dos territórios do Níger pelo norte, mas não pelo sul ou pelo oeste. A instalação da França nessas regiões poderia ser feita a partir dos entrepostos do Senegal, e os territórios localizados na curva do Níger podiam muito bem ser ocupados sem, contudo, ultrapassar a linha Say-Barroua. O que foi feito.

[155] Ver a lista anexa a este estudo.

[156] Cf. de Brunschwig, Mythes et réalités, p. 108.

É dessa época que data a ideia da expedição do tenente Mizon às terras do Adamoua, que acabou em fracasso.

O acordo franco-britânico de 14 de Junho de 1898, ao proceder à delimitação das possessões francesas e britânicas no Níger, reconheceu à França territórios mais vastos do que aqueles que havia obtido com as declarações de 1890. Essa delimitação foi completada pelas declarações de 21 de Março de 1899.

Todavia, houve expedições francesas que partiram do Saara, do Níger e do Chari e alcançaram a região do Lago Chade em 1900, completando assim a ligação entre os territórios do Congo e do Gabão aos do Níger e da costa ocidental de África.

Embora esta ligação tivesse sido conseguida, aquela que tinha por objectivo ligar as possessões francesas do Sudão às do Mar Vermelho não se concretizou.

Se o sonho de unir as possessões francesas umas às outras não se tinha totalmente realizado, podia-se agora ir de Argel ao Congo sem sair do território francês.

Os esforços da Grã-Bretanha e de Portugal nessa mesma direcção também não tiveram sucesso.

Ao longo deste capítulo, procurámos investigar as motivações de ordem política e económica que podem ter levado os colonizadores a delimitar os seus territórios africanos.

Chegámos à conclusão de que essas motivações foram as seguintes: uma, política, que se resumia a uma questão de prestígio[157] — o país com mais colónias sendo considerado uma grande potência, e a outra, económica — a obtenção de um escoamento comercial, que implicava o controlo das grandes vias de comunicação.

Podemos dizer também que o elemento político-económico desempenhou o papel mais importante na questão da delimitação dos territórios africanos. E assim vai continuar, mesmo depois de resolvido o problema das delimitações. A exploração do solo africano, depois de apaziguadas as rivalidades coloniais, domina inteiramente a política africana das principais Potências coloniais.

[157] Brunschwig, citando o Abade Raboissson, disse: «*Nunca existiu uma grande potência sem grandes colónias. O apogeu da grandeza dos Impérios coincide sempre com o máximo da sua expansão colonial, a sua decadência com a perda das suas colónias.*» H. Brunschwig. — Mythes et réalités, p. 26.

CAPÍTULO II
O ELEMENTO GEOGRÁFICO E AS TÉCNICAS PARTICULARES DA DELIMITAÇÃO AFRICANA

O conhecimento imperfeito da geografia do continente, bem como o desenvolvimento ainda embrionário da ciência cartográfica, levaram os estadistas responsáveis pela delimitação de territórios em África a recorrer geralmente aos elementos da natureza para fixar as fronteiras de dois territórios contíguos.

Rios, montanhas, lagos, desertos e mares interiores pareciam votados a cumprir, por excelência, a função que a fronteira deveria assegurar, a de separação entre dois territórios sujeitos a soberanias diferentes.

SECÇÃO I: FRONTEIRAS NATURAIS E FRONTEIRAS ARTIFICIAIS (TEORIA GERAL)

Apesar das críticas que recebeu, a distinção tradicional entre as fronteiras ou limites naturais por um lado, e as fronteiras ou limites artificiais por outro, ainda é bastante utilizada por um grande número de especialistas.

Rousseau[158], Guggenheim[159], Oppenheim-Lauterpacht[160], Schwarzenberger[161] e Starke[162] são alguns dos autores que, nas suas obras, continuam a fazer essa distinção.

Para o professor Rousseau, deve ser feita uma distinção entre limites naturais e limites artificiais, sublinhando, no entanto, que a solução das «fronteiras artificiais» se encontra hoje mais ou menos abandonada, principalmente na Europa, por causa do carácter invisível que tomam essas fronteiras.[163]

Todavia, para o Professor Paul de la Pradelle, todos os limites são limites artificiais, porque são o resultado de uma criação do homem: «*Actualmente*[164], *só existem fronteiras artificiais. As características físicas do solo já não são consideradas como um limite legítimo, mas como uma oportunidade, um substrato de limite, facilmente reconhecível.*»

Na realidade, podemos constatar, na história, uma evolução da teoria das fronteiras naturais que parece indicar a eliminação dessa distinção.

§ 1. A teoria das fronteiras naturais: aspecto estratégico

No século XIX, prevalecia a ideia de que as «boas» fronteiras eram aquelas que a própria natureza tinha criado: as montanhas, os rios, os lagos, etc., por causa de seu carácter de intransponibilidade. A chamada «teoria das fronteiras naturais» podia parecer válida na época, porque os obstáculos da natureza podiam efectivamente servir como uma muralha contra eventuais ataques vindos de territórios vizinhos.

[158] Rousseau, Ch. — Droit International Public, Paris, 1953, pp. 260/1; Droit International approfondi, Paris, 1961, pp. 157/8.
[159] Guggenheim, P. — Traité de Droit international public, Genebra, 1953, vol. 1, p. 381.
[160] Oppenheim-Lauterpacht. — International Law, A treatise, Londres, 8.ª ed., 1955, p. 531.
[161] Schwarzenberger, G. — A Manual of International law, Londres, 4.ª ed., 1960, p. 118.
[162] Starke, J.C. — An Introduction to International law, Londres, 4.ª ed., 1958, p. 152.
[163] Cf. Rousseau. — Droit International Public, pp. 260/1.
[164] Cf. Paul de la Pradelle. — Op. cit., p. 175; cf. também Ancel, J. — La Frontière. Étude de géographie politique, R.d.C., vol. 55 (1936), p. 210: «*A vontade do homem determina a fronteira.*»; Gottmann, J. — La Politique des États et leur Géographie, Paris, 1952, p. 121: «*Para todos os efeitos, a fronteira é uma linha traçada por e para os homens.*»

As considerações estratégicas desempenharam um grande papel na política de fronteiras. Esse papel resultava do nível pouco desenvolvido dos exércitos nacionais.

Um rio, uma cordilheira, um deserto, eram obstáculos ao avanço das tropas inimigas e, por essa razão, constituíam meios de defesa oferecidos pela natureza.

Gottmann, estudando o papel da geografia na política de um Estado, escreveu que: «*a preocupação mais séria e comum das autoridades responsáveis pela delimitação das fronteiras nacionais é o grau de segurança militar que esta delimitação garante; os militares têm assim a possibilidade e mesmo o dever de fazer prevalecer as considerações tácticas. Durante muito tempo, um rio ou um cume foram obstáculos à movimentação de exércitos e mercadorias. Era mais fácil controlar uma fronteira que só podia ser atravessada facilmente em poucos pontos (desfiladeiros, pontes ou vaus sobre um rio) do que uma linha em campo aberto. Seja para a defesa militar em tempos de hostilidade ou para a polícia ou as alfândegas em tempos de paz, as autoridades nacionais preferem fronteiras que não podem ser atravessadas num ponto qualquer.*»[165] [166]

Ancel expressou-se em termos semelhantes, dizendo: «*O objectivo é ligar povos que têm vontades comuns, ou fornecer segurança, por vezes para a defesa e por vezes para a protecção contra povos diferentes. Esta segurança, muito relativa, varia ao longo do tempo. Daí a tendência para a segurança ideal: a chamada fronteira "natural" é apenas a fronteira perfeita, um conceito teórico, uma esperança que nunca foi concretizada.*»[167]

No entanto, não devemos sobrestimar o carácter de obstáculo que os elementos naturais representam, porque — os autores rapidamente perceberam — se trata de um conceito completamente relativo, e não deve ser erigido em dogma.

Um elemento natural pode, sem dúvida, fornecer a um Estado a fronteira ideal, que o protegerá por algum tempo dos ataques inimigos, mas esse Estado não conseguirá proteger-se para sempre atrás das barreiras naturais que escolheu para servir de fronteira com seus vizinhos. O «*Homo mechanicus*» encontrou uma forma de dominar os elementos da natureza que o rodeia, e o que ontem era um obstáculo, hoje deixou de o ser.

165 Gottmann, J. — Op. cit., p. 121.

166 Ibid., p. 110: «*A política de um Estado será sem dúvida afectada pelo desejo de atingir certos limites que a topografia torna mais fácil de defender e que podem facilmente ser chamados de "limites naturais".*»

167 Ancel. — Op. cit., pp. 209/10.

Antigamente, os Pirenéus, os Alpes e os grandes rios teriam sido barreiras intransponíveis, mas a partir do momento em que a técnica pôs à disposição das populações locais os meios para ultrapassar ou mitigar os seus efeitos, os elementos físicos perderam o seu valor inicial.[168]

Spykman, escrevendo em 1942 sobre as fronteiras naturais e o seu valor, do ponto de vista da segurança dos Estados, disse em particular o seguinte: «*Todas as invasões do Egipto atravessaram as cem milhas de deserto na península do Sinai, e todas as invasões terrestres da Índia tiveram de passar o Hindu Kush, uma das cordilheiras mais altas e mais difíceis do mundo.*»[169]

§ 2. O aspecto técnico e prático

Além do carácter de obstáculo que os elementos naturais representam, houve, no entanto, uma característica que levou os políticos a utilizá-los como fronteiras entre os Estados, a de parecerem mais fáceis de detectar no terreno: uma cordilheira, um rio, um deserto, são mais fáceis de identificar do que uma linha astronómica.

Faucheville escreveu na sua obra já citada que, quando queremos determinar as fronteiras de um Estado, podemos recorrer «*a uma fronteira artificial, a que algumas pessoas também chamam intelectual ou matemática, ou seja, uma fronteira traçada arbitrariamente campo fora sem coincidência com um limite físico. Por outro lado, as marcas fornecidas pela própria natureza, tais como uma cordilheira, um rio ou o mar, podem ser utilizadas como pontos de referência. Diz-se então que a fronteira é física ou, mais geralmente, natural; e por esta última expressão entende-se não, como anteriormente, uma fronteira física*[170] *que deve, por si só, formar uma linha de separação, mas uma fronteira física que os Estados envolvidos escolheram para dividir os seus domínios.*»[171]

A finalidade prática substitui aqui a finalidade estratégica da fronteira.

[168] Cf. também Gottmann — Op. cit., p. 134.

[169] Spykman, N.J. — Frontiers, security, and international organizations, Geographical Review, vol. 32 (1942), p. 438.

[170] Sublinhado do Autor.

[171] Fauchille, P. — Traité de Droit international public, Paris, 1921/6, vol. II, p. 105.

A experiência mostra que, embora essa vantagem possa ser tida em consideração no momento de escolha de um local de delimitação, isso já não acontece quando se chega ao momento de fazer a própria demarcação no terreno. A simplicidade e a clareza dos elementos podem revelar-se apenas aparentes.

Guiados pelos estudos simplistas dos primeiros cartógrafos, os políticos e os estadistas iriam ser, por sua vez, vítimas das premissas que tinham avalizado. As características físicas do solo foram muitas vezes causa de grandes controvérsias.

Como escreveu Ancel, «*os rios fronteiriços por vezes pregam partidas aos diplomatas ao não ficarem nos seus leitos*».[172]

O que é verdade para os rios, também o é para os outros elementos da natureza. Durante muito tempo, pensou-se, por exemplo, que a linha de separação das águas coincidia com a linha de crista, quando a fronteira entre dois Estados era uma cordilheira. Todavia, o contencioso diplomático dá-nos exemplos em que as duas linhas estão distantes, uma da outra, de alguns quilómetros.[173] Outrora confundidas no terreno, deixaram, em alguns lugares, de coincidir, devido a fenómenos de erosão.

«*Certamente que*, diz o Professor de la Pradelle, *em antigas cordilheiras, a linha da crista corresponde mais frequentemente à linha de separação das águas, mas estudos geográficos aplicados às formações mais jovens da superfície mostram que em sistemas com relevo atormentado, essa concordância é geralmente a excepção.*»[174]

A partir daí, a distinção entre fronteiras naturais e fronteiras artificiais iria ser amplamente criticada.

«*É um erro grave*, escreve Ancel, *imaginar que a natureza impõe ao homem limites mais bem definidos e mais estáveis do que aqueles que o homem desenha sozinho. A noção de fronteiras naturais é uma das noções favoritas e falsas mais enraizadas nos historiadores. No terreno, não corresponde a grande coisa.*»[175]

172 Ancel. — Op. cit., p. 210.

173 O exemplo mais clássico é o do contencioso territorial entre a Argentina e o Chile. Os delimitadores, por uma questão de precisão, acordaram, no tratado de limites de 23 de Julho de 1881, no seu art.º 1, que na Cordilheira dos Andes, «*a linha de fronteira, deve correr nesta distância sobre as cristas mais altas das referidas cordilheiras que separam as águas, e deve passar entre ambas as vertentes*». Citado por de la Pradelle. — Op. cit., p. 192.

174 Ibid.

175 Ancel. — Op. cit., p. 210.

§ 3. O aspecto político

Rivier chamou a nossa atenção contra a utilização da expressão «fronteiras naturais», em direito internacional: «*A expressão "fronteiras naturais" é também utilizada num outro sentido, não jurídico, mas político, para assinalar a extensão que, por capricho de certos partidos ou pessoas, um país deve ter à custa de outros países. Por exemplo, os Alpes foram representados como a fronteira natural da Itália, o Reno como a da França.*»[176]

Starke admite que, na terminologia do direito das nações, a distinção entre as fronteiras naturais e as fronteiras artificiais é clara, mas também faz alusão ao significado político da expressão «fronteira ou limite natural», que significaria então a linha definida pela natureza até ao ponto em que o Estado pretende estender o seu território em detrimento dos outros, ou para prevenir os seus ataques.

No domínio da ciência política, a expressão tem vários significados. Por vezes tem o mesmo significado que no direito internacional, ou seja, é entendida no seu sentido comum, as fronteiras naturais sendo aquelas que seguem um elemento físico do terreno, e as artificiais sendo aquelas simplesmente marcadas por referência a meridianos de longitude e paralelos de latitude, ou mesmo simples linhas rectas ligando dois pontos conhecidos da superfície terrestre. E por vezes, tem um significado político.

Por conseguinte, a fronteira será natural quando faz transparecer as intenções anexionistas dos Estados que a invocam.

Assim, na política alemã do período nazi, a expressão «fronteira natural» abrangia todos os territórios habitados por populações de língua alemã ou de cultura alemã «*Deutscher Volksboden*», sendo esta última mais restritiva que a primeira.

Ao «*Deutscher Volksboden*» pertenceria não apenas todo o território do antigo Reich, mas também toda a Holanda, a Bélgica flamenga, a Flandres francesa, incluindo Dunquerque, o Luxemburgo, a Lorena, a Suíça de língua alemã, a Áustria e todo o Tirol. E ainda se estenderia à Boémia Checa.

O «*Deutscher Kulturboden*» incluía não apenas os territórios mencionados, mas também os Estados Bálticos, a Pomerânia e a Posnânia, em território

[176] Rivier, A. — Principes du droit des gens, Paris, vol. 1, p. 166. Cf. também Oppenheim-Lauterpacht. — Op. cit., p. 531.

polaco, toda a Boémia, a Morávia, a Eslovénia em território jugoslavo e muitos outros territórios pertencentes à Rússia Branca e à Roménia.

Esses dois tipos de fronteiras faziam supostamente parte, segundo os geógrafos alemães, das fronteiras naturais da Alemanha. Seja a fronteira do povo alemão, o «*Deutscher Volksboden*», ou a fronteira das nações culturais alemãs, o «*Deutscher Kulturboden*», essas expressões são usadas num sentido claramente político e não têm nada que ver com o significado atribuído às expressões «fronteiras naturais e fronteiras artificiais», em direito internacional público.[177]

Jones, criticando a utilização da expressão «fronteira natural», parecia atribuir uma grande importância ao problema da finalidade política da fronteira, dando como exemplo de fronteira pacífica a linha artificial que serve de limite, a norte do 49.º paralelo, entre os Estados Unidos da América e o Canadá.

Porém, a escolha de um elemento físico do terreno como limite separador entre dois Estados nada tem que ver com a sua eficácia, e é óbvio que o carácter pacífico ou não de uma fronteira depende essencialmente do equilíbrio de forças entre os Estados que se encontram de cada lado da fronteira. Os Estados Unidos da América, na mesma época em que Jones escreveu, eram em tudo superiores ao Canadá. Esta superioridade é agora mais acentuada, dado o facto de os Estados Unidos da América possuírem armas de destruição maciça.

Durante muito tempo também, a natureza pacífica da fronteira entre os dois maiores Estados comunistas do mundo, a China e a União Soviética, pôde ser apresentada como modelo, porque a China, naquela altura, ainda estava protegida pelo «guarda-chuva» atómico do irmão mais velho do norte. Hoje já não é o caso.

A China tornou-se ela própria membro de pleno direito do clube atómico e, recentemente, os incidentes de fronteira entre os dois Estados assumiram proporções inesperadas.[178]

177 Ancel. — Loc. cit., pp. 225/9.

178 Um pressentimento muito significativo surge ao ler a mensagem enviada pelo Sr. N. Kroutchev, em 31 de Dezembro de 1963, aos Chefes de Estado ou de Governo dos países do mundo sobre a resolução pacífica de diferendos internacionais. Para o texto, ver «La Documentation Française», Notes et Études documentaires, 7 de Março de 1966, n.º 3270.

O conflito de fronteira entre a Índia e a China também atesta a relatividade da natureza intrínseca e pacífica de uma fronteira. Enquanto os britânicos permaneceram na Índia, no período que correspondeu a uma efectiva supremacia da Grã-Bretanha sobre a China, então atormentada por dissensões internas, nenhum conflito de fronteira foi relatado. Actualmente, tendo a China comunista consolidado a sua posição interior, e a Índia tendo adquirido a independência, o equilíbrio de forças existente modificou-se bastante.

Poderíamos multiplicar os exemplos. Após estas várias análises, parece admissível concluir que, em direito internacional público, a distinção entre fronteiras naturais e fronteiras artificiais mantém todo o seu valor, desde que tomada em sentido comum.

Embora tecnicamente incorrectas, julgamos, no entanto, que as expressões «fronteiras naturais» e «fronteiras artificiais», utilizadas em direito internacional público, reflectem a realidade dos factos. Não é a finalidade da linha escolhida como limite que é tida em consideração, mas a sua aparente comodidade, que advém apenas da geografia física.

SECÇÃO II: A APLICAÇÃO AFRICANA

Em África, o elemento físico do terreno desempenhou um grande papel na delimitação dos territórios dependentes das várias potências coloniais.

Na época da expansão colonial, a ciência cartográfica estava ainda no seu início e o conhecimento da geografia era parco. Os relatos de vários exploradores ou de estudiosos, perante as várias sociedades de geografia da Europa, contribuíram, de maneira decisiva, para a evolução do conhecimento do continente.

Esses relatos, que não eram somente uma descrição geográfica das regiões atravessadas, mas também um estudo das populações indígenas e das suas culturas, serviram muitas vezes de base para as reivindicações territoriais. Aplicados às primeiras delimitações africanas, esses estudos iriam provocar, por causa das suas lacunas e aproximações, uma série de erros.

Assim, por exemplo, o acordo assinado em Bruxelas em 12 de Maio de 1894, entre a Grã-Bretanha e o Estado Independente do Congo, para a delimitação de suas esferas de influência na África Central e Oriental, estipula, no parágrafo b) do seu artigo 1.º que: «*A fronteira entre o Estado Independente do Congo e a esfera britânica a norte do Zambeze seguirá uma linha que vai em linha recta da extensão do Cabo Akalunga no Lago Tanganica, situado no ponto mais a norte da baía de Cameron, a cerca de 8º 15' de latitude sul, até à margem direita do rio Luapula, onde este rio sai do Lago Moero [...]. Seguirá então o talvegue do Luapula até à sua saída do Lago Banguelo.*»[179]

No entanto, estudos geográficos posteriores viriam a demonstrar que o Luapula não tem a sua fonte no lago Banguelo.

Outro erro, bastante frequente, consistia em tomar como ponto de referência uma aldeia africana, que as verificações posteriores revelariam nunca ter existido ou, quando muito, não ter tido senão uma existência efémera.

O conhecimento imperfeito da geografia do continente africano iria consequentemente levar grande parte dos tratados de delimitação celebrados entre as várias Potências coloniais a admitir, juntamente com os elementos naturais (rio, lagos, montanhas ou cordilheiras, e outros elementos físicos do terreno) o uso de linhas rectas que seguiam, ou não, os meridianos ou paralelos.

Aconteceu, porém, que as Comissões de demarcação recebessem pelos tratados de delimitação os poderes necessários para se desviar, quando as circunstâncias locais o permitissem, da linha recta, e adoptar linhas curvas ou elementos da natureza como limite entre dois territórios.

Delafosse, membro da comissão franco-britânica responsável pela delimitação dos territórios entre a Côte d'Ivoire, a Côte d'Or e o Sudão, em execução do convénio de 1893, reconhece isso numa obra publicada no final do trabalho da comissão: «*quando este traçado está definido, modificamo-lo muito ligeiramente para substituir as linhas rectas por linhas curvas ou enviesadas, e aproveitar ao máximo os limites naturais, de forma que se torne mais fácil reconhecer e marcar a fronteira no terreno*».[180]

Foi nestas condições de insuficiente preparação e de execução maleável dos tratados que os procedimentos técnicos utilizados na Europa para a delimitação dos territórios dos vários Estados foram aplicados em África.

Ao rever os diversos elementos físicos susceptíveis de, em geral, servirem de fronteira entre dois Estados, e relembrando, em relação a cada um deles,

179 Este acordo foi virtualmente substituído pela convenção de 14 de Agosto de 1894.

180 Delafosse, M. — Les frontières de la Côte d'Ivoire, de la Côte d'Or et du Soudan, Paris, 1908, p. 118.

os diversos procedimentos técnicos utilizados pela prática diplomática em matéria de delimitação, teremos a oportunidade de situar as fronteiras africanas num contexto que revela as suas particularidades.

OS RIOS

Muito se discutiu sobre a conveniência de escolher um rio como fronteira entre dois Estados.

Além da dificuldade técnica que consiste na quase impossibilidade de implantação de marcos em meio aquático, os autores apresentam argumentos de ordem cultural e económica, para invalidar a escolha desse elemento como fronteira entre os Estados.

Com efeito, os rios, e de modo mais geral as bacias a que pertencem, podem não constituir necessariamente um factor de separação para as populações ribeirinhas.

Segundo Ratzel[181], se abordarmos, por exemplo, os rios dum ponto de vista cultural e económico, vemos que constituem mais um vínculo do que um factor de divisão entre as populações vizinhas.

Gottmann, que no seu trabalho sobre a política dos Estados e a sua geografia, coloca a mesma questão, e chega à mesma conclusão.

Para apoiar a sua tese, cita um relatório de Dupont de Nemours, membro da Assembleia Nacional francesa, apresentado em 15 de Junho de 1790, e segundo o qual se deve, na medida do possível, respeitar a unidade de uma bacia hidrográfica: «*Quanto aos rios que em geral separam, excepto em direcção aos cabeçotes e em frente dos tabuleiros e outros locais de passagem, os estabelecimentos civis e religiosos*», escreve ele, «*o vosso Comité insistiu até ao fim em colocar todo o vale sob a mesma administração a fim de poder conter dentro de uma única autoridade, as tentativas que por vezes os ribeirinhos lançam de ambos os lados do rio para aumentar o seu território por aluviões atirando o rio aos seus vizinhos. Há rios cujas margens devem necessariamente ser defendidas, ou melhor, não há nenhum que não exija este cuidado de uma forma mais ou menos imperiosa; mas é importante para os princípios das sociedades que querem que cada pessoa conserve a sua propriedade que o trabalho, muitas*

[181] Ratzel, F. — Politische Geographie oder die Geographie der Staaten, des Verkehr und des Krieges, München, Berlim, 1903, citado por Bouchez, L.J. — The fixing of boundaries, etc., p. 789.

vezes indispensável nas margens dos rios, seja dirigido com a mais exacta imparcialidade, e que não seja ordenado de um lado sem ter combinado o seu efeito no outro.»[182]

Para um desenvolvimento racional, os rios devem, portanto, ser explorados como uma unidade económica que, longe de constituir um factor de divisão, vai criar um vínculo entre as populações ribeirinhas.

Num relatório datado de Gorée de 10 de Dezembro de 1902, dirigido ao Governo Geral da África Ocidental Francesa, o Sr. William Ponty, Tenente Governador do Alto Senegal e do Níger, podemos ler a seguinte observação: «*Um rio não constitui, como uma cordilheira, uma verdadeira barreira entre dois países: é uma fronteira tão fácil de atravessar que na verdade constitui uma ligação entre as populações que vivem de cada lado da sua margem.*»[183]

Boggs[184], por sua vez, denuncia na época contemporânea o possível efeito nocivo, para as populações locais, da escolha de um rio como fronteira entre dois Estados.

Cita, entre outros, o exemplo do Zambeze, que separa a Zâmbia da Rodésia após a separação que ocorreu na administração dos dois territórios, em que uma política fiscal diferente determinou uma desigualdade do rendimento das terras entre os dois países.

Por fim, nem todos rios têm as mesmas características, e as regiões que atravessam podem ter sido formadas de modos diversos.

Em África, onde a água pode ser escassa ou mesmo inexistente, a escolha de um rio como fronteira deve ter em particular consideração os factores humanos e económicos da região a delimitar. A água é um elemento demasiado importante na vida das pessoas para que uma alocação arbitrária do rio ponha em perigo a própria existência de uma comunidade ribeirinha.

As populações africanas extraem da água os seus recursos essenciais, quer vivam da agricultura, da pesca, do transporte de madeira ou do transporte em geral, até que se faça do rio um uso industrial.

É, portanto, surpreendente constatar que, embora na África a luta pelo controlo dos grandes rios se tenha por vezes transformado numa crise entre

182 Citado por Gottmann. — Op. cit., p. 127. Isto deve ser comparado com certos desenvolvimentos na sentença proferida no caso Lac Lanous (França-Bélgica), R.G.D.I.P., 1958, p. 79 e ss.

183 Cf. B.O. da África Ocidental Francesa, 1905.

184 Cf. Boggs, S.W. — Op. cit., p. 164.

as nações envolvidas, os rios têm sido relativamente pouco utilizados para servir de fronteira entre Estados.

Na verdade, a partir da análise dos documentos diplomáticos relativos à delimitação dos territórios africanos, conclui-se que a maioria dos principais rios africanos flui mais frequentemente no território de um mesmo Estado. Deve-se notar, no entanto, que também é raro que um limite africano não tenha o seu ponto de partida na costa, na foz de um rio.[185]

O Nilo atravessa a República Árabe Unida e o Sudão e só serve de limite com os seus afluentes entre a Etiópia e o Sudão[186]. O rio Congo serve de fronteira entre os dois Congos[187], e entre o Congo (Kinshasa) e Angola[188], mas flui quase inteiramente em território congolês (Kinshasa). O Níger serve de fronteira num trajecto de mais de 100 quilómetros entre a República do Níger e a do Daomé, mas atravessa sem servir de limite os territórios do Mali, do Níger e da Nigéria[189]. O Ubangui serve de fronteira entre o Congo (Brazzaville) e o Congo (Kinshasa) e, entre este e a República Centro-Africana[190]. Quanto ao rio Senegal, se serve de fronteira entre o Senegal e a Mauritânia, flui principalmente no território do Mali. O rio Orange, depois de ter servido de fronteira entre o Sudoeste da África e a África do Sul, atravessa as terras desta última. O Zambeze atravessa o território moçambicano na sua parte mais larga e também serve como fronteira entre a Zâmbia e a Rodésia.

[185] Cf. a convenção luso-belga de 14 de Fevereiro de 1885, para a delimitação das respectivas possessões na região do Congo, cujo art.º III determina: «*A Associação Internacional do Congo e Sua Fiel Majestade o Rei de Portugal e dos Algarves adoptam como fronteira [...] nomeadamente: a norte do rio Congo a linha recta que liga a foz do rio que desagua no Oceano Atlântico, a sul da baía de Cabinda, etc.*» Van Ortroy. — Op. cit., pp. 106/9. Ver também art.º 1 § 3 da Convenção franco-portuguesa de 12 de Maio de 1886 relativa à delimitação das respectivas possessões na África Ocidental: «*a sul, a fronteira seguirá uma linha que começará na foz do rio Cajet, etc.*», J.O.R.F. de 15 de Setembro de 1887. Protocolo ítalo-britânico de 24 de Março de 1891, art.º I, para a delimitação das suas respectivas esferas de influência na África Oriental: «*A linha de demarcação [...] seguirá a partir do mar, o talvegue do rio Juba, etc.*» Van Ortroy. — Op. cit., pp. 238/9. Convenção anglo-alemã de 1 de Julho de 1890, art.º 1, Van Ortroy.

[186] Cf. art.º 2 do acordo anglo-etíope de 15 de Maio de 1902.

[187] Cf. convenção franco-belga de 5 de Fevereiro de 1885, art.º III.

[188] Cf. convenção entre o Estado Livre do Congo e Portugal de 14 de Fevereiro de 1885, art.º III, §5.

[189] Cf. os decretos de 2 de Março de 1907 e 23 de Abril de 1913.

[190] Cf. convenção franco-belga de 29 de Abril de 1887.

Têm sido usados, na prática, três métodos principais para a delimitação dos rios: o chamado método da linha mediana, o método do limite na margem, e por fim o método do talvegue.

Encontramos, no entanto, na história diplomática exemplos de procedimentos menos comuns: o processo de delimitação por levadas e os processos de delimitação por rectas arbitrárias.

§1. Método de delimitação por levadas

Um processo inusitado de delimitação de rios, que consiste não numa delimitação paralela ao leito do rio, mas numa linha quebrada «*composta de limites na margem, unidos alternadamente por perpendiculares, tendo o conjunto a aparência de uma escadaria*»[191].

Este método, denominado delimitação por levadas, é de aplicação rara, e o primeiro exemplo conhecido está na América. É o resultado de uma controvérsia fronteiriça entre a França e a Holanda relativa às suas respectivas possessões na Guiana: a Guiana Francesa e o Suriname.

O limite entre os dois territórios era formado pelo rio Maroni que, a uma certa distância da sua foz, se divide em dois braços, o Awa e o Tapanahoni; ambas as partes defendiam que o prolongamento do rio era o dos braços que estavam no seu território, isto é, o Awa para a Holanda e o Tapanahoni para a França.

O problema foi agravado pela descoberta de areias auríferas, e pela impossibilidade para as duas administrações de emitir as licenças necessárias para uma exploração racional das areias em questão.

Visto que as várias soluções adoptadas posteriormente, em particular a sentença arbitral proferida por uma comissão técnica, em nome do czar da Rússia, não foram consideradas satisfatórias pelas duas partes, estas resolveram reunir-se na Haia entre de 26 de Abril a 9 de Maio de 1905, data em que foi assinado um projecto de convenção para completar a delimitação da fronteira entre as duas colónias.

Nos termos do art.º I, o rio Itany foi escolhido como limite, das montanhas Tumuc Humac até ao afluente do Maroni.

[191] Cf. de la Pradelle, P. — Op. cit., pp. 206/7.

A fronteira entre as duas colónias foi, no que se refere aos rios, dividida em dois trechos, um correspondendo à parte navegável do Maroni, ou seja, da catarata Hermina ao oceano, para o qual o talvegue serviria de limite, e o outro correspondendo à parte não navegável do rio, onde o limite tinha de ser encontrado por um processo de delimitação perpendicular às duas margens.

Esta última secção foi dividida em quatro levadas, duas para cada uma das partes. O limite acabou assim, em resultado da aplicação do processo perpendicular, por ser colocado alternadamente nas duas margens.

Esta solução, embora engenhosa, não pôde prevalecer por muito tempo, e ambos os lados logo voltaram ao método de delimitação pela linha central.

Um exemplo da aplicação deste método de delimitação pode ser encontrado na África. Trata-se de uma secção da fronteira que separa as antigas possessões francesas e britânicas do Níger (Nigéria-Daomé).

O art.º II da convenção franco-britânica de Paris de 14 de Junho de 1898 estipula que: «*A partir do ponto especificado no art.º II, onde a fronteira que separa as possessões inglesas e francesas atinge o Níger, ou seja, a partir de um ponto situado na margem direita deste rio 16 093 metros (10 milhas) a montante do centro da cidade de Guiris (Géré) (porto de Ilo), a fronteira seguirá a perpendicular erguida a partir deste ponto na margem direita do rio. Seguirá então a linha mediana do rio para montante. Seguirá depois a linha mediana do rio até à sua intersecção com uma linha perpendicular à margem esquerda e a partir da linha mediana da saída da depressão, ou ribeiro seco, que no mapa n.º 2 anexo ao presente protocolo se chama Dallul Mauri.*»

A principal desvantagem deste sistema era sua complexidade, e por isso o seu uso na história das delimitações é esporádico.

§ 2. Método da delimitação paralela às duas margens

Este processo só teve uma aplicação na história diplomática. Consiste em escolher como limite não o leito do rio nem mesmo as suas margens, mas sim duas linhas paralelas às duas margens, situadas no interior das terras, ficando o rio sob a plena soberania de uma das partes.

A fronteira entre o Senegal e a Gâmbia é o único exemplo da aplicação deste método: «*Na Senegâmbia*», pode ler-se no art.º I do acordo franco-britânico de

Paris de 10 de Agosto de 1889[192], «*a linha de fronteira entre as possessões inglesas e francesas deve ser estabelecida do seguinte modo:*

> *1.º No norte do rio Gâmbia (margem direita) a linha partirá de Jinnack Creek para seguir o paralelo que, passando neste ponto da costa (cerca de 13º 36' norte), corta o Gâmbia na grande curva que faz em direcção ao norte, em frente a uma pequena ilha situada à entrada de Sarmi Creek, no país de Niamena. A partir deste ponto, a linha de fronteira seguirá a margem direita até Yarbatenda, a uma distância de 10 km do rio.*
>
> *2.º No sul (margem esquerda), a linha começará a partir da foz do rio San Pedro e seguirá a margem esquerda até 13º 10' de latitude norte. O limite será então definido pelo paralelo que, a partir deste ponto, vai até Sandang (fim de Vintang Creek, mapa inglês). A linha será então traçada na direcção do Gâmbia, seguindo o meridiano que passa por Sandeng, até uma distância de 10 km do rio.*»

No anexo II, parágrafos 1 a 6, são dados detalhes sobre o significado das expressões anteriores. Ou seja:

> «*§ 1: A expressão "Jinnak Creek" como ponto de partida da linha de fronteira no norte da Gâmbia, deve significar o ponto no continente onde o Jinnak flui para o mar, como indicado no mapa inglês com o n.º 684.*
>
> *§ 2: A frase "o traçado deve partir de Jinnak Creek e seguir o paralelo que, passando por este ponto da costa (cerca de 13º 36' norte) intersecta o Gâmbia na grande curva" deve significar que o traçado da fronteira deve seguir o paralelo a partir do meio do canal da foz do Jinnak (conforme interpretado no § 1) até chegar a um ponto a 10 km de distância do Gâmbia, conforme indicado abaixo, § 3.*
>
> *§ 3: A partir deste ponto, o limite deve seguir a margem direita até Yarbatenda, a uma distância de 10 km do rio, o que deve significar que a partir do ponto onde o paralelo de Jinnak Creek (como acima) chega a uma distância de 10 km da Gâmbia, a linha de fronteira deve ser traçada de modo a estar sempre a uma distância igual de 10 km dos pontos mais próximos da margem do rio.*
>
> *§ 4: A linha será traçada a partir da foz do rio San Pedro, seguindo a margem esquerda até à latitude 13º 10' norte. Caso se verifique que nem o rio San Pedro nem nenhum dos seus braços cruzam o paralelo de 13º 10' de latitude norte, a fronteira seguirá este paralelo a partir da costa marítima.*

[192] Para o texto, cf., entre outros, Van Ortroy, Op. cit., pp. 190/208.

§ 5: A expressão "até Sandeng" deve ser considerada como incluindo Sandeng em território britânico, e no caso deste paralelo (13º 10' lat. norte) não cruzar Vintang Creek, a linha de fronteira pararia no meridiano que passa 1 km a leste de Sandeng; ou se o paralelo 13º 10' Norte cruzar Vintang Creek abaixo de Sandeng, a expressão seria considerada como significando que o limite deveria seguir a margem esquerda do Creek a partir do ponto em que o 13º 10' paralelo norte o cruzar até ao meridiano que passa 1 km a leste de Sandeng.»[193]

Com este método, a Inglaterra retira à França a co-propriedade do rio Gâmbia, na sua parte mais navegável. É, juntamente com o método do limite na margem, um método imperialista de delimitação, o que explica a raridade da sua aplicação.

§ 3. O método do limite na margem

Este é o modo imperialista de delimitação por excelência.

Consiste em atribuir toda a massa fluvial a um dos Estados ribeirinhos, sendo o limite constituído pela margem situada do outro lado do rio. Consequentemente, não autoriza a que o rio seja utilizado pelos dois Estados, o que implica um desequilíbrio de forças entre as partes envolvidas.

O acesso ao rio ficará, portanto, proibido à parte mais fraca, e o rio constituirá na realidade uma separação entre os territórios dos dois Estados. No entanto, longe de ser uma barreira, os rios são na maioria dos casos um ponto de encontro. Ambas as margens são habitadas normalmente por pessoas da mesma raça e cultura.

A prática diplomática no que diz respeito à delimitação dos rios dá-nos, no entanto, alguns exemplos da sua aplicação.

Na Europa, foi usado no art.º I do acordo de 21 de Junho de 1780 entre o Bispo de Basileia e o Rei da França para delimitar a fronteira entre a França e o cantão de Berna. Este acordo atribuiu ao Rei da França a plena soberania sobre o leito e as águas do Doubs.[194]

[193] Para o texto, cf., entre outros, Van Ortroy, Op. cit., pp. 199/208.

[194] Citado por Guggenheim, Tratado, 1.ª edição, Genebra, 1953, vol. 1, p. 383. Ver também a acta de delimitação de 12 de Julho de 1826.

Na América, o tratado de 10 de Agosto de 1797 entre Portugal e a França deixa a esta última a plena soberania do rio Vincent Pinson, que iria servir de limite entre o Brasil e a Guiana Francesa.

A África, por sua vez, conhece exemplos de uso desse método. É o caso da fronteira entre a antiga África Ocidental Francesa e a Libéria.[195] De acordo com o acto de delimitação adicional ao convénio de 18 de Setembro de 1907, assinado em Paris em 13 de Janeiro de 1911, a fronteira entre o território da Libéria e as possessões francesas será fixada da seguinte forma: «*1. A margem esquerda do rio Makona, desde a intersecção com o 13.º meridiano de Paris até a confluência do rio Sodia.*»[196]

Um outro caso pode ser encontrado na convenção anglo-liberiana de 11 de Novembro de 1885, que delimita a fronteira entre a Libéria e a Serra Leoa, e que estipula no seu art.º II: «*A linha que marca a fronteira noroeste da República da Libéria terá início no ponto da costa marítima em que, na baixa-mar, a linha do sudeste ou da margem esquerda do rio Mannah cruza a linha geral da costa marítima, e deverá continuar ao longo da linha marcada pela baixa-mar na margem sudeste ou esquerda do rio Mannah até que tal linha prolongada na direcção nordeste intersecte a linha ou o prolongamento da linha que marca o limite nordeste ou interior do território da República.*»[197]

Da mesma forma, de acordo com o convénio anglo-alemão de 1 de Julho de 1890, art.º III, § 1, a fronteira entre a África do Sudoeste alemã e a África do Sul é formada pela margem norte do Rio Orange que, portanto, permanece inteiramente sob a soberania britânica: «*A sul por uma linha que começa na foz do rio Orange, e sobe a margem norte desse rio até ao ponto da sua intersecção com o 20.º grau de longitude leste.*»[198]

Além do inconveniente decorrente da atribuição de toda a massa de água a um dos Estados ribeirinhos, existe outro, decorrente do nível das águas.

Um rio não tem sempre o mesmo nível de água ao longo do ano e, se não houver o cuidado de especificar qual será o nível que indicará o limite, podem

[195] Esta delimitação representa a fronteira entre a Libéria de um lado e a Guiné e a Côte d'Ivoire do outro.

[196] Recueil Basdevant, III, p. 28; Rouard de Card, I, pp. 160/2.

[197] Cf. para o texto, Van Ortroy, Op. cit., pp. 139/42; e Parl, Papers. Africa N.º 3 (1888). Cmd. 5373.

[198] Cf. para o texto, Van Ortroy, Op. cit., pp. 213/223.

surgir dificuldades posteriores. É o caso da fronteira que separa a Zâmbia (antiga Rodésia do Norte) de Angola.

Segundo a sentença do Rei da Itália de 12 de Agosto de 1903, o limite entre esses dois territórios seguia «*a margem oriental das águas altas do Cuando*». Esta designação causou mais tarde dificuldades, porque o governo português sustentava que a expressão designava a linha atingida na margem leste pelas águas do Cuando em período de enchente normal, e o governo britânico alegava que a expressão significava a superfície das águas do Cuando no seu nível normal e que, além disso, certas tribos do Reino de Barotsé (Zâmbia) tinham necessidade de utilizar as águas do Cuando durante a estação seca.

Foi celebrado um acordo entre os dois países em 18 de Novembro de 1954, em Lisboa, que deu uma solução definitiva à polémica expressão.

Assim, de acordo com o art.º 1 do referido acordo, «*o troço da fronteira descrito na sentença como limite oriental do leito das águas altas do Cuando até ao ponto de intersecção com o 22.º meridiano a leste de Greenwich, seguirá o limite normal das águas do Cuando na margem leste quando o rio está inundado*»[199].

No que diz respeito à necessidade de água das populações vizinhas, um acordo com a mesma data permitia a deslocação temporária das populações dentro do território de ambos os lados do limite[200].

O método do limite na margem, cujas desvantagens acabámos de ver, também não foi amplamente utilizado na África. Os dois últimos métodos de delimitação dos rios — o método da linha mediana e o método do talvegue — foram usados com mais frequência, e cada um tem as suas vantagens próprias. É isso que tentaremos mostrar nos parágrafos seguintes.

§ 4. O método da linha mediana

Este processo, que consiste em escolher como limite uma linha ideal cujos pontos são equidistantes das duas margens[201], é, além do método do limite

[199] Cf. Colectânea da ONU, vol. 210 (1954), p. 219 e ss.

[200] Cf. De la Pradelle. — Op. cit., p. 205; Bouchez, The fixing of boundaries in international boundary rivers, I.C.L.Q., 1963, p. 789 e ss.

[201] Cf. S.B. Jones. — Op. cit., p. 11; cf. também Boggs, Op. cit., p. 179; Bouchez, The fixing, etc., Loc. cit., p. 792.

na margem, o meio mais antigo de delimitar os rios: «*A linha mediana deve ser determinada*, escreveu Jones, *como se se estivesse num barco, seguindo uma linha sempre equidistante do ponto mais próximo em ambos os lados.*»

Já defendido pelos primeiros teóricos do direito internacional[202], este método ainda encontra eco favorável nos autores contemporâneos[203].

Transplantado do direito privado, cuja influência nos primeiros escritos do direito internacional foi imensa, o processo da linha mediana é considerado como a linha divisória ideal para rios que fluem entre dois ou mais Estados. «*Os rios que formam o limite de separação entre dois Estados*, escreve Pradier-Fodéré[204], *são como uma espécie de propriedade comum entre estes dois Estados; pertencem numa certa proporção a ambos, a menos que, por primeira ocupação, compra, cessão ou outro título válido e legítimo, um destes Estados tenha adquirido o domínio exclusivo e privilegiado dos mesmos.*»

Quanto à questão de saber qual é o limite desta «propriedade conjunta», a resposta está dada: é o meio do rio.

Crotius já havia afirmado que «*quando um rio é a linha de separação entre os territórios de dois Estados [...] a regra geral e natural é que o rio pertence em partes iguais a cada um dos dois Estados. Embora, na dúvida,* prossegue, *as jurisdições de ambos os povos estendem-se de ambos os lados até ao meio do rio.*»[205]

Heffter também apoia este método: «*se um rio separar dois Estados, o domínio de ambos estende-se até ao meio do rio, salvo acordo em contrário*».[206]

Calvo também é da mesma opinião.[207]

Nos autores modernos, existe a preocupação em distinguir entre rios navegáveis ou parte navegável dos rios, e rios que não são navegáveis.

A distinção tem uma base funcional, porque se apoia na ideia do aproveitamento dos rios para a navegação, que é uma das suas utilizações possíveis.[208]

Jones fala sem muito entusiasmo do método da linha mediana, para imediatamente salientar que este processo de delimitação, ao qual dá uma

[202] Traité de Droit International Public, Genebra, 1.ª edição, 1953, p. 381 (volume I); Bouchez, Loc. cit., p. 792.

[203] De la Pradelle. — Op. cit., p. 205; Jones, Op. cit.; Boggs., Op. cit.

[204] Pradier-Fodéré. — Op. cit., n.º 690, p. 224.

[205] Grotius. — Op. cit., p. 462.

[206] Heffter. — Op. cit., p. 136.

[207] Cf. Calvo. — Op. cit., p. 337.

[208] Cf. de la Pradelle. — Op. cit., p. 205.

definição[209], tem a grande desvantagem de acompanhar o nível da água. É por isso que prefere as linhas rectas arbitrárias, ou o método do talvegue.

Outros autores, incluindo Guggenheim[210], Starke[211], Oppenheim--Lauterpacht[212], também citam este método de delimitação para rios não navegáveis.

Esta forma de delimitação que é, de facto, um processo de partilha do rio entre Estados ribeirinhos, está consagrada no art.º 20 do tratado de St. Germain, no final da Primeira Guerra Mundial.

Parece mais justo do que os demais porque garante, a ambas as partes, uma distribuição igualitária da utilização água; navegação, irrigação, uso doméstico, flutuação da madeira, pesca, uso industrial, etc.

Pradier-Fodéré escreve sobre o assunto: «*o sistema do meio do rio é baseado numa ideia de equidade, a de que os benefícios de uma corrente comum devem ser distribuídos igualmente entre os Estados ribeirinhos*»[213].

A grande desvantagem do método da linha mediana vem, porém, da sua incerteza, pois o nível da água nunca é o mesmo ao longo do ano, o limite pode mover-se, acompanhando as mudanças no nível da água.[214] As partes nos tratados de limites poderiam, no entanto, concordar em estabelecer o limite na linha mediana obtida quando o rio está no seu nível médio, o que evitaria eventuais contestações.

Em relação às observações de Jones, entretanto, pode-se temer que o método das linhas arbitrárias seja um processo de delimitação muito injusto. Os rios não são usados apenas para a navegação ou a pesca, são usados principalmente para necessidades domésticas, e qualquer mudança no leito do rio poderia privar permanentemente uma das populações ribeirinhas dos benefícios que a água traz.

[209] Cf. Jones. B. — Op. cit., p. e nota 1 na página anterior.

[210] Guggenheim, P. — Op. cit., p. 381, tomo 1.

[211] Starke. J. G. — Op. cit., p. 152.

[212] Cf. Pradier — Fodéré. — Op. cit.

[213] Oppenheim — Laterpacht. — Op. cit., T. 1, p. 532.

[214] Cf. De la Pradelle, P. — Op. cit., p. 205, nota 3: «*a linha mediana é por vezes difícil de determinar, quando as águas sofrem inundações frequentes, e fluem entre estas margens em mudança, em terreno plano ou pantanoso. Neste caso, pode-se utilizar o procedimento técnico de tomar como base para a linha mediana o nível de crescimento da relva que marca aproximadamente o nível de baixo caudal de água, ou o das águas baixas.*»

No caso em que o rio muda de leito, pode surgir outra desvantagem. Coloca-se então a questão de saber se o limite deve seguir a mudança do leito, ou se devemos manter a linha mediana estabelecida de acordo com a antiga localização do rio. Percebem-se as inúmeras dificuldades que podem surgir, principalmente quando existem ilhas no meio do rio. A mudança de leito do rio terá por efeito a mudança da posse dessas ilhas?

Em qualquer caso, irão certamente surgir dificuldades a este respeito, a menos que as partes tenham previsto uma solução no tratado de delimitação para os problemas resultantes desta situação.

Foi o que aconteceu com a convenção franco-britânica de 14 de Junho de 1898, sobre a delimitação dos respectivos territórios das partes na África. O art.º V estipula o seguinte: «*Fica entendido entre as duas Potências que nenhuma alteração na posição da linha mediana afectará os direitos de propriedade sobre as ilhas que foram atribuídas a cada uma das duas Potências pelas actas dos Comissários.*»

Na prática da delimitação colonial, existem muitos exemplos de utilização do método da linha central. A referida convenção, art.º III e IV (Costa do Marfim, Mali, Daomé, Gana, Nigéria) admite esse princípio.[215]

Este mesmo processo é adoptado pela convenção franco-alemã de 18 de Abril de 1908, no seu art.º IV do anexo (Congo-Camarões), adopta o mesmo processo de delimitação: «*[...] nos pontos em que existem rápidos, a fronteira será a linha mediana*».[216]

A convenção franco-britânica de Paris de 28 de Junho de 1882, a respeito das suas possessões na costa oeste da África, estipula no seu art.º 1: «*Se se verificar que a comunicação da água em Mahela verte tanto no rio Mellacorée como no rio Scarcies, a referida linha de demarcação começará na costa a partir do meio do rio que corre para o mar em Mahela.*»[217] [218]

A convenção franco-belga de Paris de 5 de Fevereiro de 1885, no seu art.º III também adopta o método da linha mediana para delimitar a fronteira entre as possessões de dois Estados no Stanley Pool. O mesmo estipula a convenção anglo-portuguesa relativa à delimitação dos respectivos territórios em África.

215 Cf. Recueil Basdevant, II, p. 372.

216 Cf. Van Ortroy. — Op. cit., pp. 78/9.

217 Cf. Art.º 1, § 2, art.º II, art.º IV da convenção citada. Van Ortroy, ibid., pp. 253/8.

218 Ver também, entre outros, a convenção entre a Grã-Bretanha e o Estado Livre de Orange sobre a Basutolândia (Lesoto), ibid., p. 47.

§ 5. O método do talvegue

Este processo, que consiste em eleger não uma linha, mas sim uma zona constituída pelo caminho percorrido pelos barqueiros que descem o curso do rio, é normalmente utilizado para a delimitação de rios navegáveis.

A doutrina no início do século remetia para o Congresso de Rastatt o surgimento no direito internacional público deste método de delimitação. Teria sido utilizado, pela primeira vez, no tratado de Lunéville de 9 de Fevereiro de 1801.[219]

Esta afirmação é incorrecta porque, como diz de la Pradelle[220], já encontramos um exemplo no tratado de Munster de 1648 entre a Alsácia e o Império Germânico.

De la Pradelle sublinha, na prática de delimitação dos rios, três definições distintas do procedimento do talvegue: uma definição consuetudinária, que acabámos de dar, outra de carácter científico e, por último, uma definição de carácter técnico.

A definição científica corresponderia, na época das águas baixas, à linha das sondas mais profundas. Esta é a definição usada por Pradier-Fodéré: «*sistema segundo o qual o limite [...] seria localizado [...] não no meio do rio, mas no meio do canal ou da grande corrente que normalmente denota a parte mais profunda do rio e que é o caminho do leito, no qual a corrente se move com a maior velocidade — isto é o que se chama o talvegue*»[221].

Na definição técnica, o talvegue seria formado pelo eixo do canal mais seguro e acessível aos maiores navios.[222]

Várias expressões têm sido usadas na prática para designar o talvegue: meio do canal principal, curso principal, linha do meio do canal, mas todas acabam por ser imprecisas.

A prática diplomática de delimitações coloniais oferece muitos exemplos do uso do método de talvegue.

[219] Pradier-Fodéré. — Op. cit., vol. II, p. 228.

[220] De la Pradelle, P. — Op. cit., p. 203.

[221] Pradier-Fodéré. — Op. cit., vol. II, p. 227. Cf. também Kluber. — Op. cit., pp. 188/9: «*o talvegue, ou seja, o caminho (variável) que os barcos tomam quando descem os rios, ou melhor, o meio deste caminho*». Heffter. — Op. cit., p. 136: «*por vezes, o chamado talvegue serviu de limite*»; Bouchez, L.J. — The fixing, p. 793.

[222] De la Pradelle, P. — Op. cit., p. 203.

A definição mais precisa que podemos encontrar consta da convenção luso-belga (Associação Internacional do Congo) de 25 de Maio de 1891, relativa à delimitação dos respectivos territórios na região do Baixo Congo (art.º III): «*A linha divisória entre as águas pertencentes respectivamente aos dois Estados será a linha média do canal de navegação geralmente seguida pelas embarcações de grande capacidade.*»[223]

A convenção franco-alemã de 18 de Abril de 1908, para a delimitação da fronteira entre o Congo e os Camarões, usa a expressão sem a definir: «*Em todos os casos em que a fronteira é determinada pelo curso de um rio ou riacho, é o talvegue que serve de limite*»[224] (art.º 4).

O sistema de talvegue tem vantagens porque a igualdade de uso do rio para fins de navegação é garantida a ambas as partes.

Também tem desvantagens. Em primeiro lugar, o facto de o talvegue constituir uma zona de fronteira e não uma linha. É pelo menos uma grande área que não é fácil de demarcar, especialmente se levarmos em conta a variação do nível da água.

[223] Cf. Van Ortroy. — Op. cit., pp. 243/7.

[224] J.O.R.F., Agosto de 1908, p. 15002. Ver também as seguintes convenções: convenção franco-britânica de 14 de Junho de 1898 para a delimitação das possessões francesas e britânicas situadas em Loop e a leste e oeste do Níger, art.º I: «*A fronteira que separa a colónia britânica da Côte d'Or (Gana) das colónias francesas da Côte d'Ivoire e do Sudão (Alto Volta) [...] seguirá o talvegue desse rio (o Volta Negro) para norte [...]. Seguirá então o talvegue do ramo ocidental deste rio até [...] e prosseguirá então pelo talvegue deste rio para cima ou para baixo, conforme o caso, etc.*» Recueil Basdevant, II, p. 372; Van Ortroy, Op. cit., pp. 345/349; acordo franco-liberiano de 8 de Dezembro de 1892, art.º 1: «*Na Côte d'Ivoire e no interior [...] a fronteira será constituída: 1 — pelo talvegue do rio Cavaly até um ponto situado a cerca de 20 milhas a sul, etc.*»; J.O.R.F., 14 de Agosto de 1894, pp. 4078/9; cf. também o convénio franco-britânico de 12 de Julho de 1893 (agora Gana/Côte d'Ivoire), Recueil Basdevant, II, p. 351; protocolo anglo-italiano de 24 de Março de 1891 (agora Quénia//Somália), art.º I, Van Ortroy, Op. cit., pp. 238/9; sentença arbitral do senador Paolo Vigliani de 30 de Janeiro de 1897 a respeito da fronteira entre Moçambique e a Rodésia, § 3, Van Ortroy. — Op. cit., pp. 476/486; convenção anglo-alemã de 1 de Julho de 1890 (África do Sudoeste//Botsuana (ex-Benchuanaland)), art.º III, Van Ortroy, Op. cit., pp. 213/223; convenção franco-belga de 14 de Agosto de 1894, art.º 1 (Congo-Kinshasa/Congo-Brazzaville), Van Ortroy, Op. cit., pp. 326/8; convenção de 29 de Abril de 1887, entre o Estado Livre do Congo e a Grã-Bretanha, art.º I, ibid., pp. 320/1; convenção luso-belga (Angola/Congo-Kinshasa) de 25 de Maio de 1891 sobre a delimitação das suas esferas de influência na região da Lunda, art.º I, ibid., pp. 248/51; tratado franco-espanhol de 3 de Outubro de 1904 em relação a Marrocos, Cordero Torres. — Textos, II, p. 74; tratado franco-espanhol de 27 de Novembro de 1921, art.º 2, § I e 5, ibid., pp. 97/9.

A existência de ilhas no meio do rio pode gerar polémica. O texto muitas vezes impreciso pode levar à questão de saber qual dos braços do rio servirá de fronteira na prática.

As desvantagens ainda podem resultar de fenómenos naturais que afectam o leito do rio. Distinguem-se, sobre este assunto, três tipos de comportamento dos rios: aqueles que correm em pequenos vales e que trabalham lentamente o seu leito, aqueles cuja corrente interfere, de forma activa, no leito do rio, e por último, aqueles que são mais ou menos estacionários.[225]

Tanto no primeiro como no último caso, não haverá dificuldades porque, se houver alguma alteração, esta só se fará sentir a longo prazo. No segundo caso, podem surgir problemas porque a acumulação de materiais trazidos pela corrente pode deslocar, conforme os casos, a fronteira para o território de um ou outro dos Estados ribeirinhos. Também podem ocorrer fenómenos de sedimentação, o que trará possíveis complicações caso estes resultem na formação de ilhas.

Podem surgir outras dificuldades já não por causa da alteração do leito do rio, mas da sua foz. A formação de deltas pode, se não prevista nos tratados de delimitação, gerar complicações.

Alguns tratados de delimitação prevêem soluções para os problemas decorrentes da alteração do leito do rio.

O art.º III da convenção de 25 de Maio de 1891 entre Portugal e o Estado Livre do Congo, para dirimir certas dificuldades decorrentes da delimitação dos respectivos territórios no Baixo Congo, estipula: «*Todas as ilhas fluviais do Zaire (Congo) nominalmente mencionadas ou não no corpo do presente artigo, mas situadas, de facto, algumas entre a linha média do actual canal de navegação e a margem direita, outras entre a linha média de navegação e a margem esquerda, pertencem definitivamente e <u>independentemente de qualquer possível deslocação do canal</u>, as primeiras a Portugal, as segundas ao Estado Independente do Congo.*»[226]

Uma outra desvantagem pode decorrer da existência de rápidos no curso do rio de fronteira. Nesse caso, a determinação do talvegue será difícil, se não impossível.

[225] Cf. Jones, S.B. — Op. cit., pp. 119/20.
[226] Van Ortroy. — Op. cit., pp. 243/7.

«*Se, no entanto, o próprio talvegue não puder ser determinado,* lê-se no Art.º IV do anexo à convenção franco-alemã de 18 de Abril de 1908, *bem como nos pontos onde há rápidos, a fronteira será a linha mediana do rio.*»[227]

A única maneira de evitar todos esses inconvenientes será manter o antigo limite ou acompanhar as alterações do rio, procedendo, neste último caso, a negociações para dirimir as questões que daí resultariam.

Em conclusão, podemos dizer que na delimitação dos territórios africanos, os procedimentos utilizados na Europa também foram utilizados em África.

OS LAGOS

Em geral, os meios de delimitação dos lagos são semelhantes aos utilizados para os rios: rectas arbitrárias, limite na margem, linha mediana e talvegue.

Em África, todos esses processos foram usados com vários graus de sucesso e em função das circunstâncias.

§ 1. Método das linhas rectas arbitrárias

Foi usado para a delimitação de alguns lagos africanos. O processo das linhas rectas foi usado para delimitar as esferas de influência no lago Chade. O art.º IV da convenção franco-britânica de 14 de Junho de 1898 sobre a delimitação das suas esferas de influência estipula de facto o seguinte: «*O Governo de Sua Majestade reconhece como pertencendo à esfera francesa as margens norte, leste e sul do lago Chade, que estão incluídas entre o ponto de interpretação do 14.º grau de latitude norte e o ponto de incidência no lago da fronteira determinada pela convenção franco-alemã de 15 de Março de 1894.*»[228]

Da mesma forma, o art.º II do acordo anglo-alemão de 15 de Novembro de 1893 estipula que: «*A partir desse ponto, irá directamente para um ponto na margem sul do lago Chade, situado a 85 km a leste do meridiano do centro de Kouka, sendo esta a distância entre o meridiano de Kouka e o 14.º meridiano a leste de Greenwich, medida no mapa publicado no Kolonialatlas alemão de 1892. No caso de futuros levantamentos que mostrem que um ponto definido atribui à esfera britânica uma proporção menor da*

[227] Cf. J.O.R.F., Agosto de 1908.
[228] Ibid.

margem sul do lago Chade do que a indicada no referido mapa, um novo ponto terminal que corrija essa deficiência, e na medida do possível de acordo com o actualmente indicado, será fixado o mais rapidamente possível por acordo mútuo.»[229]

A primeira dessas disposições sugeriria que a França controlava quase todas as águas do lago, porque lhe era reconhecida uma área de influência que se estende às margens norte, leste e oeste do lago. No entanto, a análise combinada das duas disposições citadas leva à conclusão de que foi feita uma separação equitativa das águas do lago entre as Potências ribeirinhas.

O limite entre a Tanzânia e o Quénia, de acordo com o art.º I do acordo anglo-germânico de 25 de Julho de 1890, é uma linha arbitrária localizada num lago: «*Na costa, a linha deve partir da marca de água alta em Ras Jimbo, e deve correr dali em linha recta até ao ponto em que o 3.º paralelo (astronomicamente determinado) corta a margem oriental do lago Jipe.»*[230]

No lago Vitória Nianza, o limite entre esses dois países é formado por uma linha no lago à altura do 1.º paralelo de latitude sul e segue esse paralelo até a fronteira com o Congo.[231]

No lago Moero, a fronteira entre o Congo e a Zâmbia é formada por uma linha recta que corta o lago no sentido longitudinal.[232]

O sistema de delimitação de linhas rectas arbitrárias parece ser o mais justo dos métodos de delimitação porque um uso igual das águas é garantido aos Estados ribeirinhos. Especialmente em certas partes de África onde a água é escassa, este sistema parece ser a única forma de garantir às populações dos Estados interessados a quantidade de água suficiente para as suas necessidades mais básicas.

§ 2. Método do limite na margem

Este processo apresenta as mesmas desvantagens que apontamos para os rios de fronteira. Garante a uma das partes o controlo de todo o lago, enquanto

229 Ibid., pp. 293/6.

230 Cf. Van Ortroy. — Op. cit., pp. 290/2.

231 Ibid., pp. 213/23. Cf. também o *modus vivendi* luso-britânico de 3 de Maio/5 de Junho de 1893; o protocolo franco-etíope de 18 de Janeiro de 1954.

232 Cf. acordo (Congo-Reino Unido) de 12 de Maio de 1894, Van Ortroy. — Op. cit., pp. 320/21.

priva a outra do seu uso. Só é concebível numa situação em que existe um desequilíbrio entre o poder dos dois Estados envolvidos.

No entanto, nas delimitações africanas existem muitos exemplos do uso deste método na prática diplomática.

O exemplo mais marcante é o do lago Niassa, que por muito tempo permaneceu sob a soberania exclusiva do Reino Unido.

O art.º I, § 2 do tratado luso-britânico de 11 de Junho de 1891 estipula de facto o seguinte: «*A oeste, uma linha que, partindo do limite acima mencionado no Lago Niassa, segue a margem oriental desse lago em direcção ao sul.*»[233]

Da mesma forma, o art.º I, § 2 do acordo anglo-alemão de 1 de Julho de 1890, reconhece implicitamente ao Reino Unido o controlo das margens norte, leste e oeste do lago: «*Na África Oriental, a esfera em que o exercício de influência é reservado à Alemanha está limitada: [...] 2.º A sul por uma linha que começa na costa no limite norte da província de Moçambique, segue o curso do Rovuma até ao ponto de confluência com o Msinje; daí corre para oeste ao longo do paralelo desse ponto até chegar ao lago Niassa; daí, em direcção ao norte, segue as margens leste, norte e oeste do lago até à margem norte da foz do rio Songwe.*»[234]

Mais recentemente, Portugal, abordado pelo Governo do Reino Unido, com vista a participar nos custos relativos ao desenvolvimento do vale do Chiré, exigiu em contrapartida a rectificação da fronteira entre Moçambique e o Maláui, para que a fronteira entre os dois países passasse pelo meio do Lago Niassa.

Os dois governos, por troca de notas datada de 21 de Abril de 1953, chegaram a um acordo sobre o princípio da rectificação da fronteira na direcção exigida por Portugal.

O parágrafo 3 da troca de notas citada diz o seguinte: «*Estou agora em posição de informar Vossa Excelência que o Governo de Sua Majestade no Reino Unido concorda no princípio de reconhecer a fronteira entre Moçambique e a Niassalândia, no entendimento de que um acordo entre os dois Governos definindo o traçado da nova fronteira e fornecendo uma solução para os problemas levantados pela delimitação da fronteira na zona do lago [...]. O Governo do Reino Unido deseja sublinhar que o compromisso que assume implica um compromisso por parte do Governo português de contribuir para os*

233 Cf. Van Ortroy. — Op. cit., pp. 253/8.

234 Ibid.

estudos e trabalhos já empreendidos para o desenvolvimento do lago e do Chiré e para a utilização das suas águas.»[235]

O *modus vivendi* de 31 de Maio/5 de Junho de 1893, também celebrado entre esses dois Estados, estabelece, para os demais lagos da região, o mesmo princípio do limite na margem: «*Enquanto se aguarda a delimitação efectiva [...] as linhas naturais de demarcação acima referidas são as seguintes, a saber: a margem oriental do lago Chinta [...]. A margem oriental do lago Chilwa ou Shirwa.*»

Da mesma forma, o art.º 3 da troca de notas anglo-alemã de 29 de Outubro/1 de Novembro de 1886 estipula: «*A linha de demarcação começa na foz do rio Uanga ou Umbe, corre em linha recta até ao Lago Jipé e segue as suas margens leste e norte.*»[236]

§ 3. Método da linha mediana

Este método de delimitação de lagos foi o mais amplamente utilizado na África. Corresponde melhor à ideia de igualdade de vantagens oferecidas a todos os Estados ribeirinhos, para todas as possibilidades de aproveitamento das águas do lago: navegação, pesca, produção hidroeléctrica, etc.

Foi usado no lago Chala para delimitar as esferas de influência anglo-germânicas na África Oriental. «*A fronteira dividirá, portanto, o lago Chala em duas partes iguais.*»[237]

O tratado de Londres de 22 de Junho de 1922 para a delimitação do território sobre o qual o Reino Unido acabava de receber um mandato, o Tanganica, estipula no seu art.º I: «*[...] a linha de separação das águas do Taruka e do Mkarange estendida ao extremo nordeste do lago Mugesera, a linha mediana deste lago a sul [...] servirá de fronteira*»[238].

Noutros casos, quando a fronteira era formada por um lago, as comissões de demarcação não hesitaram em escolher a linha mediana como limite dos

235 O tratado de rectificação da fronteira foi assinado em 1964. Para a fonte do tratado de 1953, cf. Colectânea da ONU, vol. 175, p. 20.

236 Esta delimitação separa a Tanzânia do Quénia. Ver Van Ortroy. — Op. cit.

237 Cf. o art.º I § 2 do acordo anglo-alemão de 25 de Julho de 1893, ibid., pp. 290/2.

238 Esta fronteira separa agora a Tanzânia do Ruanda e do Burundi. Cf. Cordero Torres. — Textos, II.

dois territórios. Assim, a linha mediana do lago Tanganica hoje forma o limite entre o Congo (Kinshasa), por um lado, e a Tanzânia, por outro.

O limite do lago Albert, na margem oriental entre o Congo (Kinshasa) e o Uganda[239], foi posteriormente modificado para dar a ambos os territórios as mesmas vantagens no uso das águas fluviais.

No lago Niassa, Portugal obteve, pela troca de notas de 1953, a delimitação pela linha mediana em vez do limite na margem.

O lago Zambeze forma, na sua linha mediana, o limite entre a Rodésia e a Zâmbia.[240]

O processo do talvegue não foi muito utilizado para a delimitação de lagos navegáveis africanos, porque aí a navegação é mais geralmente dificultada pela existência de rápidos.

AS MONTANHAS E CORDILHEIRAS

Tal como acontece com os lagos e os rios, as montanhas foram usadas na África para delimitar territórios dependentes de diferentes soberanias.

As montanhas parecem ter sido, ao longo do tempo, rodeadas por um certo simbolismo que as antigas práticas atribuíam ao carácter sagrado destas elevações de terreno, o que explica, em certa medida, que se tenham considerado as montanhas como um meio de delimitação.

Sabemos de exemplos do seu uso desde a Grécia Antiga, quando as montanhas sagradas eram escolhidas como fronteira, e a forma dos marcos de fronteira da actualidade parece ter a sua origem nessas práticas.[241]

As montanhas não são apenas acidentes orográficos. Também lhes é atribuído um sentido de humanidade. Por isso é difícil querer delimitar a fronteira numa região montanhosa sem preocupação pelo destino das populações que ali vivem. Geralmente, quando povos da mesma família ou tribo vivem nos dois lados da montanha, a escolha das montanhas como local de delimitação não é aconselhável.

Alguns autores, partindo da ideia de que uma montanha constitui mais uma zona de fronteira do que um limite, desaconselhavam a sua partilha, e

[239] Cf. acordo anglo-belga de 3 de Fevereiro de 1915 em G.B. Treaty Series, n.º 2, Cmd. 517.

[240] Cf. Southern Rhodesia Order in Council 1898 e 1899 de 20 de Outubro de 1898 e de 2 de Fevereiro de 1899, respectivamente, S.R.O & S.I. Rev., vol. XXI.

[241] Cf. de la Pradelle, P. — Op. cit., pp. 188/9.

destacavam as vantagens que uma atribuição única da cordilheira representava para as populações que aí viviam.

Boggs afirma sobre este assunto: «*Uma cordilheira pode, evidentemente, servir satisfatoriamente as necessidades administrativas de ambos os Estados envolvidos. As pessoas da montanha, porém, tendem a ocupar ambos os lados das montanhas, e as montanhas compreendem uma zona ou faixa, não uma única cordilheira ou crista. Onde pessoas da mesma língua e tradição vivem de ambos os lados da montanha, chamar fronteira natural à crista da montanha pode não parecer natural e desejável para as pessoas que aí vivem.*»[242]

Um exemplo prático dessas desvantagens é-nos dado pela correspondência relativa à Residência do Dinguiray sobre a delimitação da fronteira entre a Guiné e o Mali. Numa carta enviada do Dinguiray em 18 de Novembro de 1898 pelo adjunto para a expedição dos assuntos da Residência ao Governador do Sudão, encontramos o trecho seguinte: «*Disse-me então que os chefes das várias províncias que tinha acabado de atravessar no Fouta, nomeadamente as de Bailoya e Kollen, bem como várias outras [...] não hesitaram um só instante em lhe afirmar que a cadeia Mohoni não podia ser considerada como uma fronteira que delimitava as duas colónias, e que o Almamy e o Residente estavam a cometer um erro crasso ao reconhecerem, como dependente do Sudão, a parte do território do Bailoya e de Kollen, e teriam dito, além disso, que os Diankolés sempre se basearam no curso de um rio ou de um pântano para delimitar uma província, etc.*»[243]

Na opinião das maiores autoridades na matéria, cada cordilheira conserva sua individualidade. Portanto, é difícil querer sistematizar. Pode ser que numa cordilheira, a partilha não cause inconvenientes às populações que ali vivem, enquanto noutra, o inconveniente criado seja grave.

Como na Europa, dois métodos principais de delimitação foram usados na África para as montanhas ou cordilheiras: a linha de cume, também chamada linha de crista, e a linha de separação das águas.

Um terceiro processo, de aplicação bastante rara, resulta da prática diplomática em matéria de delimitações. É o método da linha do sopé das montanhas que consiste em eleger como fronteira uma linha ideal que passa pela base ou pelo sopé das elevações. A raridade da sua utilização e, portanto,

[242] Cf. Boggs, S.W. — Op. cit., p. 23.
[243] A. N. 200 MI 817.

a sua grande desvantagem reside no facto de as montanhas nunca terminarem abruptamente e por isso é difícil estabelecer uma linha claramente distinguível.

Portanto, é normalmente preferível que o limite contorne a montanha ou a cordilheira, e que esta fique sob a soberania exclusiva de uma das partes. Foi o caso do Kilimanjaro, que se encontra sob a plena soberania da Tanzânia (Quénia/Tanzânia).[244]

Da mesma forma, o acordo franco-espanhol de 27 de Novembro de 1912 para a delimitação das suas respectivas esferas no Saara, estipula: «*desde este ponto [a fronteira] contornará o Yebel Gani, deixando esta montanha em zona espanhola*»[245].

§ 1. Método da linha de crista

Esse processo de delimitação consiste em escolher como fronteira uma linha ideal que conecte os picos mais altos de uma mesma cordilheira.[246] Por vezes é chamada de linha de cume.

O Prof. de la Pradelle menciona outra linha, também chamada de linha de crista, mas que, no vocabulário militar, não designa a linha determinada topograficamente, e que se confunde, «*para fins tácticos, com a linha de mudança de declive para lá da crista propriamente dita*».[247]

Este método de delimitação, muito utilizado na África, apresenta algumas desvantagens, especialmente na fase de demarcação. As cordilheiras não são formadas por uma crista única, e pode na prática surgir o problema de saber quais devem ser escolhidas. As cristas mais altas, por exemplo, podem não incluir o pico de um sistema montanhoso.

[244] Ver art.º I do convénio anglo-germânico sobre as suas respectivas possessões em África, assinado em Berlim em 1 de Julho de 1890.

[245] Cf. Cordero Torres, Textos, II, p. 97.

[246] O Prof. de La Pradelle dá uma definição mais técnica na sua tese sobre as fronteiras. A linha de crista é, nesta definição técnica, a linha formada pelos pontos mais altos que passam pelos vértices das curvas de nível. Op. cit., p. 194.

[247] A fronteira turco-búlgara, tal como resulta dos trabalhos da comissão europeia de 1878/9, segue essa crista militar.

«*A linha de crista é apenas ideal,* diz De La Pradelle, *no sistema de montanha ideal, que se reduziria a uma única crista. No entanto, na maioria das vezes, deve ser traçada num maciço, com cadeias paralelas e descontínuas, de entre as quais é necessário escolher a cadeia de limite.*»[248]

Há muito confundida com a linha de separação das águas nas delimitações africanas, a distinção entre as duas linhas é agora bem conhecida, e abundam os exemplos da sua utilização.

De acordo com o art.º I da convenção de Londres de 27 de Maio de 1884 entre a Grã-Bretanha e o Estado Livre de Orange, a fronteira entre as suas respectivas possessões devia seguir ao longo dos picos da cordilheira de Bomba até ao topo da montanha N'Yavos nessa mesma cordilheira.[249]

A fronteira entre as zonas de influência francesa e espanhola no Saara Ocidental seguia, nos termos do art.º 7 § 2 do tratado de Madrid de 27 de Novembro de 1912, em linha recta, de Punta Altares, localizada a sul de Gibraltar, até ao cume do Jebel Beni Mejemel.[250]

Da mesma forma, o efémero tratado de Tafna entre o Emir Abd el-Kader e a França, de 30 de Maio de 1837, tinha adoptado como limite entre as suas respectivas possessões, «*a primeira crista da primeira cordilheira do pequeno Atlas*».[251]

A fronteira entre o Estado Livre de Orange — agora território da União Sul-Africana — e a Basutolândia seguia, nos termos do art.º I da convenção entre a Grã-Bretanha e o Estado Livre de Orange de 12 de Fevereiro de 1869, «*ao longo do cume do Landberg até ao seu extremo ocidental e daí até ao cume oriental do Jammerbeg e depois ao longo deste cume até ao seu extremo noroeste*»[252]. Uma outra convenção entre as mesmas partes e também relativa à Basutolândia (actual Lesoto), assinada em Londres em 13 de Julho de 1876, estipula no seu art.º I que a fronteira entre os dois territórios será formada por uma linha que, partindo da fonte de Rama, devia passar ao longo do cume do Platberg.[253]

Os exemplos citados mostram que a delimitação da fronteira foi feita em termos imprecisos, o que é uma fonte de riscos para a identificação do

[248] Cf. De la Pradelle, P. — Op. cit., p. 194.
[249] Cf. Van Ortroy. — Op. cit., p. 82 e ss.
[250] Cf. Cordero Torres. — Textos, II, p. 101.
[251] Ibid., p. 201.
[252] Cf. Van Ortroy. — Op. it., p. 47.
[253] Ibid., p. 67 e ss.

verdadeiro limite. Por outro lado, aconteceu, aliás muito raramente, que os delimitadores conseguissem definir, com mais ou menos precisão, o limite de separação de dois territórios. É o caso do acordo franco-espanhol de 19 de Dezembro de 1956 sobre a fronteira da Mauritânia com o Rio de Ouro. O art.º I deste acordo diz: «*A fronteira é definida por linhas rectas ligando sucessivamente os pontos mais altos das seguintes elevações; Galb Azefal, El Gaicha, Lazib, Galb Musa, Galb Tiquit, Galb el Fula, Gleib um Afderat, Temimum el Jadra, Gleib Lammar, Gleib Jerad, que constitui a fronteira a norte.*»[254]

Por vezes, a expressão «linha de crista» é substituída por «linhas das alturas», mas essas duas expressões são sinónimas.[255]

§ 2. Método da linha de separação das águas

Este método de delimitação de montanhas ou cordilheiras consiste em escolher como limite uma linha ideal formada pelos pontos que marcam as últimas ramificações dos rios, a partir das quais a encosta direccionaria as águas para outra bacia.[256]

A sua afirmação, por si só, não é, porém, suficiente para afastar possíveis dificuldades durante a demarcação no terreno, porque a prática, e com ela a doutrina, distingue agora dois tipos de linha de separação das águas: a linha de separação das águas dita topográfica, que levaria em consideração todos

[254] Cf. Cordero Torres. — Textos, II, p. 246.

[255] Cf. o art.º 2, § 3 do acordo franco-espanhol de 27 de Novembro de 1912, pré-citado. Outros exemplos da utilização do método da linha de cumea são-nos fornecidos pelos acordos ou protocolos seguintes: art.º 4 do convénio franco-britânico de 12 de Julho de 1893 para a delimitação das suas possessões respectivas na África ocidental; sentença arbitrária do senador Paolo Vigliani, de 30 de Janeiro de 1897, com vista a resolver o diferendo de limites entre as possessões portuguesas *et* britânicas no planalto de Manica (Moçambique — União Sul-Africana); tratado franco-marroquino de Lalla Marnia de 18 de Março de 1845 (Argélia//Marrocos), art.º 3; convenção luso-sul-africana de amizade, de comércio e de limites, de 29 de Julho de 1869, art.º XXIII, § 2 (Moçambique — União Sul-Africana); acordo franco-italiano de 12 de Setembro de 1919 (Argélia/Líbia).

[256] Cf. De Lapparent, Leçons de géographie physique, p. II, citado por De La Pradelle, Op. cit., p. 195: «*seguindo pouco a pouco para montante os últimos ramos dos rios e os regatos que os alimentam em tempo de chuva, acaba-se sempre por encontrar uma série de pontos a partir dos quais a encosta irá direccionar a água para outra bacia. Todos estes pontos irão formar a linha de separação das águas.*»

os pontos visíveis no terreno, e a linha de partilha real, que também incluiria todos os pontos onde a água se separaria a nível subterrâneo.[257]

No entanto, esta segunda linha de separação das águas é bastante rara, porque dela só se conhece um exemplo, a fronteira ítalo-jugoslava. Essa fronteira deveria, segundo os tratados de Rapallo de 12 de Novembro de 1920 e de Roma de 27 de Janeiro de 1924, seguir a «*linha de separação das águas*».

Ora, a dita zona é um «*planalto calcário repleto de funis, perfurado por buracos onde os rios desaparecem. Após uma viagem subterrânea mais ou menos longa, regressam à superfície. É, portanto, absolutamente impossível determinar a linha de separação das águas, a fronteira de água, entre as torrentes que desaguam no Adriático, como o Fiumara, algumas delas mesmo em nascentes submarinas, e os rios que descem em direcção ao Save, como o Ljubljanica.*»[258]

Durante muito tempo, a linha de separação das águas foi frequentemente confundida com a linha de crista. Acreditava-se, de facto, que essas duas linhas se sobrepunham.

No entanto, se isso é verdade para fronteiras orográficas antigas, o mesmo não pode ser dito para formações rochosas de origem mais recente onde as duas linhas nem sempre se identificam. Essa confusão reflecte o estado do conhecimento geográfico, na época em que aquelas eram usadas na linguagem dos tratados.

O exemplo clássico dessa confusão é ilustrado pelo conflito de fronteiras entre o Chile e a Argentina. De acordo com o tratado de delimitação, a linha de fronteira deveria passar pelas cordilheiras mais altas dos Andes, cordilheiras que dividiriam as águas.

Porém, a comissão de demarcação teve dificuldade em identificar essa linha porque, ao contrário do que sustentavam os chilenos para quem essa expressão era sinónimo de linha de separação das águas, a verdadeira linha de partilha estava, devido ao fenómeno da erosão, localizada a poucos quilómetros a leste das cristas mais altas.[259]

[257] Cf. Adami, V. — Confini di Stati, trad. Behrens, apêndice, p. 3, citado por De la Pradelle, P. — Op. cit., p. 195, distingue entre a linha de partilha topográfica aparente, que seria obtida levando-se rigorosamente em consideração as características particularmente visíveis e marcantes, e a linha real de separação das águas, que leva rigorosamente em consideração as características menos visíveis.

[258] Cf. Ancel, J., Les frontières. Étude de Géographie politique, R.d.C., vol. 55 (1936), pp. 211/2.

[259] Cf. Jones. — Op. cit., p. 100.

Os autores do início do século XX[260], e os primeiros tratados que delimitam o continente africano usam os dois termos como sinónimos. Também parece que essas duas linhas se sobrepunham no terreno na região localizada a norte e leste da Serra Leoa, porque o art.º I do convénio franco-britânico de 21 de Janeiro de 1895 que determina a fronteira das suas respectivas possessões tem a seguinte redacção: «*o limite começa num ponto da costa [...] de onde atinge em linha recta a linha de separação das águas da cadeia de colinas que começa a sul da aldeia arruinada de Passonndia e marca claramente a linha de separação entre a bacia do rio Mellacorée (Mellakori) e a da Grandes Scarcies ou Kolente*».[261]

O mesmo aconteceu quando da delimitação da fronteira entre Angola e o Congo (Kinshasa) na região da Lunda, onde nos termos do art.º 1.º § 4 da convenção de Lisboa de 25 de Maio de 1891, a fronteira seria constituída «*pela crista de separação das águas do Zaire (Congo) e a do Zambeze até à sua intersecção com o 24.º meridiano de longitude leste de Greenwich*».[262]

O art.º I § 2 do convénio franco-britânico (Serra Leoa/Guiné e Costa do Marfim) de 21 de Janeiro de 1895 delimita assim a fronteira entre os dois territórios: «*a partir desta confluência [...] junta-se à linha recta acima referida que depois forma o limite até à sua intersecção com a linha de separação das águas entre a bacia do Níger, por um lado, e a bacia da Petite Scarcies (Kaba) e dos outros rios que desaguam para oeste no Oceano Atlântico, por outro lado*».

Igualmente, a convenção franco-belga de 5 de Fevereiro de 1885, art.º 3 § 7, especifica que a fronteira entre as respectivas possessões seguirá «*na medida do possível a linha de separação das águas da bacia do Likona-Nkundja que faz parte das possessões francesas*».[263] Também a convenção de 22 de Novembro do mesmo ano, que delimita as possessões na região de Manyanga, traça a fronteira pela linha de separação das águas até encontrar a bacia do Luaia.[264]

260 Pradier-Fodéré (Op. cit., pp. 331/2) e Bluntschli pertencem a esta categoria de autores. O primeiro diz: «*Quando dois países estão separados por uma cordilheira, assume-se de facto, em caso de dúvida, que o cume superior e a linha de separação das águas formam o limite.*» Bluntschli (Op. cit., pp. 186/7) também identifica essas duas linhas: «*a linha de separação das águas é dada pela crista mais alta da cordilheira. Tal como as águas desaguam no vale, também aí se forma o centro das relações entre os habitantes das montanhas circundantes. As nações compreenderam isto desde cedo e fizeram dos picos das montanhas os seus limites naturais.*»

261 Cf. Van Ortroy. — Op. cit., pp. 345 e ss.

262 Cf. Van Ortroy. — Op. cit., pp. 248 e ss.

263 Ibid., pp. 103/5.

264 Ibid., p. 143 e ss.

O art.º 2 §7, do tratado franco-espanhol de 3 de Outubro de 1904, para a delimitação da esfera de influência em Marrocos, estipula a fronteira entre as duas zonas: «*A partir da foz do Moulouya, no Mar Mediterrâneo, a linha acima referida subirá o talvegue deste rio até ao alinhamento da costa com as alturas mais próximas da margem esquerda do oued Delfa. A partir deste ponto, a linha de demarcação ligará o mais directamente possível a linha de crista que separa as bacias do Moulouya e do oued Inaouen, e a bacia do oued Kert.*»[265]

A linha de separação das águas também é mencionada na convenção entre o Estado Livre do Congo e a Grã-Bretanha para a delimitação das suas esferas de influência na África Central e Oriental, assinada em Bruxelas em 17 de Maio de 1894, art.º I a) (Congo-Uganda e Sudão), no qual a linha de separação das águas entre o rio Congo e o Nilo deveria servir de fronteira.[266]

A sentença do Senador Paolo Vigliani, escolhido para arbitrar o diferendo de limites que opôs Portugal ao Reino Unido a propósito da delimitação dos seus territórios no planalto de Manique, proferida a 30 de Junho de 1897 em Florença em cumprimento de um compromisso datado de 7 de Janeiro de 1895, delimita as áreas em questão seguindo, na maioria das vezes, as linhas de separação das águas.

A escolha de um ou outro dos métodos de delimitação de montanhas ou cordilheiras não obedece a nenhuma classificação objectiva, pois depende de muitos factores que os delimitadores devem levar em conta: população, recursos locais e necessidades das populações de montanha, cada sistema devendo ser considerado individualmente.

Em qualquer caso, esses dois métodos de delimitação foram usados em África com vários graus de sucesso.

Alguns autores sublinham, no entanto, que uma das causas das dificuldades na delimitação das fronteiras de montanha também resulta do facto de que a linguagem dos tratados é frequentemente confusa ou ambígua; daí o uso de termos como: «crista», «as cordilheiras mais altas» e «linha de separação das águas», que os delimitadores presumiam constituir uma linha única. Por essa razão, os autores sugerem o uso apenas da palavra «montanha» deixando aos delimitadores o cuidado de adoptar o método mais adequado à realidade local: linha de separação das águas, linha de crista, ou outros.

265 Livro Branco sobre a Mauritânia. Cf. Rabat, 1960, p. 74.

266 Cf. Van Ortroy. — Op. cit., pp. 320/1.

OS DESERTOS

O método mais comum de delimitação nos desertos é o das linhas rectas arbitrárias. Porém, nada impede que outros métodos sejam utilizados na medida em que as necessidades das populações em causa o exijam.

Um dos factores a levar em consideração ao discutir os limites do deserto é a existência de água. Com efeito, a sua raridade recomenda que os delimitadores tenham consciência da importância que o limite representará para a vida das populações obrigadas a aí habitar.

Um exemplo da importância que a água representa para os habitantes do deserto é ilustrado pela delimitação da fronteira entre o Quénia e a Somália (antiga Somália italiana).

Pelo tratado de 15 de Julho de 1924[267], a Grã-Bretanha cedeu à Itália uma parte do território localizado a oeste do rio Juba. Ora, nos termos do art.º I do tratado, o poço de El Beru deveria permanecer em território italiano, para permitir a instalação neste local de um posto fronteiriço. Porém, dada a importância atribuída à água nesta região, cabia à comissão de demarcação, caso a quantidade de água do poço de El-Beru não fosse suficiente para suprir as necessidades hídricas do posto italiano, incluir na zona italiana o poço vizinho de El Sharma.

A comissão, após investigação no terreno, concluiu a favor da escolha do poço El Sharma e fez passar o limite pelo meridiano deste local.

A maioria dos desertos africanos é cortada por linhas rectas arbitrárias que, geralmente, se estendem por centenas de quilómetros.

A fronteira que separa o Sudoeste Africano do Botsuana (ex-Bechuanalândia), através do deserto do Kalahari, é constituída por linhas rectas com um comprimento total de mais de 750 quilómetros que, após terem seguido a margem norte do rio Orange, coincidem com o 20.º meridiano de longitude leste de Greenwich, desde a sua intersecção com o rio até a sua intersecção com o 22.º paralelo de latitude sul, para então seguir este paralelo até ao 21.º meridiano de longitude leste e aí, em direcção ao norte, junta-se ao 18.º paralelo de latitude sul.[268] A simples demarcação da fronteira correspondente ao 20.º meridiano de longitude leste de Greenwich ocupou a comissão de demarcação de Novembro de 1898 a Julho de 1903.

[267] Cf. Colectânea de tratados, S.D.N., vol. 36 (1925), p. 379 e ss.
[268] Cf. Art.º 3, § 2 do tratado anglo-alemão de 1 de Julho de 1890.

A fronteira que separa a Líbia do Níger e do Chade é composta por linhas rectas, como a que separa o Sudão da República Árabe Unida. A fronteira com o Sudão segue o 22.º paralelo de latitude norte, o 25.º meridiano leste, o 24.º meridiano leste e o 30.º paralelo norte.[269] A fronteira entre a Líbia e a República Árabe Unida, nos termos do art.º I do acordo ítalo-egípcio do Cairo de 6 de Dezembro de 1925, segue o 25.º meridiano leste de Greenwich até ao seu encontro com o 22.º paralelo de latitude norte.[270] A fronteira com o Níger e o Chade foi delimitada pela Declaração de Londres de 21 de Março de 1899, art.º 3, o acordo franco-italiano de 8 de Setembro de 1919 e, por fim, o acordo franco-italiano de 7 de Janeiro de 1935.

Este último acordo, revogado aliás após a Segunda Guerra Mundial, estipulava, nos termos do seu art.º 2, que a fronteira seria formada por uma linha que, partindo de Tumo, seguia em linha recta em direcção ao ponto de intersecção entre o 24.º meridiano leste de Greenwich e o 18º 15' paralelo de latitude norte.

O limite entre a Argélia e o Níger, que foi objecto da convenção de Niamey de 20 de Junho de 1909, segue uma linha recta que, partindo de In Azaoua, termina no ponto onde a fronteira tripolitana cruza a estrada de Ghat a Djebado em In Ezzam.[271]

Houve um tempo em que a delimitação de desertos era considerada supérflua. Assim, as reivindicações marroquinas sobre os seus vizinhos dizem respeito a uma região — o deserto do Saara — onde, por acordo mútuo, o Império xerifino e o governo francês afastaram a necessidade de delimitação. «*No Saara (deserto),* afirma o art.º IV do tratado de Lalla-Marnia de 18 de Março de 1845, *não deve ser estabelecido um limite territorial entre os dois países, uma vez que a terra não pode ser arada e só serve de pasto para os árabes dos dois Impérios.*»[272]

O parágrafo 2 do mesmo artigo limita-se a descrever as tribos que no deserto dependem de uma e da outra soberania.

A ideia do carácter supérfluo das fronteiras no deserto é reforçada pelo art.º VI do referido tratado, que estipula: «*Quanto ao país a sul dos ksours*

269 Cf. Cordero Torres, II, p. 265.

270 Ibid., pp. 261/5.

271 Cf. Gouvernement Général de l'Algérie. — Les territoires du Sud, Ière partie, Alger, 1930, p. 10.

272 Cf. Van Ortroy. — Op. cit., p. 8 e ss.

(fortificações) *dos dois Governos, como não há água, é inabitável e é o próprio deserto, a delimitação é supérflua.*»

Consequentemente, o método de delimitação aplicado pelos dois governos no Saara consistia pura e simplesmente em descrever as tribos e aldeias dependentes de cada uma das duas soberanias. Essa descrição não deixava de ser uma zona-fronteira, que as tribos reconheciam durante as suas viagens.

O método das linhas rectas, de aplicação mais frequente, é de facto o processo por excelência de delimitação dos desertos. É também o método mais recomendado pelas altas autoridades na matéria.[273]

[273] Cf. Jones. — Op. cit., p. 105; Cf. Boggs. — Op. cit., p. 157 e ss.

CAPÍTULO III
O FACTOR HUMANO NAS DELIMITAÇÕES AFRICANAS

A delimitação dos territórios africanos segue o modelo europeu e é, por essa razão, alheia às realidades locais.

O Estado social e político da África antes do contacto com o Ocidente

Os povos africanos conheciam, antes do contacto com o Ocidente, uma organização política e social diferente da que vigorava na Europa, e a instituição da fronteira, tal como a concebemos agora, como uma linha rígida que separa os territórios dos dois Estados contíguos, era-lhes completamente desconhecida.

Podemos dividir a África, do ponto de vista étnico, em três grandes famílias associadas pelas suas línguas. Indo de norte a sul, são: os povos de língua hamita e semita (árabes e berberes) formando no vocabulário de muitos autores a África branca ou Norte de África. A segunda família de povos africanos é constituída pelos povos de língua sudanesa. Finalmente vêm os povos de língua bantu.

Existem também pequenos grupos humanos que é impossível classificar numa ou noutra das categorias acima. São os povos Khoi-khoi e Saans e os povos pigmeus, os últimos espalhados nas florestas da África Central, e os primeiros no canto sudoeste da África.

À segunda grande família de povos africanos, ou seja, aos de língua sudanesa, normalmente atribuem-se os seguintes limites: o limite norte é constituído por uma linha ideal que, partindo da foz do rio Senegal acaba em Kassala, passando por Tumbuctu e Cartum.[274]

O limite sul é formado pela linha que, partindo do litoral da Alta Guiné, termina na fronteira com a Etiópia, ou seja, a cerca de 5º de latitude sul.

Os outros dois grupos localizam-se no norte e no leste (os povos de língua hamita e semita), e no sul (os de língua bantu), da região assim delimitada.

Todos esses grupos foram subdivididos em povos e tribos. Alguns conseguiram constituir Estados, com uma organização política bastante desenvolvida e uma indústria artesanal digna de um Estado da Idade Média.

No entanto, os povos sudaneses e os povos bantu sofreram, desde muito cedo, a influência das nações hamita e semita (árabes e berberes) que, na sua maioria, eram pastores nómadas, e em África, ainda antes da chegada dos europeus, podem ser encontradas características de uma certa mestiçagem. Esta mistura foi mais forte entre os sudaneses do que entre os bantus, porque o movimento de arabização pára, no que diz respeito aos bantus, na região dos grandes lagos — hoje Uganda, Ruanda, Burundi, norte do Quénia e num menor grau, parte da Tanzânia e do Maláui.

Enquanto a parte norte de África foi objecto de uma arabização progressiva, as partes central e meridional do continente, que correspondem aproximadamente à região sul do Saara, seguiram um de dois caminhos: ou a assimilação com o invasor do norte — árabe ou berbere — ou a emigração. Este foi especialmente o caso das nações bantu que emigraram para o sul.

Esses povos não tinham todos o mesmo grau de desenvolvimento cultural ou económico. Enquanto alguns possuíam, desde a Antiguidade e a Idade Média[275], um certo grau de organização política e económica, como era o caso dos Hauçás, outros viviam ainda num estado de organização primitiva. O Gana, o Sonrha, o Mellé e o Kanem (formados pelas tribos Teda e Tibou), Estados formados por povos ou tribos de extracção sudanesa, tinham uma organização político-económica notável antes do contacto com o Ocidente.

Outros estados foram formados pelos árabes e não pelos berberes, como foi o caso dos Estados de Darfur, Bornu, Baguirmi e Uadai. Tinham sido todos eles, ao longo dos anos, convertidos ao islamismo, abandonando as práticas

[274] Cf. Endre Sik. — Histoire de l'Afrique Noire, Budapeste, 1961, vol. I, p. 46.
[275] Cf. Anta Diop, Ch. — L'Afrique Noire pré-coloniale, Paris, 1960.

nómadas. A contribuição da civilização e da cultura árabes trouxe a esses povos um desenvolvimento crescente do comércio e da indústria artesanal.

Por essa razão, nos povos bantu, os europeus encontraram tribos com um certo grau de desenvolvimento político. O Estado do Congo, o Estado Balounda, o Estado Waroua e o famoso Reino de Monomotapa são exemplos dessa organização. No entanto, a maior parte desses Estados tinha, no início do século XV, atingido o seu apogeu, ou estava em processo de desintegração.

Nesses povos, existia uma organização feudal ou semifeudal, e a extensão do território deste Estado era a da totalidade dos territórios dos vassalos.

SECÇÃO I: O CONTACTO DA ÁFRICA COM O OCIDENTE. OS DIFERENTES CONCEITOS DE SOBERANIA E DE FRONTEIRA

A penetração do continente foi feita, na maioria das vezes, por meio da celebração de tratados de amizade, comércio e protecção. Por vezes, era por meio da guerra que o contacto acontecia.

No entanto, foram os tratados que deram aos europeus um título jurídico embrionário que posteriormente lhes permitiu tomar posse de um território africano.

A fronteira, para os povos nómadas, era sinónimo de «caminhadas» ou rotas que as tribos percorriam de acordo com as estações e a época do ano. A linha rígida que o limite representa só poderia constrangê-los porque, por definição, os nómadas são pessoas em movimento.

Esses movimentos em direcção a pastagens ou pontos de água não eram feitos ao acaso. Obedeciam a um plano que as tribos conheciam há gerações e que continuavam a respeitar, mesmo quando acabavam por se misturar.

O seu conceito de soberania não estava ligado à terra, mas às pessoas.[276] Era uma soberania de carácter pessoal que os seguia onde quer que se encontrassem.

Um exemplo dessa prática é ilustrado pelo art.º III do tratado franco-marroquino assinado em Lalla-Marnia em 18 de Março de 1845, em que a

[276] Cf. Ryder. — «The dermarcation of the turco-persian boundary in 1913/4» em Geographical Journal, vol. 66, 1925, pp. 227/8.

França, tendo entendido esta mentalidade, acordou com Marrocos que: «*Os dois soberanos exercerão da forma que considerarem adequada todos os seus direitos sobre os seus respectivos súbditos no Saara. E, contudo, se um dos dois soberanos tiver de actuar contra os seus súbditos, estando estes últimos misturados com os do outro Estado, deverá actuar como entender contra os seus, mas abster-se-á de actuar contra os súbditos do outro governo.*»[277]

A sul do Saara, os hábitos das nações eram semelhantes, porque a fronteira que conheciam era variável e flutuante, de acordo com o desfecho das guerras e o aumento ou a diminuição dos Estados vassalos.

Nalguns estados africanos, em consequência da organização feudal, a extensão do território fundiu-se com a totalidade dos territórios dos Estados dos seus vassalos. Se, posteriormente, um dos Estados vassalos deixasse de pagar o tributo, o território do senhor ver-se-ia diminuído em conformidade. Da mesma forma, se pela guerra, ou por algum outro expediente, esse senhor incorporasse outros vassalos, o seu território aumentaria correspondentemente. Já aludimos ao caso do lamidato de Tibati nos Camarões, que a certa altura deixou de prestar homenagem ao seu senhor, o emir de Yola[278], mas poderiam ser citados outros exemplos.

Nessas condições, não era possível saber com precisão os limites exactos dos territórios dos Estados cujo soberano havia celebrado um tratado de cessão, amizade ou protecção com um Estado europeu. Esses limites eram certamente conhecidos pelas tribos e clãs, mas esse conhecimento não se estendia a grupos maiores.

Foi neste contexto que as fronteiras africanas, tal como foram delimitadas pelos colonizadores europeus, se inseriram. Se, em muitas ocasiões, os tratados bilaterais celebrados entre Estados europeus se referiam a tratados de protecção com chefes indígenas que, por sua vez, se referiam a essas fronteiras, faziam-no em termos bastante vagos.

É assim, por exemplo, que a declaração franco-britânica de 5 de Agosto de 1890 estipula no seu art.º 2 §2 que «*o limite das possessões francesas situadas a sul das suas possessões mediterrânicas incluirá uma linha que começará em Say no rio Níger*

[277] Para o texto deste tratado Cf. Recueil Basdevant, II; Rouard de Card, Traités, I, 1910, pp. 167/71; Cordero Torres, Textos, II, p. 203; Van Ortroy, Conventions, pp. 7/14.
[278] Cf. Louis C. JOOS, art.º citado, p. 9.

e terminará em Barroua no Lago Chade, traçada de forma a incluir na zona de acção da Companhia do Níger tudo aquilo que pertence validamente ao Reino de Sokote».[279]

Esta disposição aparentemente clara dará origem a uma série de incidentes, o mais grave dos quais foi o «caso do Sargento Malamine», que foi solucionado por uma arbitragem internacional.

A sentença foi pronunciada pelo Barão de Lambermont, de nacionalidade belga.

Este caso decorre de uma expedição francesa organizada sob os auspícios do governo francês, que visava adquirir vantagens comerciais e políticas nos territórios da bacia do Níger.

Esta expedição, que saiu de França em 10 de Agosto de 1892, chegou à foz do Níger em Setembro do mesmo ano. Tinha sido precedida por outra que, depois de algumas peripécias, conseguiu finalmente subir os cursos do Bénoué e do Níger, estabelecendo assim uma ligação concreta entre os territórios franceses do interior do Congo (actuais República Centro-Africana e Gabão) com o lago Chade e as outras possessões francesas que fazem fronteira com o Níger, ou seja, o Daomé, o Mali (antigo Sudão francês), o Níger e a Guiné.

A segunda expedição, da qual faremos aqui um breve historial, tinha de certa forma a finalidade de confirmar os resultados obtidos pela primeira, ligando os territórios franceses para fins comerciais e, o que é mais importante, concluir tratados de amizade com alguns chefes dos territórios ribeirinhos do Níger, em particular com o Emir de Adamoua, cuja residência era em Yola e que afirmava ser independente, considerando não estar vinculado a qualquer compromisso.

Um dos barcos utilizados na missão, o «Sergent Malamine» tinha ficado encalhado, durante a viagem, no Bénoué, a cerca de 180 km de Yola, nos territórios incluídos no sultanato de Maury e o chefe da missão, o tenente Mizon, aproveitou a oportunidade para assinar, em nome da França, um tratado de amizade com o sultão.

Feito isto, surge uma disputa entre os membros da missão e os agentes da Royal Niger Company, que anteriormente colocara todos os chefes da região sob a sua tutela. A Royal Niger arrestou o barco acusando os franceses de

[279] Cf. Rouard De Card, Traités, I, p. 90. Sublinhado do Autor.

terem objectivos políticos na região, que já tinha sido reconhecida como pertencente à esfera de influência britânica.[280] No entanto, o barco, que foi atribuído à Royal Niger, acabou por encalhar novamente, agora no delta do Níger. A França solicitou imediatamente uma indemnização pelos danos causados pela perda do navio, e as duas partes, não tendo chegado a acordo sobre o valor da indemnização, assinaram, em 3 de Abril de 1901 em Paris, um compromisso que remetia o assunto para a arbitragem.

A sentença, proferida em 15 de Julho de 1902 pelo Barão de Lambermont, fixou o valor total da indemnização em 6.500 libras inglesas, o que na prática representava uma média dos montantes adiantados pelas partes.[281]

A resolução dos problemas territoriais suscitados pela rivalidade franco-inglesa nesta parte do continente africano só se tornou definitiva com o acordo de 25 de Fevereiro de 1908.[282]

A prática diplomática em relação às fronteiras africanas refere outro exemplo relativo às possessões indígenas. Trata-se do protocolo franco-alemão de 24 de Dezembro de 1885 que estipulava, no seu artigo II, que a comissão mista de demarcação da linha fronteiriça levaria em conta «*no traçado da linha para o norte as delimitações das possessões indígenas*».[283]

No entanto, estes casos não passaram de excepções. Na maioria dos casos, as fronteiras eram traçadas sem levar em conta as possessões indígenas ou as realidades locais. Em toda a África, excepto talvez no Ruanda e no Burundi, a fronteira teve o efeito principal de separar povos pertencentes ao mesmo grupo étnico ou à mesma tribo. Os Peul ou Foulbé encontram-se tanto no Senegal como na Guiné (Conakry e Bissau) ou na Nigéria. Os tuaregues são encontrados no Mali, bem como no Níger e na Argélia. Os Achanti estão dispersos pelo Gana e a Côte d'Ivoire; há pessoas de origem somali não apenas na Somália, mas também na Etiópia, no Quénia e na costa francesa da Somália; os Iorubá estão dispersos pelo Daomé e pela Nigéria; os Ngourma no Daomé e no Alto Volta; os Bakongo no Congo (Brazzaville), no Congo (Kinshasa) e na parte norte de Angola; os Herero, que se encontram, na sua maioria, no

[280] Cf. Troca de declarações de 5 de Agosto de 1890, art.º 2, § 2 de Rouard de Card, Traités, I, p. 90.

[281] Para este caso consultar, Geoffroy de Courcel, Op. cit., pp. 247/260.

[282] Cf. Pichon, Op. cit., pp. 50/1, nota n.º 6.

[283] Cf. Rouard de Card, Traités, p. 7 e ss.

território do Sudoeste Africano, também integram as populações do sul de Angola; os Tubu estão tanto no Níger como no Chade; os Balunda são povos que se encontram tanto em Angola como na Zâmbia e no Congo (Kinshasa); a tribo Maasai está dividida entre a Tanzânia e o Quénia.

Assim, o limite surge em África como um elemento importado, correspondendo a realidades estrangeiras. É o resultado de um conceito de fronteira que ultrapassava as mentes das nações que viviam nos territórios aos quais deveria ser aplicada. As considerações políticas e económicas sobrepuseram-se às considerações humanas, um factor natural que era influenciado pelas fronteiras. A prioridade era dada ao conhecimento preciso da extensão da expansão em solo africano de tal ou tal soberania europeia. O resultado foi a actual divisão da África, que com a África anterior ao século XIX só partilha uma identidade geográfica.

Os comentários sobre as várias convenções e tratados do século XIX relativos às delimitações africanas mostram esta ignorância das realidades humanas. Os povos africanos foram objecto desses instrumentos jurídicos da mesma forma que os territórios.

Ravenstein, comentando o acordo anglo-belga de 12 de Maio de 1894, que delimita os territórios dos dois países em África (Congo-Uganda), notou com pesar que: «*as fronteiras tribais existentes foram aqui ignoradas, como na maioria dos acordos africanos*»[284].

Da mesma forma, um comentário anónimo ao tratado franco-alemão de 4 de Fevereiro de 1894 sobre a delimitação da fronteira entre os Camarões e o Congo, publicado no Geographical Journal do mesmo ano, constata esta anomalia.[285]

Boileau, membro da comissão de delimitação anglo-germânica (África Oriental Alemã — Niassalândia e Rodésia do Norte), descrevia o seguinte panorama dos grupos étnicos das regiões por onde passou: «*Agora algumas palavras sobre os nativos. Partindo do Lago Nianza, e caminhando para oeste até ao Tanganica, passa-se pelas seguintes tribos: os Nhonde, que estão principalmente do lado*

[284] Cf. Ravenstein, E. G. — The recent territorial arrangements in Africa, Geographical Journal, vol. III (1894), pp. 54/8.

[285] Cf. The Geographical Journal, vol. IV (1894), pp. 414/5. Cf. também o artigo do cônsul Smith, C.S. — The anglo-german boundary in East Equatorial Africa, Proceedings of the British Commission, 1892, Geographical Journal, vol. III (1894), p. 424 e ss.

alemão da fronteira; os Namwanga, mais ou menos divididos em partes iguais de cada lado; os Mambwe, cerca de dois terços do lado inglês; os Urungu, quase inteiramente do lado inglês. Os Fipa vivem um pouco a norte da linha entre os lagos, enquanto uma grande e importante tribo chamada Awemba fica a cerca de 70 milhas a sul da estrada Stevenson.

As fronteiras entre as tribos não são muito definidas [...].

Desde a chegada do homem branco, os chefes dos países administrados perderam quase todo o seu poder. A organização tribal praticamente não existe, excepto nos Awemba.»[286]

Fitzgerald relata no seu livro[287] a partilha arbitrária de que foram vítimas as tribos Angoni e Achowa, cujos territórios hoje pertencem à Zâmbia (antiga Rodésia do Norte) e ao Maláui (antiga Niassalândia)[288].

P. A. Talbot, um dos membros da comissão de delimitação anglo-alemã (Nigéria-Camarões) escreve: «*O povo Ekhoi vive a norte e a noroeste de Calabar, a sede da província oriental da Nigéria do Sul. As suas terras estão divididas em duas partes quase iguais pela linha da fronteira anglo-alemã.*»[289]

A tribo Maasai está hoje dividida entre a Tanzânia e o Quénia, em resultado da convenção anglo-alemã de 25 de Julho de 1893.[290] Jones, citando um relatório da Hilton Young Commission que apelou à reunificação desta tribo, disse que: «*A fronteira corta este povo ao meio, sem mais preocupação pelas suas ideias ou pela justiça, ou pela conveniência da sua administração, do que a foice tem por uma camada de relva.*»[291]

Bright, que explorou e realizou trabalhos de triangulação na região dos lagos da África Central, também critica o método de fixação arbitrária das fronteiras africanas nos seguintes termos: «*Na maioria dos países, e certamente na África Equatorial, uma linha arbitrária, baseada em observações astronómicas e*

[286] Ver Boileau. — The Nyassa-Tanganyka Plateau, Geographical Journal, vol. XIII (1899), pp. 577/82.

[287] Cf. Fitzgerald, W. — Africa: A social, economic and political geography of its major regions, Nova Iorque, 1942, p. 218.

[288] Esta fronteira foi delimitada em 1891 entre o Foreign Office e a British South Africa Company.

[289] Cf. Talbot, P.A. — The land of the Ekhoi, Southern Nigeria, Geographical Journal, vol. 36, p. 637.

[290] Cf. Clifford, E.H.M. — «The British Somaliland — Ethiopia boundary», Geographical Journal, vol. 87 (1936), p. 296 e ss.

[291] Cf. Jones, S.B. — Boundary-making, p. 40.

sem ter em conta as divisões tribais ou outros interesses locais, cria geralmente um limite muito insatisfatório, e causa muitas injustiças e dificuldades. Um nativo não pode servir satisfatoriamente dois senhores mais do que um homem branco pode, e daí decorre que se o território de um rei nativo for arbitrariamente dividido, é obrigado a optar por um ou outro lado, e na maioria dos casos terá de perder toda a parte do seu território que não se enquadre na esfera à qual elegeu pertencer.»[292]

A fronteira entre a Somália e a Etiópia, uma das fronteiras contestadas da África actual, foi demarcada pelo tratado anglo-etíope de 14 de Maio de 1897, dividindo também tribos que tinham um certo parentesco.

Estes exemplos mostram que, na maioria das vezes, as fronteiras não foram adaptadas aos territórios aos quais se iriam aplicar. Os africanos também não estavam geralmente cientes das delimitações que a fronteira lhes imporia, como consequência de uma alocação arbitrária dos seus territórios ancestrais.

É por isso que, muitas vezes, tiveram de reagir brutalmente, destruindo os marcos de fronteira. Isso aconteceu na fronteira entre a Somália e a Etiópia, cujo trabalho de demarcação ocupou uma comissão mista durante o período de Janeiro de 1932 a Março de 1935.

Clifford, descrevendo a região de fronteira, diz que é uma área onde as chuvas não são abundantes, e os somalis, que são pastores nómadas, são obrigados a fazer pastar os seus camelos, cabras e vacas em áreas mais favorecidas. No entanto, a linha de fronteira deveria passar exactamente por uma dessas zonas, e embora o tratado contivesse uma cláusula permitindo a passagem da fronteira aos membros das tribos fronteiriças, essas tribos danificaram voluntariamente os marcos de fronteira, mostrando assim a sua discordância com um limite que lhes fora imposto.

«*As tribos*, escreve Clifford, *manifestaram uma grande discordância com os limites, pois temiam que isso implicasse restrições às suas zonas de pastagem e ninguém os convenceu do contrário. Consequentemente, ocorreu uma grande destruição de pilares. O governo da Somalilândia impôs — e recolheu — um montante considerável em multas e reconstruiu os pilares por cuja manutenção são responsáveis, e o problema parece ter sido controlado.*»[293]

292 Bright, R.T.G. — «Survey and Exploration in the Ruwenzori and Lake Region, Central Africa», Geographical Journal, vol. 34 (1909), p. 154.
293 Clifford. — Loc. cit., p. 296.

Isto não significa que os colonizadores não tenham nunca levado em consideração o estado das possessões indígenas nos instrumentos de delimitação. Embora raros, existem exemplos que justificam esta afirmação.

A convenção de 25 de Maio de 1891 entre Portugal e a Associação Internacional do Congo, para a delimitação da sua esfera de influência na região da Lunda, estipula no art.º 1, § 2 o seguinte: «*Entende-se que a linha de demarcação definitiva dos territórios entre os paralelos 7 e 8 de latitude sul, desde o Cuango até Cassai, será realizada mais tarde, tendo em conta a configuração do terreno e os limites dos Estados indígenas.*

Os Estados de Maxinge (Capenda) e Cassassa, cujo limite norte se estende ao longo do paralelo 8 desde a margem direita do Cuango até ao curso do Kuilu, o de Amacundo (Caungula) tendo por limite oeste a margem direita do último rio e tocando o paralelo 7, bem como o Estado de Mataba (Ambinje) que se estende para a mesma latitude e termina na margem esquerda do Cassai, continuará sob a soberania de Sua Majestade o Rei de Portugal e dos Algarves.

Os Estados de Mussuco (Cambongo) e Anvozo, cuja fronteira sul se estende ao longo do paralelo 8 desde o Cuango até ao Kuilu, e os de Cassongo (Muene Puto), Tupeinde (Muata Cumbana) e Turuba (Maï Munene) permanecerão sob a soberania de Sua Majestade o Rei soberano do Estado Independente do Congo.»[294/295]

O protocolo de Roma de 5 de Maio de 1894, delimitando as esferas de influência britânica e italiana na África Oriental, teve o cuidado de separar os territórios pertencentes a diferentes tribos. O art.º I estipula de facto que: «*A fronteira da esfera de influência da Grã-Bretanha e da Itália nas regiões do Golfo de Aden será constituída por uma linha que parte de Gildessa e corre em direcção ao 8.º grau de latitude norte, contorna a fronteira nordeste dos territórios das tribos de Girrhi, Bertiri e Rer Ali, deixando à sua direita as aldeias de Gildessa, Darmi, Giggiga e Milmil, etc.*»[296]

294 Van Ortroy, Conventions, pp. 248/51.

295 Ver também a declaração que aprova a linha da fronteira no Baixo Congo (Portugal — Estado Independente do Congo), assinada em Bruxelas a 24 de Março de 1894 em Van Ortroy, Conventions, pp. 310/14.

296 Ibid., pp. 318/9.

SECÇÃO II: TENTATIVAS PARA REMEDIAR A SITUAÇÃO CRIADA PELAS DELIMITAÇÕES EUROPEIAS. A VIZINHANÇA INTERNACIONAL

Certos actos de delimitação prevêem alguma flexibilização da regra das fronteiras lineares e, em particular, o anexo 3 do tratado anglo-etíope de 14 de Maio de 1897, já citado. Trata-se do direito reconhecido às tribos fronteiriças de uma certa liberdade de cruzar a linha-limite para necessidades de pastagem e acesso a poços de água.

«*As tribos que habitam de cada lado da linha,* pode ler-se no citado anexo 3, *terão o direito de utilizar as pastagens de cada lado, mas entende-se que durante as suas migrações estarão sujeitas à jurisdição da autoridade territorial. O livre acesso aos poços mais próximos é também reservado aos habitantes de cada lado da linha.*»[297]

Encontra-se aqui o reconhecimento implícito de que tribos aparentadas estariam divididas pela linha de fronteira. Além disso, essa ideia seria corroborada pelo facto de que tanto o governo britânico como o governo etíope tinham percebido, mesmo antes da assinatura do tratado de 1897, que a linha de fronteira deixaria sob diferentes soberanias tribos que desfrutavam até então de uma certa unidade. Assim, numa carta datada de 14 de Maio de 1897 e dirigida ao Sr. Rennel Rodd, cônsul britânico em Adis Abeba, foram dadas garantias de que: «*os somalis que, por acordos de fronteira, possam tornar-se sujeitos da Etiópia serão bem tratados e terão um governo ordeiro*»[298].

Além do exemplo já citado da fronteira etíope-somali, convém referir aqui a fronteira entre Angola e a Zâmbia (antiga Rodésia do Norte) que foi objecto, no final, de um acordo entre Portugal e o Reino Unido datado de 18 de Novembro de 1854.[299]

Na mesma data, foi assinado outro acordo entre esses dois Estados, prevendo, em particular, facilidades recíprocas para a deslocação de alguns indígenas, por necessidades de pastagem e de água.

«*Os indígenas das aldeias de Barotsé autorizados,* pode ler-se no art.º I do acordo, *beneficiarão das seguintes facilidades: 1. Os indígenas das aldeias Barotsé da Rodésia do Norte, situadas nos distritos de Senanga e Sesheke, entre os rios Zambeze e o*

[297] Cf. Van Ortroy. — Conventions, pp. 499/500.

[298] Ibid.

[299] Colectânea da O.N.U., vol. 210, p. 265 e ss.

Kwando, serão sempre autorizados a acampar temporariamente na margem esquerda do Kwando, em território português, durante a estação seca, desde que não consigam suprir às suas necessidades. Fica entendido que a estação seca dura normalmente de Julho a Dezembro.»[300]

No segundo parágrafo do artigo em questão, enumera-se de forma restritiva os direitos que lhes são conferidos: o direito de pescar, o direito de pastagem para os seus rebanhos, o direito de cultivar os campos e o direito de se abastecerem em água.

Alguns indígenas angolanos também podem atravessar a fronteira durante uma determinada época do ano — a estação das chuvas — e têm o direito de aí cultivar os campos, de fazer pastar os rebanhos e de cortar madeira.

Se, neste caso, a natureza jurídica do direito assim reconhecido aos habitantes fronteiriços se enquadra claramente no regime internacional de vizinhança, a mesma observação não pode ser feita para a fronteira Etiópia-Somália.

Com efeito, pode colocar-se a questão de saber se o direito concedido às populações fronteiriças não constitui uma servidão a cargo do Estado em cujo território essas populações se encontram.

Acreditamos que existe uma servidão a favor das tribos que vivem em ambos os lados da fronteira, uma servidão de origem contratual, e que só um novo acordo entre as partes ou os seus sucessores poderá modificar.

§ 1. O reconhecimento do direito de migração das populações fronteiriças

Posteriormente, os próprios colonizadores, percebendo os preconceitos materiais e morais que os seus conceitos de fronteira impunham aos povos indígenas, tomaram algumas medidas destinadas a mitigar os efeitos do limite no seu modo de vida.

Essas medidas consistiam num direito de migração ou numa rectificação da fronteira.

O direito de emigrar foi reconhecido, por vezes, dentro dum determinado período, a populações cujas vidas foram afectadas pela delimitação da fronteira.

[300] Ibid.

O artigo 3 do anexo à convenção franco-alemã de 18 de Abril de 1908, sobre a delimitação da fronteira entre o Congo e os Camarões, estabelece: «*Sempre que, com base no presente acordo, uma parte do território passar da jurisdição de um poder para a de outro, os habitantes poderão escolher livremente o lado em que desejam estabelecer-se. Podem, no prazo de um ano após a troca das ratificações acima mencionadas, colher as suas safras, e recolher os seus bens. Quando tiver decorrido o ano seguinte à ratificação, caberá a cada uma das potências contratantes determinar, de acordo com a sua legislação interna, as condições em que terá lugar a emigração ou imigração da população indígena.*»[301]

O direito de reassentamento das populações fronteiriças foi também reconhecido no acordo anglo-belga de 13 de Fevereiro de 1915 (art.º 4), relativo à delimitação da fronteira entre o Congo (Kinshasa) e o Uganda.[302] Essas populações tinham um prazo de 6 meses, a partir da troca de ratificações, para se deslocarem para o lado da fronteira do território onde se encontravam antes da assinatura dos primeiros tratados de delimitação. Também poderiam, se fosse possível, levar as suas colheitas.

Quando da delimitação da fronteira entre o Quénia e a Somália (ex-italiana), em consequência do acordo ítalo-britânico de 15 de Julho de 1924, foi reconhecido o direito de emigração aos somalis separados das suas famílias pelo traçado da linha de fronteira. O número de pessoas autorizadas a usufruir deste direito limitou-se a 500, não constando neste número as crianças menores de 10 anos e os idosos, e foram autorizados a levar as suas ferramentas de trabalho. O prazo foi fixado em um ano.[303]

Da mesma forma, o acordo franco-alemão de 2 de Fevereiro de 1912, relativo à nacionalidade das pessoas nos territórios trocados a 4 de Novembro de 1911, reconhece o direito de emigração e imigração às populações afectadas pelo deslocamento da linha de fronteira.[304]

301 Cf. J.O.R.F. de 15 de Agosto de 1908.
302 Cf. G.B.T.S., n.º 2 (1920), Cmd. n.º 517.
303 Cf. Colectânea da S.D.N., vol. 36, p. 380.
304 Cf. Recueil Basdevant, vol. I, p. 126. Este acordo foi assinado em Berlim.

§ 2. A rectificação das fronteiras

Uma rectificação de fronteira ou, pelo menos, uma delimitação estabelecida de forma a evitar os inconvenientes que o limite causa às populações indígenas, foi adoptada na fronteira entre o Togo (antigo Togo alemão) sob administração francesa, e parte deste mesmo território sob administração inglesa. Tratava-se de territórios sob mandato internacional, que foram objecto, entre as Potências administradoras, da troca de declarações de 10 de Julho de 1919, a respeito da delimitação dos dois territórios.

A comissão responsável pela demarcação desses territórios recebeu instruções no sentido de que a demarcação não aumentasse os inconvenientes causados aos indígenas pelo limite.

É assim que a maioria das nações Ewe se encontra hoje no território do Gana, no qual foi integrado, após o plebiscito de Maio de 1956[305], o território do antigo Togo sob administração britânica.[306] O mesmo aconteceu com os Dagomba que hoje se encontram na sua maioria no território do Togo (antigo Togo sob administração francesa).

É com essa mesma intenção que parte do traçado da fronteira entre a R.A.U. (ex-Egipto) e o Sudão (ex-anglo-egípcio) ao longo do 22.º paralelo de latitude norte foi substituída por uma linha em ziguezague, que hoje forma o limite entre os dois Estados.[307]

As rectificações de fronteira dentro das colónias de uma mesma Potência foram feitas por razões práticas, administrativas, mas também para atender a requisitos raciais ou étnicos.

A fronteira entre a ex-colónia francesa do Alto Senegal e o Níger e a do Daomé foi modificada pelo decreto de 2 de Março de 1907, por motivos parcialmente ligados ao elemento étnico.

O relatório do então Ministro das Colónias, que acompanha o decreto citado, tem a seguinte redacção:

[305] Este plebiscito foi aprovado pela Assembleia Geral da ONU em 6 de Março de 1957.

[306] Cf. Fitzegarld, Loc. cit., p. 358.

[307] Cf. Boggs. — Op. cit., p. 199 *et* Jones, Op. cit., p. 41.

«Sr. Presidente,

A minha atenção foi chamada em várias ocasiões para os inconvenientes decorrentes da anexação dos círculos de Fada N'Gourma e Say à nossa colónia do Daomé.

Considerações étnicas de verdadeira importância[308]*, bem como as necessidades administrativas tornam útil, pelo contrário, atribuir estes círculos à nossa colónia do Alto Senegal e do Níger, que aliás já os tinha possuído, em parte, antes do decreto de 17 de Outubro de 1899.*

É para este fim, etc., etc.»[309]

Considerações semelhantes levaram o governo da ex-África Ocidental Francesa a aconselhar o Ministro das Colónias a modificar novamente os limites entre as duas colónias.

Por decreto de 23 de Abril de 1913, os limites entre os círculos de Fada N'Gourma (actual Alto Volta) e Djougou (Daomé), foram modificados para levar em conta o elemento humano, neste caso, os grupos de origem Bariba.

O relatório que antecede o decreto é redigido nos seguintes termos:

«Sr. Presidente,

O decreto de 12 de Agosto de 1909, ao anexar ao Daomé certos grupos Baribas que não tinham qualquer ligação étnica com as populações do círculo de Fada N'Gourmé, anexado à colónia do Alto Senegal e do Níger por um decreto anterior de 2 de Março de 1907, deixou dentro dos limites deste círculo toda uma região ocupada por aborígenes da mesma raça.

Pareceu ao Governador Geral da África Ocidental Francesa que seria vantajoso incorporar também esta região, conhecida como região Porga, no círculo de Atacora, que depende da colónia do Daomé. Esta medida teria a vantagem de assegurar a necessária unidade de acção sobre as populações de mesma raça, etc.»[310]

Na carta de 13 de Julho de 1915 ao tenente governador do Daomé, a administração do círculo de Zagnanado aconselha, em consideração dos laços de raça e de afinidade que unem as populações, a adesão do cantão de Kétou ao círculo provisório de Pobé.[311]

308 Sublinhado do Autor.

309 Cf. Relatório ao Presidente da República Francesa seguido de um decreto anexando à colónia do Alto Senegal e Níger os círculos de Fada N'Gourma e Say, no B.O.M.C., 1907, p. 162.

310 Cf. B.O.M.C., 1913, p. 2400 e ss.

311 A.N. 8.G.15.

De entre os princípios que devem ser retidos pelos delimitadores quando da escolha de um limite, está o elemento humano, pois a região onde o limite deve ser finalmente fixado é, de modo geral, habitada por populações da mesma raça e cultura, e a própria região pode, do ponto de vista económico, formar uma unidade e, como tal, atender às necessidades de subsistência dessas populações.

Percebem-se as desvantagens que o limite pode causar às populações fronteiriças. Tenderão, aconteça o que acontecer, a viver ao lado uns dos outros e, se o limite tiver por efeito de cortar ao meio territórios que ancestralmente aquelas consideravam indivisíveis, poderia resultar daí um fenómeno de sobrepopulação ou de subpopulação.

Após a demarcação, a minoria da população que terá sido isolada dos seus irmãos tenderá a migrar para o lado da linha onde se encontra a maioria de seus congéneres.

A consequência poderá ser uma sobrecarga para a administração do território escolhido, enquanto o contrário ocorrerá do outro lado da linha. De um lado, haverá excesso de mão-de-obra e, do outro, escassez.[312]

Em África, a divisão arbitrária de populações ocorreu com frequência, mas na maioria das vezes é devida a um conhecimento imperfeito das regiões atravessadas ou vazias. Os colonizadores tomavam como base para as suas respectivas reivindicações os territórios dos chefes com os quais haviam firmado tratados de amizade, de comércio e de protecção. No entanto, como os domínios desses reinos ou chefias não eram conhecidos com precisão, os conflitos surgiram.

Por outro lado, tendo havido misturas de populações antes do contacto com o Ocidente, seria impossível, à primeira vista, separar de maneira adequada os vários elementos exteriores que compõem o grupo.

Em comunicação à Société de Géographie, M.G. Bruel disse: «*Os nativos do Haut Chari pertencem a três raças distintas: Banda, Mandjia, Sara, que se entrelaçam de tal forma que um mapa etnográfico pareceria um casaco de arlequim.*»[313]

Além disso, se é verdade que algumas comunidades africanas ainda mantêm uma organização política bem estruturada, não é menos verdadeiro que

312 Cf. Jones, S.B. — Op. cit., p. 40.

313 Cf. Bruel, G.6 — La région civile du Haut Chari, Bulletin de la Société de Géographie, 1102, p. 170.

outras, na sequência de guerras internas, epidemias ou submissão por outras comunidades, estavam em processo de desintegração.

Charles Lindsay Temple, numa comunicação à Royal Geographic Society diz: «*o povo de Kano, por exemplo, foi submetido durante os últimos quinhentos anos pelas seguintes tribos alienígenas. Os primeiros conquistadores vieram do Oriente, de Surani, a sede de Kebbawa, no século XV, liderados por um homem chamado Kante, um súbdito rebelde de Askia, o grande Sultão de Songhay. Essa tribo é agora mais conhecida pelo nome de Argungu, o seu actual quartel-general. A seguir vieram os Kwororafa [...] estes foram seguidos por invasores Kanuri de Bornu. O domínio destes últimos acabou com a revolta geral dos Filane e Mohammedans, sob dan Fodio.*»[314]

Podemos encontrar outro exemplo na seguinte passagem da comunicação de Kitson, sobre o sul da Nigéria: «*As principais tribos do país são os Ibo, os Yoruba, os Sobo [...]. Os actuais habitantes do país não são os seus aborígenes.*»[315]

O único agravo que pode ser dirigido, com toda a honestidade, aos colonizadores, é o de não ter feito, onde isso ainda podia ser feito, as distinções necessárias para interferir o menos possível na vida das populações indígenas. As delimitações traçadas pelos colonizadores ocorreram sem qualquer consideração de natureza étnica.

Porém, como já apontámos, quando o conhecimento das nações africanas estava mais avançado, os próprios colonizadores comprometeram-se a remediar a situação. Ocorreram rectificações de fronteira, seja dentro do mesmo império ou entre os territórios dependentes de duas Potências diferentes.

O objectivo dessas modificações era o de corrigir o traçado da fronteira, para não piorar a situação das possessões dos indígenas e o equilíbrio racial até então existente.

O elemento humano é, nos dias de hoje, uma das pedras de toque das reivindicações territoriais da África independente. A Somália, por exemplo, apresenta-o como principal agravo nas disputas territoriais entre ela e todos os seus vizinhos.

Voltaremos a esta questão na segunda parte deste estudo. Por ora, basta dizer que a República da Somália quer unir numa única nação todos os territórios habitados por populações de origem somali.

[314] Cf. Lindsay Temple, C. — Northern Nigeria, Geographical Journal, vol. 40 (1912), pp. 153/4.

[315] Cf. Kitson, A.E. — Southern Nigeria: some considerations of its structure, people, and natural history, Geographical Journal, vol. 41 (1913), p. 24.

Para concluir este capítulo, diremos que os Estados africanos que se tornaram independentes, com poucas excepções, não constituem, do ponto de vista racial ou étnico, uma unidade coerente. Foram formados, contra a sua vontade, pelos colonizadores europeus que, pelo menos numa primeira fase, obedeceram apenas aos seus interesses particulares.

Em toda a parte existem fronteiras artificiais, cercando povos não nativos que muitas vezes têm apenas uma coisa em comum: pertencer a uma unidade territorial sob a mesma administração colonial.

Numa primeira fase, foram realizadas rectificações de fronteira que levaram em consideração razões humanitárias. A preocupação de não interferir na vida dos africanos surgiu na maioria dos colonizadores, mas era tarde demais para realizar o que antes havia sido deliberadamente negligenciado. Estando a África já dividida em lotes, tendo cada potência recebido o que lhe era devido, era difícil, por uma questão de prestígio, proceder a trocas de territórios ou de populações de forma a submeter à mesma autoridade povos com um certo parentesco.

Além disso, as desigualdades, e mesmo os preconceitos, em detrimento das comunidades indígenas, acabariam por resultar da variedade dos sistemas de administração colonial adoptados pelas Potências.

Podemos distinguir, sobre este assunto, dois grandes sistemas de colonização, outrora utilizados em África, e que posteriormente deram resultados diametralmente opostos: a chamada «*Indirect Rule*»[316] ou sistema administrativo indirecto, e o sistema ou política de assimilação. Esses dois sistemas resultam de postulados filosóficos diferentes.[317]

[316] Para a definição de «*Indirect Rule*», cf. John Gunther, Inside Africa, Londres, 1957, p. 332; Deschamps, Peuples et nations d'Outre-Mer, Paris, 1954, p. 181.

[317] Subjacente ao sistema de administração indirecta estava a ideia de superioridade racial e a prática de um certo pragmatismo. Uma boa descrição dessas ideias é-nos dada por *Sir* Alfred Shape, numa comunicação à Royal Geographic Society e publicada no Geographical Journal, vol. 39 (1912), p. 1 e ss.: «*A colonização pelos Britânicos nos trópicos tem sido levada a cabo de forma diferente da colonização por raças latinas. Connosco, nunca nos misturámos e entrecruzámos com raças nativas em qualquer das nossas possessões. Digo isto em sentido geral: tem havido, claro, uma certa quantidade de cruzamentos sanguíneos em todo o lado, mas connosco tem sido tão pequena que praticamente não merece consideração. O resultado desta separação das raças, os nativos e os brancos, tem sido geralmente considerado por nós como uma vantagem. Resulta, contudo — por necessidade —, em haver sempre raças superiores e inferiores num só país, o governador e o governado, e em grande medida o impulsionador e capaz, diferente do preguiçoso e do desenergético, o homem com meios e o trabalhador.*

O primeiro foi inaugurado com sucesso por *Lord* Luggard na África Central Britânica e na Nigéria. Consistia, em lugar de questionar as instituições indígenas, em confiar nelas para a administração da colónia ou do protectorado. Os chefes nativos continuavam senhores do destino dos seus súbditos, pelo menos em teoria, e os ingleses limitavam-se a uma supervisão do sistema.

O sistema ou política de assimilação foi usado em África pela maioria dos países latinos nas suas colónias. O objectivo desse método era o desenvolvimento das comunidades africanas em formas de governo semelhantes às das metrópoles.

Os dois sistemas eram baseados em dados filosóficos contraditórios, o segundo numa aparente igualdade de todas as raças, o primeiro numa aparente superioridade da raça branca.

O sistema inglês era mais vantajoso. Obtido a baixo custo, era também o mais compatível com o espírito utilitário dos britânicos. Além disso, neste sistema, os africanos foram encorajados a formas de desenvolvimento dentro da estrutura da própria sociedade africana.

Por outro lado, entre os povos latinos, a tendência geral era de retirar aos chefes nativos a maioria dos privilégios que os costumes lhes conferiam. Quando os potentados eram mantidos no seu cargo, eram mantidos apenas numa base puramente honorária, ou como representantes do Estado colonizador.[318]

Daí surgiu uma grande diferença estrutural entre as colónias inglesas e as dos países latinos.[319] O sistema e, portanto, as lealdades de carácter tribal, são hoje mais acentuados nos primeiros do que nos segundos porque a assimilação adormeceu os valores e contribuiu, aliás felizmente, nos povos africanos, para a formação gradual de um conceito de Nação.[320]

Um outro resultado é, além disso, que nas nossas colónias realmente tropicais, o branco não é um verdadeiro "colonizador". Está lá apenas por algum tempo, sendo a duração da sua residência em regra o período necessário para a aquisição de riqueza suficiente para lhe permitir regressar à sua própria terra.»

318 *«Os chefes conservaram a sua autoridade tradicional ao mesmo tempo que se tornavam funcionários públicos.»* Cf. Deschamps. — Op. cit., p. 167.

319 O sistema de administração usado pelos belgas na sua colónia do Congo e nos territórios sob mandato do Ruanda e do Urundi era quase semelhante ao do Reino Unido.

320 Em todos os lugares do mundo onde o sistema de administração indirecta foi usado, a «separação das raças» causou as piores complicações: na Nigéria, no Gana, no Uganda, na Índia e no Paquistão, na Palestina, em Chipre, no Canadá, na África do Sul, na Rodésia, etc.

É hoje difícil argumentar que um regresso ao «*statu quo ante*» pode ajudar a resolver este estado de coisas. As desvantagens deste método superam em muito as vantagens que poderiam dele resultar. Em toda a África, populações de origens e culturas diversas viveram e continuam a viver juntas num território outrora delimitado pelos colonizadores, contra a sua vontade. Esta habituação, esta convivência, terá sem dúvida ajudado a sublimar as dissensões e as diferenças de outrora.

As fronteiras africanas são o resultado de um desconhecimento das realidades humanas; não deixam de ser fronteiras reais.

SEGUNDA PARTE
AS FRONTEIRAS NA ÉPOCA ACTUAL

Na primeira parte deste estudo, procurámos identificar os princípios e métodos com base nos quais os territórios africanos foram delimitados.

Os princípios e métodos são idênticos aos então utilizados na Europa para a delimitação, e as fronteiras dos Estados africanos de hoje foram fixadas nessa base.

Quando abordámos o problema específico do elemento humano das delimitações, sublinhámos o facto de que as fronteiras assim fixadas não levarem em consideração as realidades locais.

Com excepção de algumas tentativas dos governos para remediar esta situação, as ex-colónias e protectorados da África tornaram-se independentes no contexto de uma rede de fronteiras que deriva, em linhas gerais, das delimitações do final do século XIX e do início do século XX.

Por essa razão, vamos nesta segunda parte estudar o problema do efeito da independência nas fronteiras da época colonial.

Começaremos a analisar os contextos territoriais da África actual, e num segundo capítulo tentaremos propor uma solução global para os problemas que resultaram das fronteiras da era colonial.

CAPÍTULO I
OS CONFLITOS TERRITORIAIS DA ÁFRICA INDEPENDENTE

As reivindicações territoriais na África lembram os diferendos de limites que a América Latina conheceu, muitas dos quais subsistem ainda hoje[321]. A semelhança entre as duas situações não deixa de ter interesse porque, em ambos os casos, tratava-se de saber qual seria a atitude dos novos Estados em relação às fronteiras delimitadas pelo colonizador.

Depois de concordar em reconhecer as fronteiras do antigo soberano territorial, os Estados da América Latina depararam-se com inúmeros problemas territoriais. A solução proposta — o *uti possidetis* — longe de contribuir para a resolução dos litígios fronteiriços (e isso devido a uma aplicação errada do princípio), apenas fez crescer os diferendos entre as partes em presença.

Os Estados africanos também se pronunciaram quase unanimemente a favor da manutenção das fronteiras da era colonial[322]. Portanto, pode-se questionar se a sua manutenção dos Estados africanos no quadro territorial fixado pelo antigo colonizador não irá acabar por entrar em confronto com o irredentismo de alguns desses Estados.

[321] Cf. Ch. Rousseau. — Chronique des faits internationaux, R.G.D.I.P., 1966, pp. 138/139: Argentina e Chile — estado actual do processo arbitral entre os dois Estados, incidente de 6 de Novembro de 1965 na área de Higgins; pp. 1003/1009: Brasil e Paraguai — situação actual do diferendo de limites entre os dois Estados na região das Cataratas do Guaíra; pp. 485/7: Grã-Bretanha e Venezuela — estado actual do conflito de limites.
[322] Resolução A.H.G./16/1 da Organização da Unidade Africana.

Em África existem de facto alguns casos de contestações territoriais que a maioria dos autores[323] parece querer resolver recorrendo ao princípio do *uti possidetis*. Este princípio, cujo conteúdo e características tentaremos expor, tem sido objecto, ao longo dos séculos, de diversas interpretações e aplicações.

Essas interpretações estão na origem dos conflitos de fronteira que ainda hoje existem na maioria dos Estados da América Latina. Como será a sua aplicação em África, que detalhes serão adicionados a este conceito?

Antes de entrar nesta discussão, vamos analisar os conflitos territoriais africanos decorrentes das fronteiras da era colonial.

Estes litígios serão específicos à África? Sempre que num determinado território um poder soberano substitui outro para exercer o poder público, surge a questão do destino das fronteiras delimitadas pelo Estado predecessor. Porém, esta é a primeira vez na história que povos anteriormente dependentes acedem em tão grande número, e de forma pacífica, à situação de soberania.

Este facto é fundamental, porque é óbvio que o comportamento de um número tão grande de Estados não pode deixar de influenciar o direito internacional. Nas organizações internacionais, perante o desejo dos Estados mais antigos de não serem esmagados pela «nova vaga», defendendo nomeadamente o voto ponderado, os novos Estados africanos contrapõem a regra de «um membro um voto»; perante a recusa em aceitar os vícios de consentimento na celebração dos tratados internacionais, respondem com a introdução no direito convencional, contra as jogadas dos «poderes negociais», uma regulamentação susceptível de garantir a livre manifestação da vontade dos Estados; contra a manutenção da regra das três milhas como extensão das águas territoriais, proclamam os seus direitos soberanos sobre áreas maiores do mar.

Se excluirmos o contencioso das reclamações de Marrocos e da Somália, não houve, no entanto, na África independente muita contestação das fronteiras resultantes da era colonial. Os casos que teremos de tratar não atingiram as proporções dos dois primeiros. Irão corresponder mais a pedidos de rectificação de fronteiras do que a verdadeiras contestações territoriais. Além disso, ao contrário dos casos de Marrocos e da Somália, as reivindicações

[323] Cf. Boutros-Ghali. — The Adis Ababa Charter, International Conciliation, n.º 546, Janeiro de 1964, pp. 29/30; Mochi Ouory, A.G. — Les aspects récents de la succession aux traités, R.G.D.I.P., 1968, pp. 565/655; Mesa Garrido, R. — Reflexiones sobre fronteras de nuevos Estados, R.E.D.I., 1966, pp. 51 e ss.

baseiam-se mais em considerações de equidade do que na pretensão de um regresso às fronteiras «históricas e naturais».

SECÇÃO I: AS REIVINDICAÇÕES TERRITORIAIS MARROQUINAS

«Enquanto Tânger não for desvinculada do seu estatuto internacional, enquanto os desertos espanhóis do Sul, enquanto o Sara de Tindouf a Atar, enquanto os confins argelino-marroquinos não forem desvinculados da sua tutela, a nossa independência permanecerá manca e o nosso primeiro dever será de continuar a acção para libertar a pátria e unificá-la com o mesmo espírito e entusiasmo com que agimos durante os últimos trinta anos até que a França reconheça a nossa independência.»[324]

É nestes termos que o Sr. Allal el Fassi, líder do partido Istiglal, então maioritário no governo de Sua Majestade o Rei Mohamed V, apresentou pela primeira vez em público as reivindicações territoriais do reino xerifino sobre os Estados vizinhos. Estas observações, feitas em 27 de Março de 1956, perante o Congresso da Juventude do Istiglal, deram início a uma campanha com a finalidade de trazer de volta a Marrocos os territórios que *histórica e naturalmente* lhe pertenciam. Poderiam ter passado despercebidas se tivessem sido enunciadas por alguém que não fosse Allal el Fassi. Mas a sua posição como líder do partido maioritário, e os seus antecedentes políticos em relação à França, não podiam deixar dúvidas sobre suas intenções.

Auxiliado pelo seu primo, Abdel Kébir el Fassi, a quem devemos o mapa do Grande Marrocos, a sua campanha para recuperar os territórios «historicamente» marroquinos não parou de crescer.

Homem de notável erudição, irá colocar o seu talento ao serviço do irredentismo marroquino, e o «Al Alam», o jornal diário do Istiglal, será o instrumento de divulgação das aspirações marroquinas.

Com a sua declaração, Allal el Fassi anunciava reivindicações territoriais não apenas sobre a Argélia, mas também sobre os territórios espanhóis do norte de África, sobre a Mauritânia — com a qual aliás Marrocos não tem fronteira comum — e sobre o Mali.

[324] Citado por Ph. Husson, Op. cit., p. 45.

A campanha orquestrada pelo líder marroquino iria ser consagrada de modo oficial quando o governo xerifino adoptou a maior parte dos seus argumentos. O mapa do Grande Marrocos reproduzido pelo jornal «Al Alam» a 5 de Julho de 1956 não incluía apenas a parte disputada da Argélia; abrangia toda a Mauritânia, e depois de morder numa parte do Mali acabava no rio Senegal.

Outros partidos e outras organizações reproduziram a maior parte da argumentação de Allal el Fassi, em particular o Partido Democrata pela Independência que, numa resolução no final de um congresso, a 23 Agosto de 1956, pediu a restituição a Marrocos das suas «fronteiras naturais e históricas»: Mauritânia, Ceuta e Melilha.[325]

Do lado oficial, o Príncipe Moulay Hassan declarou em 26 de Junho de 1956 no Cairo que «*a questão de Tindouf estava na primeira linha dos problemas da diplomacia marroquina*».

Além disso, o rei Mohamed V, num discurso proferido às populações de Ifni, declarou que: «*Todos os territórios historicamente marroquinos devem regressar a um Marrocos unificado, já que os seus habitantes estão unidos pela religião, a língua e a história.*»

O Sr. Bekkai, então Presidente do Conselho marroquino, declarou em 17 de Agosto de 1956 que: «*Marrocos manterá as suas fronteiras naturais e históricas.*»

Por último, o Senhor Mehdi Ben Barka, Presidente da Assembleia Consultiva Nacional, declarou sobre este assunto: «*Não precisamos de qualquer negociação sobre o Saara porque as fronteiras geográficas e históricas apoiam o nosso direito a esse território.*»[326]

Em apoio das suas afirmações, os partidários do Grande Marrocos apresentavam argumentos de natureza histórica, jurídica e religiosa. Todos estes elementos estavam interligados.

Para entender o significado da argumentação marroquina, é necessário fazer algumas observações gerais.

No direito muçulmano, o território não tem o mesmo significado que no direito ocidental. Possui ao mesmo tempo um conteúdo político, religioso e jurídico.[327] «*O conceito ocidental de território não é o mesmo, apesar das aparências,*

[325] Ibid., p. 47.

[326] Husson, P. — Op. cit., p. 48.

[327] Flory, M. — La notion de territoire arabe et son application au problème du Sahara, A.F.D.I, 1957, p. 73 e ss.

que o conceito árabe. Este último esperou pelo renascimento dos países árabes para se manifestar; só depois de séculos, só hoje, é que o Islão está a assumir as suas verdadeiras dimensões. Sob a aparência enganosa de um vocabulário idêntico, dois direitos diferentes estão em confronto.»[328]

Enquanto no conceito ocidental o território é necessário para que exista um Estado, o conceito muçulmano diz respeito a uma comunidade maior, que ultrapassa consideravelmente o território dos Estados individuais, a «*Ummah*», que é a comunidade humana composta por elementos da mesma religião (o Islão).

O território muçulmano seria, portanto, transnacional, na medida em que abrangeria o território de todos os Estados de religião muçulmana. Como diz o Professor Flory, o Dar el Islam, ou seja, a casa do Islão, representa a quadro variável no qual vive a comunidade de crentes que é a «*Ummah*».

O território assim definido não tem limites fixados de uma vez por todas porque, em última análise, dependerá do progresso feito pelos pregadores do Islão. Por outro lado, os árabes têm o cuidado de não assimilar árabes e muçulmanos. Os primeiros, cujo território pode ser identificado mais facilmente, são os verdadeiros depositários da lei corânica, porque é a eles, em primeiro lugar, que os ensinamentos do profeta foram pregados. Assim, o território árabe é muito menor do que o território muçulmano. É o berço dos únicos crentes privilegiados, os árabes. É isso que resulta da leitura do manifesto do Comité Nacionalista da Síria, de Abril de 1936, que afirma que a nação árabe é a população árabe que vive em território árabe e que está unida por uma comunidade de línguas, de mentalidades, de memórias históricas, de costumes e de cultura, interesses e esperanças.[329]

Em última análise, o território árabe não se limita ao território de um único Estado, vai além dele. Além disso, é baseado em dados geográficos vagamente descritos: «as montanhas da Abissínia, as cordilheiras do Sudão, o Mediterrâneo, etc.».

Por outro lado, a ênfase está na comunidade de interesses, de língua, de esperanças, todos eles referências a elementos morais sem nenhuma relação com os padrões ocidentais.

[328] Flory, M. — Ibid., p. 74.
[329] Citado por Flory, M. — Loc. cit., p. 79.

O território árabe é apenas uma variante mais limitada do espaço do Dar el Islam[330], diz Flory.

Portanto, o Saara, que é habitado por populações que falam a mesma língua, têm a mesma religião, a mesma cultura, só pode ser um território árabe.

Este argumento, avançado contra a Espanha e a França, então soberanos territoriais tanto na Argélia como na Mauritânia, parece hoje ter perdido muito do seu valor, sendo as reivindicações dirigidas sobretudo à Mauritânia e à Argélia.

Embora não tenham sido objecto de uma nova formulação, a ausência de relações diplomáticas entre Marrocos e a Mauritânia; a publicação de um acordo que teria sido concluído entre o G.P.R.A. e o Reino de Marrocos e segundo o qual o G.P.R.A. se comprometia a resolver depois da independência o problema das fronteiras entre os dois países; a publicação, em Março de 1966, de uma obra oficial intitulada «Dez anos de diplomacia estrangeira», cujo ponto 10, na página 24, especifica a extensão das reivindicações marroquinas contra a Argélia, mostra que Marrocos não abandonou as suas pretensões de expansão territorial. Referem-se em particular às *«regiões fronteiriças argelinas e, em primeiro lugar, Tindouf, Kenadza, Touat, Tidiklt, que foram anexados à Argélia colonizada»*.

AS PRETENSÕES MARROQUINAS EM RELAÇÃO À ARGÉLIA

O acesso da Argélia à independência não apaziguou as reivindicações territoriais de Marrocos, tanto mais que a declaração de intenções assinada entre o G.P.R.A. e o governo marroquino em 6 de Julho de 1961 estipulava que *«o governo provisório da República Argelina reconhece pela sua parte que o problema territorial [...] entre os dois países irmãos encontrará a sua solução nas negociações entre o governo do Reino de Marrocos e o governo da Argélia Independente»*.

Qual é hoje a situação do diferendo fronteiriço entre a Argélia e Marrocos?

§ Historial da disputa territorial argelino-marroquina

As reivindicações de Marrocos sobre parte do território argelino datam de 1956, alguns meses após a independência de Marrocos. A fronteira entre os dois países foi apenas parcialmente delimitada ao longo de 150 km, desde o mar até Teniet e Sassi.

[330] Flory, M. — Loc. cit., p. 80.

A partir daí, o art.º 4 da Convenção de limites franco-marroquina de 18 de Março de 1845, assinada em Lalla Marnia, estipulava: «*No Saara (deserto) não há necessidade de fixar um limite territorial entre os dois países, uma vez que a terra não é aí lavrada e só é utilizada para pastoreio pelos Árabes de dois impérios que ali acampam para encontrar os pastos e a água de que necessitam.*»

Além disso, no art.º 6 estava escrito: «*Quanto às terras a sul dos Ksours dos dois governos, como não têm água e são inabitáveis, e como é o próprio deserto, a sua delimitação seria supérflua.*»

Os tratados assinados desde 1845 entre a França e Marrocos tiveram um resultado muito limitado, porque se atinham à criação de alfândegas e postos de controlo em certos pontos do território, excepto para os Ksours, cuja designação já existia.

Entretanto, ocorriam incidentes frequentes entre os habitantes dos dois territórios.

Para superar a dificuldade que, em consequência, se criava para as duas administrações, o Sr. Varnier, então Alto-Comissário da França em Oujda, propôs em 14 de Janeiro de 1912 o traçado de uma linha que serviria de fronteira entre os dois países, de Teniet el Sassi a Figuig.

Esta linha baseava-se no «domínio pastoral das tribos» e em caso de impossibilidade, o limite adoptado seria a linha mediana do território não definido.[331] Tratava-se na prática das disposições do art.º 5 da Convenção de Lalla Marnia e dos acordos subsequentes.

De facto, no art.º 5 lê-se o seguinte: «*Este artigo diz respeito à designação dos Ksours (aldeias do deserto) dos dois Impérios. Os dois soberanos seguirão o antigo costume consagrado pelo tempo e, por consideração um pelo outro, mostrarão estima e benevolência para com os habitantes destes Ksours. Os Ksours que pertencem a Marrocos são os de Yiche e Figuig. Os Ksours que pertencem à Argélia são: Aïn-Safra, S'fissifa, Assla, Tiout, Chellala, El-Abiad e Bou-Semghoune.*»

Além de Figuig, isto é, ao sul dos Ksours, a Convenção de Lalla Marnia reconhecia, já o vimos, que tratando-se do próprio deserto, qualquer delimitação era supérflua.

Essa lacuna será resolvida, pelo menos em parte, pela convenção franco-marroquina de 20 de Julho de 1901 que reconhece a Marrocos, no seu art.º 4,

[331] Cf. Husson, Ph. — Op. cit., p. 29.

o direito de estabelecer postos alfandegários «*Para lá da linha que é considerada aproximadamente como a linha do percurso dos Doui-Menia e dos Oulad-Djerir e que vai do fim do território de Figuig a Sidi-el-Dahar, atravessa o Oued-el-Kheraïa e alcança o lugar conhecido sob o nome de El-Mora, na confluência do Oued Talzaza e do Oued Guir. Poderá estabelecer postos de guarda e de alfândega na margem ocidental do Oued Guir, desde a confluência dos dois rios acima mencionados até 15 km do Ksour de Igli.*»

Por sua vez, o governo francês tinha a possibilidade de criar postos alfandegários e de guarda «*na linha vizinha de Djenan-el-Dar, passando na vertente oriental de Djebel Bechar e seguindo esta direcção até ao oued Guir*».

O art.º 5.º da mesma Convenção continha disposições relativas aos habitantes do território compreendido entre as linhas dos postos dos dois países. De acordo com essas disposições, os habitantes dessas localidades tinham uma escolha a fazer em relação ao território para onde queriam ir viver, devendo ser nomeados por cada governo comissários para realizar essa operação. No entanto, essa escolha só dizia respeito às pessoas das tribos Doui-Menia e Ouled-Djerir.

«*As pessoas instaladas no território acima mencionado e a viver em tendas*, afirma o parágrafo 3.º do art.º acima referido, *que não pertençam aos Doui-Ménia e aos Ouled-Djerir, permanecerão sob a autoridade do Império Marroquino e poderão aí manter a sua residência.*»

«*As pessoas dos Ksours do território acima mencionado poderão escolher a autoridade que os administrará e poderão, de qualquer forma, continuar a viver no seu território.*»

Os Ksours em questão são os de Talzaza, Mogheul, Bou Kaïs, Kenadza e Ouakhda[332].

Este direito de opção, assim reconhecido às populações da zona fronteiriça, ajudou a definir a linha que separa os territórios das duas soberanias.

As disposições dos acordos de 20 de Abril de 1902 e 4 de Março de 1910 sobre a possibilidade de estabelecer mercados e postos de guarda e de alfândega nos territórios além dos Ksours permitiram uma delimitação aproximada das tribos dependentes dos dois territórios.

Foi com base nas disposições dos acordos acima mencionados que em 1912 o Sr. Varnier definiu a fronteira que separava os dois territórios.

[332] G. Husson. Ph. — Op. it., p. 31.

Esse limite, mais conhecido como linha Varnier, foi definido da seguinte forma: «*De Djebel Melief o limite juntar-se-á ao Djebel Grouz em Teniet-Ben-Brahim, seguirá a crista desta montanha em direcção a oeste e depois a crista dos movimentos de terras chamados Djebel Mehirir, Zerg-Oulad-Aïd, El-Ahmra, Djebel Nahti, Djebel Zelmou, e chegará ao Oued Zelmou que descerá até à sua confluência com o Oued Guir. A sul da confluência do Oued Zelmou, o limite entre os territórios argelinos e os territórios dos confins será determinado pela necessidade de deixar aos primeiros a bacia de Guir onde vivem os povos nómadas Doui-Menia e Oulad Djerir, e aos segundos o Tafilalet, o berço da família xerifina reinante e inquestionavelmente marroquino. Uma linha que une a confluência do oued Zelmou a Teniet Ti-Ariatin (sudeste de Bou--Denib) e que depois coincide com o meridiano de Teniet-Ti-Ariatin em direcção ao sul iria satisfazer esta necessidade.*»

Em 1938, o coronel Trinquet, comandante-chefe dos confins argelino--marroquinos, inspirado por considerações político-estratégicas, propôs outra linha ligeiramente diferente da primeira e que era, porém, mais favorável a Marrocos.

As reivindicações territoriais de Marrocos em relação à Argélia consideram *grosso modo* a linha Trinquet como a fronteira entre os dois Estados.

Posição das partes

A posição de Marrocos em relação à Argélia não mudou desde 1956.

O livro «Dez anos de diplomacia estrangeira» dedica um longo capítulo à questão das fronteiras entre Marrocos e a Argélia. As reivindicações referem--se, em particular, às «*regiões fronteiriças argelinas, e em primeiro lugar "Tindouf, Kenadza, Touat, Tidiklt", que foram anexadas à Argélia colonizada*».[333]

A publicação em 1963 de um acordo que teria sido assinado entre o Sr. Fherat-Abbas, então Presidente do G.P.R.A., e o Rei de Marrocos, a 6 de Julho de 1961, acordo pelo qual a Argélia se comprometia a resolver o problema da

[333] Não foi possível obter uma cópia desta publicação. Esta citação é retirada da exposição do Sr. Bouteflika, Ministro argelino dos Negócios Estrangeiros, perante a comissão *ad hoc* da Organização da Unidade Africana, reunida em Tânger em 23 de Janeiro de 1967 para examinar a disputa entre a Argélia e Marrocos. Para o texto desta apresentação, cf. Révolution Africaine, n.º 206, 23/29 de Janeiro de 1967. El Moudjahidn n.º 497, 22/23 de Janeiro de 1967 e, finalmente, a Revue Algérienne des Sciences Juridiques, politiques et économiques, Março de 1967, p. 108 e ss.

fronteira depois da independência, mostra a persistência das reivindicações marroquinas.

Que direitos Marrocos reivindica em relação aos territórios disputados?

§ 1. A argumentação marroquina

No Livro Branco sobre a Mauritânia, publicado em 1960 pelo Ministro dos Negócios Estrangeiros de Marrocos, lemos o seguinte: «*Na véspera da proclamação da independência de Marrocos, o país estava politicamente dividido do seguinte modo:*

1 — Tânger, zona internacional.

2 — O Rif, Ifni e a província de Tarfaya, protectorado espanhol.

3 — Entre o Rif, o sul do Anti-Atlas incluindo Tindouf e a Argélia, protectorado francês.

4 — Ceuta e Melilha, presidências espanholas.

5 — Rio de Oro (Noroeste da Mauritânia), colónia espanhola.

6 — Seguia-el-Hamra, ocupação militar espanhola.

7 — Sul de Tindouf e Fort Trinquet, até ao rio Senegal, colónia francesa.

Quando em Março e Abril de 1956 Marrocos assinou as declarações de independência com a França e a Espanha, estas estendiam-se "de jure" *às sete zonas que em conjunto constituíam Marrocos antes de 1912.*»[334]

Este enunciado indica-nos a extensão das reivindicações marroquinas em relação aos seus vizinhos. Em relação à Argélia, constam do número 3.

Para apoiar as suas reivindicações, Marrocos invoca argumentos de natureza histórica[335] e jurídica.

O argumento histórico é baseado na autoridade espiritual e temporal dos governantes marroquinos sobre a parte reivindicada na Argélia. Essa dominação teria sido sobretudo obra dos *sanhaja* almorávidas[336], e estendia-se ao

[334] Sublinhado do Autor.

[335] Os argumentos históricos também contêm elementos de carácter religioso que já destacámos antes. No entanto, se esses elementos podiam ser apresentados em relação à França, um país cristão, não têm qualquer significado quando se trata da Argélia, que praticava a mesma religião.

[336] Cf. Livre Blanc sur la Mauritanie, Rabat 1960, p. 10, nota 7: «*Os sanhaja almorávidas afirmaram-se em todo o Saara até às fronteiras do Senegal e do Níger. Tribos de etnia única povoaram o país desde o Mediterrâneo até ao Sudão; os Djezoula entre os Sous e a Seguia, os Sanhaja mais a sul e os*

que os teóricos marroquinos do retorno às fronteiras históricas e naturais chamam de Grande Marrocos.

«*Durante séculos, a autoridade espiritual e temporal dos governantes de Marrocos estendeu-se até ao rio Senegal.*»[337]

A partir do século XV, os Saadianos, apoiados pelas irmandades saarianas, expulsaram os portugueses e os espanhóis que tentavam ocupar os territórios entre a Seguia-el-Hamra e o Senegal.

Posteriormente, «*a política dos alauitas teria sido activa e constante*» durante os três séculos seguintes.

Encontram-se vestígios desta dominação nos diversos actos das autoridades xerifinas aplicáveis às áreas contestadas, nomeadamente relatórios, notas, cartas, e *dahirs* de nomeação.

Em defesa dos seus direitos históricos, Marrocos exibe alguns documentos. Uma mensagem foi enviada por S.M. Moulay Hassan aos habitantes de Touat, sendo o seu emissário Mohamed-en-Rachidi, secretário do Emir. A mensagem, datada de 25 de Setembro de 1889, é a seguinte: «*Aos nossos fiéis servidores, os habitantes de Touat [...]. A vossa carta chegou até nós, falando da vossa fidelidade e constância em manter a boa ordem, assim como nos chegou a deputação que encarregastes de nos visitar em vosso nome e de apresentar as vossas queixas sobre as preocupações que os franceses vos causam nas fronteiras do vosso país, e sobre a sua inevitável penetração no meio de vós.*»[338]

Uma carta de S.M. o Sultão ao *djemâa* de Timmimoun e aos habitantes de Touat, datada de 7 de Agosto de 1884, dizia: «*Quanto ao facto de estarem sob a nossa dependência, de fazerem parte do Gharb e de estarem classificados entre os Nossos súbditos, esta é uma verdade óbvia.*»

Além disso, é feita alusão a uma carta enviada por S.M. Moulay Hassan ao xeique da Zaouia Kenadsa, Mohammed Ben Abdellah Kendussi, anunciando a nomeação de Ahmed Ben Amar Touati como encarregado de negócios em Amlik, bem como a nomeação de El Arabi como Cadi de Kenadsa.[339]

Lemtouna, originários da dinastia almorávida, no norte do Níger. Hoje em dia, estes Sanhaja ainda se encontram dispersos no Atlas, no Rio de Oro, na Seguia-el-Hamra e no sul da Mauritânia.»

337 Op. cit., p. 10.

338 Ibid., p. 23.

339 Ibid.

Um *dahir* de S.M. Mohamed Ben Abderrahman, datado de 3 Rabia I, 1378 AH, dirigido aos xeiques da Zaouia de Kenadsa e ao povo da Zaouia, relatando a intervenção das autoridades centrais da capital xerifina junto da França, para a apresentação de um dos seus nacionais, na localidade de Kenadsa.

Uma mensagem de 31 de Março de 1891 enviada por S.M. Moulay Hassan, transmitida por Mohamed-En-Rachidi, aos habitantes de Oasis:

> *«Aos nossos vassalos, ao povo de Touat [...] etc.*
>
> *Fazeis parte da totalidade dos súbditos que Deus colocou sob a Nossa autoridade; Ele encarregou-nos de velar por vós e pelos vossos assuntos públicos e privados.*
>
> *Ora a situação actual exige que nos envieis um grupo de deputados escolhidos entre vós, incluindo chorfas e notáveis nos quais tenhais depositado a vossa confiança.*
>
> *Enviamos-vos o nosso secretário, o taleb Mohammed en Rachid, para nos trazer esses delegados.*
>
> *Saudações.*
>
> *De 20 sha'aban 1308 (31 de Março de 1891).»*[340]

O mesmo Livro Branco menciona ainda duas outras mensagens enviadas aos habitantes de Touat e da região de Wadi Saoura, em 1891, nomeando o agente da autoridade, o caide Lahmid Ben Lahsen Ed-Delimi[341]. Outra mensagem, aos habitantes de Touat, Gourara e Tidikelt declararia a lealdade devida às autoridades xerifinas pelas populações às quais foi dirigida. Esta mensagem é datada de 18 cha'aban 1308 (29 de Março de 1891).

Uma carta de S.M. o Sultão de 31 de Maio de 1896 dispensando o anterior Pasha e nomeando o caide Mohamed Ben Amor El-Merrakchi: «*Ao nosso fiel vassalo, o caide Mohamed-Ben-Amor-el-Merrakchi — possa a salvação, etc. Tínhamos enviado o nosso servidor, o caide El Hadj Ahmed Rezzouk, para o país de Touat, com a missão de residir entre os habitantes, de os tratar com benevolência, e de provar a realidade da solicitude do nosso Governo por eles.*»[342]

Em defesa dos seus direitos históricos sobre a região contestada, Marrocos cita também a obra do Conde de Segonzac «Excursion au Souss», onde o autor declara, página 15: «*Do lado de Marrocos, a nossa penetração deparou-se com*

[340] Ibid., p. 24.
[341] Ibid.
[342] Ibid.

funcionários marroquinos em todo o lado, que foram devidamente investidos: Pacha de Timminonn e Timmi, Caides de Aïn-Salah, de Igli e dos Ksour, do oued Zourfana e do oued Saoura.»[343]

O livro *Ithaf*, volume V, página 121, de Moulay Abderrahman Ben Zidane, publica uma fotocópia de um *dahir* de S.M. Moulay Abderrahman datado de 24 moharrem 1329 AH, nomeando o xeique da Zaouïa Kerzazia no Beni Abbes e o Saoura.[344]

Para definir as reivindicações sobre a zona situada a Sul e a Oeste de Figuig, a referida publicação cita uma nota publicada no Boletim do Comité da África Francesa («Renseignements coloniaux de l'année 1928, p. 610») onde é tratada a questão das fronteiras entre a Argélia e Marrocos: «*Marrocos teria preferido que se encontrasse uma solução, mas desde o início das negociações iniciadas em Outubro de 1927 e retomadas na Conferência de Rabat, as pretensões das duas potências revelaram-se opostas e irredutíveis. Em suma, foi simplesmente acordado que, devido aos interesses mineiros na área em consideração (a sul e oeste de Figuig), os serviços mineiros argelinos e marroquinos só deveriam conceder licenças após se consultarem mutuamente.*»

Todos estes documentos, e outros que também podem ser encontrados no Livro Branco, tenderiam a demonstrar que as regiões contestadas (Saoura, Gouvara, Touat, Tidikelt) sempre fizeram parte do reino xerifino.

Segundo as autoridades marroquinas, Tindouf e a sua região são indiscutivelmente marroquinas porque não só existem actos internos que comprovam a autoridade de Marrocos sobre esta região, mas outros actos promulgados no âmbito do protectorado comprovam que a região pertence a Marrocos.

Entre esses actos encontra-se uma carta de S.M. Moulay Hassan aos habitantes de Tadjakent, registando com satisfação as manifestações de fidelidade dos representantes das tribos da região[345]; o acto é de 18 cha'aban[346] 1303 AH.

Além disso, o decreto residencial de 11 de Janeiro de 1935[347], promulgado em aplicação do *dahir* de 10 de Dezembro de 1934, relativo à organização dos territórios do Sul do ponto de vista dos direitos aduaneiros e de consumo,

343 Cf. Op. cit., p. 28.

344 Ibid.

345 Livre Blanc, p. 29.

346 Há uma inconsistência na grafia de palavras como cha'aban, que às vezes é escrita como châbane ou chaabane.

347 Boletim Oficial n.º 1160 de 18 de Janeiro de 1935, p. 43.

prevê que Tindouf beneficie das medidas previstas para as outras localidades marroquinas vizinhas (ver nomeadamente os artigos 2.º e 5.º).

A publicação marroquina referida acima reproduz a fotocópia de um documento alemão da legação de Fez sobre o comportamento dos franceses no sudeste de Marrocos. Este documento, que contém uma tradução francesa, parece confirmar as pretensões marroquinas tanto sobre a Argélia como sobre a Mauritânia.[348]

Em relação aos documentos diplomáticos, Marrocos menciona os seguintes documentos no Livro Branco:

a) Tratado de Tânger de 10 de Setembro de 1845[349];
b) Tratado de Lalla Marnia de 18 de Março de 1845;
c) Protocolo de 20 de Julho de 1901;
d) Acordos de 20 de Abril e 27 de Maio de 1902.

Do ponto de vista marroquino, o tratado de Tânger determina — o que está correcto — no seu artigo 5.º que a delimitação da fronteira, que seria a fronteira na época dos turcos, seria objecto de uma convenção especial que foi assinada em Lalla Marnia em 18 de Março de 1845.[350]

Quanto ao tratado de Lalla Marnia, os marroquinos reconhecem que define claramente a linha de demarcação da fronteira argelino-marroquina, desde o mar até Teniet-Sassi, numa distância de cento e cinquenta quilómetros. Mas, «*Para além deste ponto, a convenção menciona as tribos e os Ksours dependendo quer da Argélia quer de Marrocos. Figuig, a estrada de Touat e outros oásis marroquinos, são deixados a Marrocos. Para estes territórios que se estendem de Figuig a Igli, o Art. 6 do Tratado de 1845 estipula que não havendo água e sendo inabitáveis, ou seja, formando um deserto propriamente dito, a delimitação seria supérflua.*[351]»

A assinatura deste tratado não pôs fim à rivalidade franco-marroquina porque, segundo Marrocos, a agressão armada da França contra os territórios pré-saarianos de Touat, Tidikelt e Gourara desmentia continuamente o espírito e a letra do tratado que vinculava os dois países. Por isso, por instigação

[348] Livre Blanc, p. 29 e ss.

[349] Este é certamente um erro de impressão porque o tratado em questão foi assinado em 1844.

[350] Op. cit., p. 48.

[351] Sublinhado do Autor.

do Sr. Revoil, foi assinado em Paris, em 20 de Julho de 1901, um protocolo de interpretação do tratado de 1845, seguido dos acordos de 20 de Abril e 27 de Maio de 1902[352].

Em relação aos últimos tratados, Marrocos, valendo-se de publicações francesas, quer que conste:

1.º — Que no entendimento dos negociadores, e também na letra das convenções, os textos visam apenas a organização de uma política de colaboração entre a França e o governo xerifino nas regiões fronteiriças.

2.º — Que as negociações de 1901 nada mais foram do que uma *conversa* com a finalidade de determinar «*a aplicação do Tratado de 1845 nas regiões do sudoeste da Argélia*».

3.º — Que a convenção de 20 de Abril de 1902 era apenas um texto de execução, um acordo «*garantindo os resultados pretendidos no protocolo assinado em Paris em 20 de Julho de 1901 e regulando os detalhes previstos no protocolo*».

Sobre o acordo de 1901, Marrocos cita o art.º 2, segundo o qual «*para pôr fim a qualquer mal-entendido nesta matéria, o governo francês pagará ao governo xerifino uma indemnização que será posteriormente fixada de comum acordo*». No entanto, «*a compensação assim prevista não reconhece o direito de Marrocos à soberania sobre o território onde se encontram os postos mantidos*».[353]

Consequentemente, segundo Marrocos, «*os acordos de 1901, 1902 e 1910 destinavam-se principalmente a resolver problemas locais de segurança, de combate à criminalidade, de cobrança de impostos [...]. Não constituem, no entanto, disposições para a fixação da fronteira entre os dois países.*»[354]

Quanto à linha Varnier, foi traçada unilateralmente, é apenas uma linha administrativa, e não é, portanto, oponível a Marrocos.

O conjunto desta argumentação foi apresentado em 1960, quando a França se preparava para conceder a independência à Mauritânia, mas diz respeito quase inteiramente à Argélia porque, como vimos, a maior parte dos

[352] Livre Blanc, p. 48.
[353] Sublinhado do Autor.
[354] Cf. Livre Blanc p. 49.

documentos invocados, bem como as regiões a que se referem, fazem agora parte da Argélia.

Com base nos títulos apresentados, Marrocos reclama, portanto, esses territórios porque: *«é um princípio essencial que não pode ser contestado e que está integrado nas normas do direito internacional e no espírito da Carta das Nações Unidas, a saber: que só se pode dispor daquilo que se possui»*.[355]

A essência das reivindicações marroquinas em relação à Argélia foi novamente expressa por Sua Majestade o Rei Hassan II, numa conferência de imprensa de 25 de Outubro de 1963 feita na câmara de Marraquexe, após os acontecimentos sangrentos que ocorreram entre a Argélia e Marrocos. O soberano marroquino lembra:

1) O compromisso assumido pelo G.P.R.A em 1961.
2) O acordo de Março de 1956 sobre o reconhecimento da sua independência pela França e o respeito pela sua integridade territorial.
3) Que a própria França, pela voz do então embaixador em Marrocos, Sr. Alexandre Parodi, fez uma proposta para resolver o diferendo fronteiriço entre os dois países e, em particular, falar de Tindouf.
4) Marrocos, pela voz do Rei Mohamed V, teria respondido que qualquer negociação com a França naquele momento seria *«uma facada nas costas dos nossos amigos argelinos, que lutam e eu prefiro esperar pela independência da Argélia para colocar aos nossos irmãos argelinos a questão do contencioso fronteiriço»*.[356]
5) Que Ben Bella tinha aceitado o acordo Marrocos — G.P.R.A. durante a visita do Rei de Marrocos à Argélia em Março de 1963.

§ 2. A tese argelina

A tese argelina pode ser resumida em poucos pontos essenciais, não sendo os argumentos históricos e jurídicos objecto da sua exposição.

1. — Os tratados internacionais têm maior validade do que os direitos decorrentes de «algumas cartas».

355 Cf. Livre Blanc, p. 8.

356 Cf. Le Maroc en marche, publicação do Ministério da Informação Rabat, 1965, p. 323.

2. — A disputa argelino-marroquina não pode ser considerada uma disputa fronteiriça clássica porque o problema fronteiriço entre os dois países só apareceu após a violação do território argelino em Outubro de 1963. Foi, segundo os argelinos, a agressão e a ocupação temporária do território argelino que determinaram a reivindicação marroquina que pretendia legitimar «*a posteriori*» um facto consumado.

3. — O respeito pela integridade territorial da Argélia resulta da Carta da Organização da Unidade Africana de 1963. Foi por causa desse princípio que as negociações franco-argelinas inicialmente fracassaram.

4. — A afirmação do princípio da sucessão fronteiriça com base na situação colonial (*uti possidetis*).

5. — A rejeição da teoria das fronteiras móveis «que deixa o campo aberto a todo o tipo de especulações e de aventuras».

Para contestar a validade das cartas apresentadas por Marrocos, a Argélia afirma que nesta perspectiva não há nenhum país africano que não possa encontrar na história um título qualquer para reclamar os territórios dos Estados vizinhos.[357]

No que diz respeito à legitimidade das reivindicações marroquinas, a Argélia recorda os tratados celebrados por Marrocos antes do protectorado, ou seja, os tratados de Lalla Marnia e os de 1901, 1902 e 1910.

Em apoio ao princípio da manutenção das fronteiras da era colonial, a Argélia cita o exemplo americano (*uti possidetis*) e as declarações da maioria dos líderes africanos em relação às fronteiras coloniais. «*A delimitação de fronteiras com base na situação de facto colonial não é aliás exclusiva dos novos Estados africanos. Quando declararam a sua independência no início do século XIX, os países da América Latina tiveram também de manter os antigos limites territoriais estabelecidos pela administração espanhola.*»[358]

A Argélia rejeita a validade do acordo entre o G.P.R.A e Marrocos em que o primeiro se comprometia, em nome da Argélia, a reabrir, após a independência, a questão da fronteira. O G.P.R.A, de acordo com o Ministro dos Negócios

[357] A posição argelina só nos é conhecida através da exposição do Sr. Bouteflika, Ministro dos Negócios Estrangeiros da Argélia, perante a comissão *ad hoc* da O.U.A. em 1966. Acreditamos, porém, que reflecte o ponto de vista oficial do Estado argelino. O diferendo argelino-marroquino deu origem, em 1963, a combates sangrentos entre as duas partes.

[358] Cf. Exposição de M. Bouteflika.

Estrangeiros da Argélia, o Sr. Bouteflika, «*não tinha e não podia ter poder estatal, mas uma missão revolucionária relativa à condução da luta*». Além disso, o Conselho Nacional da Revolução Argelina nunca ratificou esse acordo.

Para contestar a sua validade, a Argélia argumenta que duas das condições essenciais exigidas pelo direito internacional, a saber: um poder de Estado e a ratificação, estavam ausentes. No entanto, continua o Ministro, a Argélia tendo aderido à soberania de Estado por meio do referendo[359] «*o referido acordo não foi assinado nem ratificado e, portanto, encontra-se implicitamente rejeitado. Constitui, portanto, um compromisso político de circunstância e não jurídico, ditado pelos imperativos da luta de libertação e, consequentemente, não susceptível de determinar o futuro da soberana Argélia.*»

Para concluir a apresentação do ponto de vista argelino, citamos outro trecho da exposição do Ministro: «*De facto, a maioria dos nossos Estados foi constituída e organizada no quadro do estatuto fronteiriço consagrado por um longo período de administração colonial [...]. Um questionamento destas fronteiras seria ao mesmo tempo um ataque à integridade territorial do país que conquistou a independência e uma contestação indirecta da transferência de soberania do poder colonial para o país libertado, etc.*»[360]

§ 3. Exame crítico

O que dizer destas duas teses? Cada uma apresenta elementos interessantes de análise, mas na verdade quem quer provar além do necessário acaba por não provar nada.

Comecemos com a tese marroquina.

Em primeiro lugar, a tese da autoridade espiritual e temporal que teria sido exercida pelos soberanos marroquinos sobre as tribos das regiões contestadas, como vimos, é suportada por vários actos, entre os quais as cartas e os *dahirs* que nomeiam chefes de tribos da área reivindicada.

A história marroquina ensina-nos que várias dinastias reinaram sobre o solo marroquino. A primeira, a dos Idrissidas, que podem ser considerados os

[359] Isso também invalida, em nossa opinião, qualquer suposto valor internacional dos «acordos» de Evian e do carácter constitutivo do acto de independência.
[360] Loc. cit., p. 116.

fundadores do Estado marroquino, surgiu no século IX e, enfraquecida por dissensões internas, foi suplantada 150 anos depois por outra dinastia, a dos Almorávidas, no século XI.[361]

Os Almorávidas, que eram berberes *sanhajas*, originários do Saara, eram na sua maioria guerreiros, embora o seu espírito religioso os levasse a fundar um convento na costa da Mauritânia. Conseguiram pela força das armas subjugar os povos vizinhos e tomar o Tafilalet.

Os Almorávidas foram suplantados por sua vez pelos Almóadas berberes Masmouda, originalmente da região de Tinmel, no Alto Atlas, e partidários de um reformador religioso, Mohamed Ib Toumert. O seu tenente Abd al Houmen tomou Marraquexe após ter mandado matar o último Sultão almorávida, e conquistou um grande império que abrangia todo o norte de África, incluindo a Tripolitânia.

De acordo com historiadores, no entanto, a sua autoridade não se estendia ao Saara.

Os almóadas foram, por sua vez, expulsos pelos Beni-Merin, que operavam principalmente a partir do Tafilalet e do Touat. No início do século XIII ocuparam Marrocos inteiro, e no terceiro quartel desse século estabeleceram-se em Marraquexe. Esses merínidas tiveram de enfrentar não só portugueses e espanhóis, mas também o reino árabe de Tlemcen. No entanto, conseguiram estender a sua influência sobre o Touat e Gourara.

Os Maqil, guerreiros árabes que foram auxiliares dos merínidas depois de os combater, invadem a Mauritânia e o Hodh e subjugam as populações locais de quem exigem o pagamento de tributos e impostos. Nas lutas com as populações locais sofreram reveses e tiveram de pedir ajuda aos seus antigos senhores, o que pode explicar as cartas de investidura e o facto de os soberanos marroquinos os considerarem seus vassalos, o seu território sendo, portanto, considerado marroquino.

As dinastias seguintes, a dos saadianos Shorfa e a dos alauitas, em particular esta última por causa do seu título xerifino de descendentes directos do profeta, continuaram a considerar os Maqil como seus vassalos. Daí as cartas de nomeação.

361 Para esses desenvolvimentos, recorremos à obra de M. Husson, já citada. Para um estudo mais detalhado da história marroquina, cf. Terrasse, H. — Histoire du Maroc des origines à l'établissement du protectorat français. Éditions Atlantides, Casablanca, 1951.

Os historiadores, no entanto, concordam em afirmar que, excepto durante a época de Al-Mansour, a soberania marroquina nunca se estendeu ao Saara.

Em nossa opinião, as cartas de nomeação não comprovam o exercício de uma autoridade soberana efectiva dos soberanos marroquinos sobre as áreas em disputa. Dada a confusão que existia entre as autoridades espirituais e temporais, nada impede que as tribos tivessem direitos decorrentes apenas da sua lealdade espiritual. O caso de Marrocos não é certamente único. A história dos Estados cristãos também revela o valor que nos primeiros tempos representava uma investidura papal. A título de exemplo, podemos citar o caso de Portugal e Espanha, que receberam do Sumo Pontífice cartas de investidura e de atribuição de terras na América, África e Ásia. Para mostrar a sua submissão aos sucessores de São Pedro, os Reis de Portugal pagaram durante anos um tributo de 30 cruzados de ouro. É provável e mesmo quase certo que a Espanha também tenha manifestado alguma prova de fidelidade. Essa prática correspondia às ideias políticas dominantes, e ainda hoje encontramos o seu reflexo no facto de que, nos países da cristandade, o Núncio Apostólico, em representação de Sua Santidade, é automaticamente designado reitor do corpo diplomático.

A Igreja desempenhou um grande papel nos assuntos de Estado; a influência que exerceu sobre os soberanos, que iam frequentemente buscar aos membros do corpo eclesiástico os seus conselheiros e estadistas, por vezes de notável competência, é disso prova. Devemos concluir que o Papa era o soberano de todos esses Estados?

O pagamento do tributo existe porque há Estados que vivem lado a lado. O mais forte exigia isso do mais fraco em troca de protecção no caso de agressão externa.

Ainda hoje existe essa forma de relacionamento entre os Estados. Como em todas as áreas, houve uma evolução, e ainda hoje os Estados fracos não votam nas organizações internacionais como gostariam, e nem sempre fazem o que querem, mesmo quando se trata de assuntos internos. Há um Estado na Europa que, por ter querido esquecer esta regra de ouro das actuais relações interestatais, não teve uma «Primavera». Esse Estado não deixa de ser soberano.

No direito internacional público, os títulos históricos podem ser revogados por uma ocupação efectiva dos territórios em disputa, durante um período mais ou menos longo.

Este facto desempenha um papel primordial no direito internacional. Um título não pode ser válido se não for acompanhado de actos conclusivos para garantir a sua manutenção. Uma ocupação, mesmo ilegal, pode ter consequências jurídicas válidas. Não é o acto ilícito que se torna lícito, mas o direito internacional público não permite que a incerteza reine por muito tempo nas relações entre os Estados. Perante um título jurídico não sancionado por factos concordantes, prefere a certeza de uma ocupação efectiva.

Isso foi demonstrado por Max Huber, árbitro único no caso da Ilha de Palmas ou Mianga em 1928, e relembrado no caso dos Minquiers e Ecréhous, pelo Tribunal Internacional de Justiça.

No entanto, a linha Varnier, proposta em Janeiro de 1912, ou seja, poucos meses antes da assinatura do Tratado de Fez, assentava no «*domínio pastoril das tribos*» e baseava-se nas disposições dos acordos de 1901, 1902 e 1910.

Estes tratados não definiram a linha de fronteira, mas, ao dar a cada país o direito de instalar postos alfandegários e de guarda e a possibilidade de instalar mercados ao longo de certas rotas, não estariam eles indirectamente a proceder à definição da linha de fronteira? Como imaginar a possibilidade de instalação de postos de guarda e alfândega em território estrangeiro?

Mesmo que aceitemos que essa partilha não define indirectamente a fronteira, por que não houve por parte dos soberanos marroquinos um protesto contra a fronteira proposta por Varnier?

Em qualquer caso, a linha proposta foi efectivamente aceite como fronteira entre os dois países até ao reconhecimento da independência de Marrocos pela França. Contra esta realidade da fronteira assim definida, podemos dizer que a França estava dos dois lados da barreira e que tinha interesse em dar vantagens à Argélia, departamento francês, em detrimento de Marrocos, um simples protectorado. Não julgamos, porém, que esse argumento seja irrefutável, porque se analisarmos a história, ou apenas a história da colonização, percebemos que mesmo quando duas colónias dependem da mesma soberania, podem surgir conflitos de competência. Qualquer autoridade investida é ciosa dos seus poderes, e os conflitos entre os governos das colónias vizinhas por causa dos limites foram frequentes. Podemos dar como exemplo o caso da Guiné (ex-francesa) e do Senegal. A fronteira entre estes dois países gerou conflitos entre as autoridades de ambos até ser definitivamente definida em 1933.[362]

[362] cf. decreto de 13 de Dezembro de 1933, B.O.M.C., 1933, U. 1725.

Também se poderia argumentar que o que pode ser válido para as colónias não o é para o protectorado, onde o protegido está sujeito apenas a uma espécie de «*capitis diminutio*», e mantém a sua personalidade internacional. O que é de certa forma verdadeiro, mas só até certo ponto. Marrocos, protectorado internacional, administrado apenas de cima pelo Residente francês, não estava a ir para um estatuto de dependência plena, nos últimos anos de protectorado?[363] De que outra forma explicar o exílio do Sultão em Madagáscar?

Na verdade, as duas situações não eram muito diferentes uma da outra. Madagáscar já tinha sido um simples protectorado da França, mas isso não impediu a sua subsequente anexação de facto.

O Coronel Trinquet tinha proposto outra linha de fronteira em 1938, mas, como sabemos, essa linha proposta por razões estratégicas e militares não foi aceite pelas autoridades de Paris, enquanto a linha de Varnier foi confirmada por um Conselho interministerial. Além disso, é sabido que os distritos militares nem sempre coincidem com as divisões administrativas civis.

Consequentemente, a tese avançada por Marrocos segundo a qual os Tratados de 1901, 1902 e 1910 não definiam a fronteira, não nos parece poder ser aceite. Resulta isto daquilo que foi exposto, mas também do facto de que o objectivo desses acordos era a implementação das disposições do Tratado de Lalla Marnia, que se tornou causa de mal-entendidos e conflitos entre as populações do deserto. Foi para evitar a ausência de fronteira entre os dois países além do Teniet-Sassi que esses acordos foram assinados. Como ignorar isso agora?

A linha Varnier foi efectivamente aceite até à independência da Argélia, do ponto de vista do direito internacional, como uma verdadeira fronteira.

No direito internacional público, as normas jurídicas não resultam apenas de acordos, também derivam, na verdade em grande parte, do costume, e o que o cria o costume senão o facto?

No que diz respeito à Argélia independente, os argumentos apresentados não são mais conclusivos.

Primeiro, vem o famoso acordo assinado entre Marrocos e o G.P.R.A. em 1961.

[363] Cf. Flory, M. — La notion de protectorat et son évolution en Afrique du Nord, Revue juridique et politique de l'Union Française, 1954, n.º 4, 1955, n.º 1.

No direito internacional público, a validade das convenções está sujeita a certas condições. Essas condições estão ligadas à capacidade das partes contratantes e ao objecto do tratado.

Se a capacidade de celebrar acordos internacionais deixa de ser privilégio exclusivo dos Estados, permanece o facto de que ainda são os Estados os únicos que constituem os sujeitos de direito internacional, gozando de plena capacidade jurídica. Os demais sujeitos de direito internacional têm apenas uma competência reduzida ou mesmo parcial, decorrente do objecto da sua actividade, para celebrar tratados correspondentes a essa mesma actividade.

No parecer sobre a compensação dos danos sofridos ao serviço da ONU[364], o Tribunal Internacional reconhece que a organização foi concebida para exercer e desfrutar de direitos que só podem ser explicados com base na existência de uma grande personalidade internacional, e na capacidade de agir internacionalmente.

Se todos os Estados «*ipso facto*» têm personalidade internacional e, portanto, a capacidade de celebrar tratados (art.º 5 parágrafo 1 do projecto de artigos sobre o direito dos tratados aprovado pela Comissão do Direito Internacional na sua 18.ª Sessão em Genebra em 4 de Maio/19 de Julho de 1966), a existência de capacidade jurídica em benefício dos outros sujeitos do direito Internacional deve ser formalmente reconhecida pelos outros membros da sociedade internacional e, em particular, pelos Estados.

Tanto a doutrina quanto a jurisprudência atribuem a esses assuntos uma competência puramente funcional. O G.P.R.A., supondo que fosse reconhecido — e foi reconhecido pela maioria dos países árabes — como o governo de um Estado argelino, podia assumir compromissos que extrapolassem a função atribuída, ou seja, a centralização dos esforços com vista à independência nacional?

Por outras palavras, ainda que admitamos que o G.P.R.A. tinha a capacidade para celebrar tratados, será que podia vincular o futuro Estado argelino em relação à questão das fronteiras?

A menos que caiamos num artificialismo exagerado e ingénuo, não pensamos que assim seja.

[364] Cf. cit. Colectânea T.I.J., 1949, p. 174.

O problema das fronteiras pressupõe necessariamente a existência de uma base territorial, ou mesmo de uma organização estatal constituída no quadro do direito internacional. Ora não era esse o caso.

Em 1961, que saibamos, não existia nenhum Estado argelino constituído.

Se Marrocos tivesse reconhecido o G.P.R.A. como o governo de um Estado argelino existente, isso só a ele dizia respeito, e o «tratado» assinado não poderia de forma alguma vincular o futuro Estado argelino, para o qual o acordo em questão é apenas uma «*res inter alios acta*».

A ratificação de tratados só é exigida quando estipulada pelas partes, mas acontece que, para poder expressar no plano do direito internacional a vontade do sujeito de direito, em nome de quem o tratado é celebrado, o signatário deve ser legalmente investido do poder de celebrar tratados.

O Sr. Ferhat Abbas foi legalmente investido para falar em nome do Estado argelino? Mesmo que possamos responder afirmativamente, surge outra pergunta: De que Estado argelino estamos a falar?

O acordo de Rabat pode, no máximo, ser considerado como uma promessa pessoal feita pelo Presidente do G.P.R.A., mas não podia vincular, a nível internacional, o futuro Estado argelino.

Em relação à posição da Argélia, algumas observações podem ser feitas.

A Argélia afirma que o diferendo argelino-marroquino não é um litígio fronteiriço clássico porque só depois da agressão marroquina e da ocupação de parte do seu território é que Marrocos começou a reivindicar os territórios disputados.

A alegação não é exacta, porque Marrocos apresentou as suas pretensões sobre os territórios contestados a partir de 1956. Se as diligências marroquinas junto dos seus vizinhos não tiveram sucesso, é porque o Reino xerifino apresentava pretensões exageradas. À inexistência de fronteira entre os dois países, tese defendida por Marrocos, a França opôs o facto da ocupação dos territórios contestados.

Marrocos não é o único país com fronteiras não delimitadas por tratado. Parte da fronteira que separa o Egipto do Sudão é uma linha administrativa traçada pelas autoridades britânicas. Enquanto o Egipto exercia supostamente a co-soberania sobre o Sudão com o Reino Unido, a fronteira foi traçada apenas pelo Reino Unido. No entanto, que saibamos, esse limite não é objecto de contestação.

Da mesma forma, parte da linha de fronteira entre a Tunísia e a Argélia foi delimitada apenas pela autoridade francesa. Com a excepção do pedido da Tunísia de rectificação do marco 233[365], em relação ao qual os argelinos e os tunisinos puderam chegar a um acordo, nenhuma pretensão territorial foi enunciada entre esses dois Estados árabes.

Quanto ao acordo entre o G.P.R.A. e Marrocos, é duvidoso que, mesmo em caso de «ratificação» pelo Conselho Nacional da Revolução, pudesse ser considerado internacionalmente válido. O G.P.R.A. não era um governo normal, e o seu reconhecimento por Marrocos não poderia ter o efeito de o transformar num Estado dotado de fundamentos territoriais. O reconhecimento marroquino não é oponível a Estados terceiros e, além disso, o G.P.R.A não poderia vincular o futuro Estado argelino. No máximo, podemos considerar o dito «acordo» como uma simples promessa de reabrir depois da independência a questão das fronteiras da era colonial. Não terão as possibilidades de o fazer diminuído depois das batalhas sangrentas entre os dois países em 1963?

A posição argelina é, no seu conjunto, a mais próxima da doutrina e da prática dos Estados em matéria de conflitos territoriais.

Todos os autores concordam em afirmar que em caso de cessão, secessão ou acesso à independência, os novos Estados são sucessores dos limites que existiam na dependência. Esses limites podem resultar de tratados de delimitação ou de uma delimitação de facto. No primeiro caso, é o princípio da sucessão dos estados nos tratados que prevalece, ao passo que no segundo, a sucessão baseia-se no *uti possidetis*, ou seja, no facto de ter possuído o território contestado durante um período mais ou menos longo.

A sucessão dos Estados nos tratados de limites baseia-se numa ideia de justiça. Esses tratados, também chamados de tratados objectivos ou criadores de direitos reais, vinculam-se ao território e vivem uma vida independente dos Estados que os celebraram. Impõem no território em questão uma servidão que só um novo acordo poderá alterar.

O *uti possidetis*, por outro lado, baseia-se no facto da ocupação efectiva do território disputado.

[365] Isto pode ser apresentado como um exemplo da diferença que existe entre um diferendo territorial, por um lado, e um diferendo de limites. O primeiro consiste em contestar ou reivindicar todo um território, enquanto o segundo diz respeito apenas à localização do limite. O caso do marco 233 é um diferendo de limites.

A prática dos Estados em relação aos tratados de limites mostra-nos que os Estados aceitam sempre considerar-se obrigados por tratados de limites celebrados pelos seus predecessores. Foi o caso dos EUA em relação às fronteiras entre o México e os EUA, a fronteira do Texas sendo considerada como a que foi delimitada na época em que o Texas fazia parte do México. Da mesma forma, os EUA aceitaram a manutenção da fronteira entre o Alasca e o Canadá, que resultava do tratado de delimitação russo-britânico. Além disso, a jurisprudência internacional que deriva dos casos da Ilha de Palmas e de Minquiers e Echréous, e mesmo do caso anglo-norueguês sobre a pesca, relativo ao método de medição da extensão das águas territoriais, prefere os factos à validade de um título jurídico não exercido: «*ex factos oritur*» e não «*ex injuria jus non oritur*».

AS PRETENSÕES MARROQUINAS EM RELAÇÃO À MAURITÂNIA

As pretensões marroquinas em relação à Mauritânia baseiam-se também na autoridade espiritual e temporal exercida desde sempre pelos soberanos sobre a Mauritânia.

A continuidade da soberania do Estado marroquino sobre o território adquire-se pelo duplo facto da existência de títulos reconhecidos pela população e pelo exercício efectivo da competência, concretizada pela investidura dos emires dos principados mauritanos — (como o Adrar e o Trarza), a designação de califas, os sermões (Khotba) em nome do Sultão, a cobrança de impostos, a defesa militar contra os agressores, na medida das possibilidades do Estado soberano, etc.[366]

Mas a Mauritânia não tem fronteiras comuns com Marrocos. Como então explicar as pretensões marroquinas de considerar a Mauritânia como território marroquino?

Que títulos invoca então Marrocos para reivindicar o território da Mauritânia?

§ Historial da disputa territorial marroquino-mauritana

As fronteiras da Mauritânia foram objecto de tratados entre a França e a Espanha. Decretos de delimitação durante a administração francesa

[366] Cf. Livro Branco sobre a Mauritânia, p. 29.

delimitaram a fronteira entre a Mauritânia e os outros territórios da antiga África Ocidental Francesa.[367]

No rescaldo da independência de Marrocos, o governo xerifino instou o governo francês a entregar a Marrocos o território mauritano que, segundo o referido governo, sempre fez parte do reino de Marrocos.

Outras abordagens foram feitas junto do Secretário-Geral da ONU[368], a fim de incluir a questão da Mauritânia «parte integrante de Marrocos» na agenda da décima quinta Assembleia Geral das Nações Unidas.

Por sua vez, por iniciativa de Marrocos, o Comité Político do Conselho da Liga Árabe reunido em Chtaura (Líbano) aprovou uma resolução apoiando Marrocos «*no seu pedido de recuperação da Mauritânia, parte integrante do seu território nacional*».

A posição marroquina

Os argumentos das partes reduzem-se à organização marroquina porque, tanto quanto sabemos, o governo mauritano nunca se pronunciou oficialmente sobre o caso, tendo as suas fronteiras sido objecto de tratados entre a França e a Espanha.

§ 1. A argumentação marroquina

Baseia-se, como dissemos, na autoridade espiritual e temporal que teria sido exercida, durante muito tempo, pelos soberanos marroquinos.

Como resulta do Livro Branco sobre a Mauritânia, esta argumentação pode ser dividida em duas partes: por um lado, a argumentação histórica e, por outro, a argumentação jurídica.

a) A argumentação histórica

Esta estaria baseada nos actos de autoridade exercidos pelas autoridades marroquinas, nomeadamente os actos de nomeação, o envio de tropas de

367 Consultar o anexo para as referências e fontes de todos estes documentos.

368 Cf. texto da nota do Ministro dos Negócios Estrangeiros de Rabat, pp. 118/20, do Livre Blanc.

reforço, etc. Um efectivo exercício de poderes teria sido exercido pelos soberanos reinantes de Marrocos, desde os almorávidas *sanhajas*, que estavam presentes em todo o Saara, até às fronteiras do Senegal e do Níger.

Posteriormente, os saadianos, apoiados pelas irmandades do Saara, expulsaram os portugueses e os espanhóis que tentavam tomar os seus territórios.

Os almorávidas, por sua vez, e isto durante três séculos, teriam enviado expedições a Adrar em 1689, ao Tagant em 1680, a Chenguiti e ao Senegal em 1730 (por Massa, Oued-Noun e Seguia-el-Hamra), e Tichit em 1789. Teriam sido feitas viagens de inspecção ao actual território da Mauritânia por alguns soberanos marroquinos, como Moulay Rachid, Moulay Ismaël e Moulay Abdallah.

Contingentes xerifinos foram colocados à disposição do emir de Trarza, por volta de 1672. Este emir teria recebido a investidura do Sultão ao mesmo tempo que um chefe de Hodh, e sob os saadianos, a nomeação de certos chefes tuaregues teria dependido da decisão dos paxás marroquinos do extremo sul do Reino.

Essas marcas de fidelidade e de lealdade por parte das populações da Mauritânia nunca teriam cessado, mesmo depois dos franceses chegarem à Mauritânia e ao Hodh. Os chefes mauritanos pediram mesmo repetidamente ao Sultão reforços e socorro para os ajudar a lutar contra a França.[369]

Em apoio da sua argumentação, Marrocos cita passagens de livros principalmente franceses, cujos autores afirmam que tal e tal região era marroquina ou que os seus chefes pagavam tributo ao Sultão.

Assim, o oficial e intérprete francês A.G.P. Martin[370] escreveu em 1923 que o Saara marroquino dependia no início do século de dois califas, o tenente xerifino do Saara residente em Tafilalet e o de Marraquexe, de que dependem o Souss e a Seguia-el-Hamra, que joga também o papel de um pedúnculo político ligando os muçulmanos de todo o sul do Saara ocidental ao Islão magrebino.

Le Chatelier, no seu trabalho sobre o Islão na África Ocidental, indicou que a investidura de Hennoun, Emir dos Ouled M'Barek, foi feita por Moulay Ismaïl.[371]

[369] Cf. Livre Blanc, pp. 10–11.

[370] Cf. 4 siècles d'Histoire marocaine, au Sahara de 1504 à 1902, au Maroc de 1895 à 1912, Paris, 1923, pp. 368/9.

[371] Livre Blanc, p. 36, segundo Chatelier. — L'Islam dans l'Afrique occidentale, Paris, 1899, p. 59.

Também retirando as suas fontes dos «Livres jaunes» franceses relativos aos assuntos marroquinos (III 1906/1907), Marrocos cita uma carta do Sr. Montane Capdebosq, na qual lemos: «*Devemos ficar justamente surpreendidos com a pretensão feita pelo Tribunal de Fez que, até agora, deixou as regiões que compõem a Mauritânia num estado de completo abandono de relações e assistência.*»

Marrocos também publica um *dahir* do Sultão Moulay Hafid, nomeando um caide na Mauritânia: «*A todos os nossos fiéis servos Ehel Hamdana, das tribos saarianas. Que Deus vos ajude e que a paz esteja convosco e que seja conhecido pela presente que nomeámos o nosso fiel servo o Caide Abdelkader Ben Taleb Chemsedy e que o investimos com o poder de zelar pelos vossos interesses: Pedimos-lhe que o escutem, que lhe obedeçam e que executem fielmente as suas ordens, no cumprimento da nobre missão de que o encarregámos e das directivas reais que lhe traçámos [...]. Escrito em 22 Ramadan 1325 AH (1907).*»

Portanto, de acordo com as fontes citadas, havia um reconhecimento implícito da autoridade marroquina sobre a Mauritânia.

b) A argumentação jurídica

Marrocos também apresenta argumentos jurídicos para reivindicar todo o território da Mauritânia. Resumem-se essencialmente no seguinte:

1) O exercício efectivo de competências por Marrocos em toda a Mauritânia.

Esta efectividade resulta, em primeiro lugar, dos testemunhos dos chefes mauritanos que afirmaram receber os seus poderes das autoridades marroquinas. Os *dahirs* de nomeação assim o provam.

O governo lembra ainda que, até 1955, os territórios anexados pela França aos territórios do sul do Saara e à Mauritânia dependiam efectivamente de Rabat (Tindout e Fort-Trinquet).

2) O Acto internacional de Algeciras de 1906, que garantia a integridade territorial de Marrocos.

Segundo Marrocos, no espírito dos 13 signatários deste Acto, Marrocos estendia-se até ao rio Senegal, o tratado secreto de partilha franco-espanhol de 3 de Outubro de 1904 tendo sido revelado só depois desta conferência.

3) O tratado franco-britânico de 1908[372], segundo o qual a zona de influência francesa não se devia estender além da linha Say-Baroua.

372 Trata-se da troca de cartas Waddington-Salisbury de 5 de Agosto de 1890.

Uma reserva teria sido feita em relação a Marrocos, segundo a qual os territórios sobre os quais a soberania do Sultão era exercida deveriam permanecer livres de qualquer influência francesa.

4) A troca de cartas anexada à convenção franco-alemã de 4 de Novembro de 1911.

Da leitura destas cartas, conclui-se que Marrocos abrange os territórios localizados entre a A.O.F, o Rio de Oro e a Argélia (art.º 9).

Na data da assinatura deste acordo, prosseguem os marroquinos, só a fronteira sul da Mauritânia era objecto do decreto de 18 de Outubro de 1904.

A convenção franco-espanhola de 27 de Junho de 1900 delimita artificialmente as zonas de influência francesa e espanhola (Rio de Oro, Seguia-el-Hamra Tajakant ou Tindouf), e deve ser considerada como *«res inter alios acta»* porque Marrocos não era parte nessa convenção.

Portanto, diz o governo marroquino, se o território marroquino fosse definido com base no art.º 9 da troca de cartas anexa à convenção franco-alemã de 4 de Novembro de 1911, o território mauritano não poderia fazer parte, nessa data, da antiga A.O.F. Além disso, a Mauritânia só foi transformada em colónia em 1920.

§ 2. Análise crítica

O que podemos concluir da argumentação marroquina?

O argumento histórico pode ser ignorado porque está exposto às mesmas observações que no caso da Argélia.

A argumentação jurídica não é mais convincente. O argumento baseado no exercício de competências efectivas contém a sua própria contradição. O simples facto de um pedido de ajuda dirigido pelos chefes mauritanos à corte xerifina prova, eventualmente, que os chefes em questão não podiam ser considerados administradores das províncias marroquinas.

Se os contingentes xerifinos foram colocados, segundo Marrocos, à disposição do emir de Trarza, é porque este não se encontrava em situação de dependência política do Sultão. Caso contrário, teriam sido despachados para garantir a ordem e tranquilidade nas áreas problemáticas e não «disponibilizados». A mesma crítica pode ser aplicada a outras situações idênticas.[373]

No que se refere ao Acto de Algeciras e à garantia da integridade territorial de Marrocos, nada se pode retirar que nos leve a dizer que, no espírito dos signatários, o território marroquino se estendia até ao rio Senegal. O argumento que consiste em afirmar que o tratado franco-espanhol de 3 de Outubro de 1904 só foi revelado depois do Acto de Algeciras é infundado. Este tratado é apenas a execução do art.º 3 da parte secreta da declaração franco-britânica de 8 de Abril de 1904, segundo a qual: «*Os dois Governos concordam que uma certa quantidade de território marroquino em Macente, Melilha, Ceuta e outros presídios espanhóis, no dia em que o Sultão deixar de exercer a sua autoridade sobre a mesma, cairá na esfera de influência espanhola.*»[374]

A Espanha foi, no art.º 4 deste acordo, convidada a aderir a estas disposições. Por isso o tratado franco-espanhol de 3 de Outubro de 1904 estipula, no seu art.º 1, que a Espanha adere à declaração franco-britânica de 8 de Abril de 1904 relativa a Marrocos e ao Egipto.

Na verdade, a declaração franco-britânica reconhece o direito da França de estender a sua influência sobre Marrocos (art.º 2), enquanto o art.º 1 reconhece um direito idêntico à Grã-Bretanha em relação ao Egipto. As disposições do acordo de 1904 eram, portanto, conhecidas, mesmo na sua parte secreta, pelo governo espanhol.

Se, entre os signatários do Acto de Algeciras, a opinião pudesse ser que a integridade do território de Marrocos significava o seu prolongamento até ao rio Senegal, no espírito da Espanha, da França e da Grã-Bretanha estava fora de questão.

[373] Isso não exclui a dependência religiosa. Além disso, o artigo do Professor Flory, sobre os territórios árabes, mostra claramente que havia uma confusão de poderes. É provável que qualquer chefe temporal muçulmano se julgasse investido de uma missão religiosa — a extensão do Islão — e pagava, por isso, tributo aos chefes religiosos superiores, aos descendentes directos do profeta, mas daí a dizer que a sua autoridade temporal era assim diminuída parece não corresponder à realidade. Foi em nome de Cristo e do seu delegado na Terra — o Papa — que as cruzadas foram organizadas. Foi em nome da expansão da fé cristã que portugueses e os espanhóis fizeram as descobertas, mas nunca ninguém disse que os territórios ocupados e evangelizados em nome de Cristo pertenciam ao Vaticano.

[374] Livre Blanc sur la Mauritanie, p. 86.

O tratado franco-espanhol de Paris de 27 de Junho de 1900 já delimitava as possessões dos dois Estados no Saara e incluía *grosso modo* os limites entre o Rio de Oro (Saara espanhol) e a Mauritânia. Ora este acordo, que Marrocos afirma hoje ser para si uma «*res inter alios acta*», foi imediatamente publicado, o que significa que não permaneceu secreto. Nenhum protesto foi levantado na época pelos soberanos marroquinos. Consequentemente, o território objecto da delimitação não era considerado pelo Reino xerifino como território nacional.

O terceiro ponto do argumento jurídico marroquino é constituído pela alusão à troca de declarações franco-britânica (Waddington-Salisbury) de 5 de Agosto de 1890, segundo a qual a zona de influência francesa se estenderia ao norte da linha Say-Baroua.

Em primeiro lugar, se o tratado franco-espanhol de 1900 é, para Marrocos, «*res inter alios acta*», o mesmo ocorre com essas declarações.

Em seguida, convém assinalar a diferença de opiniões que surgiu na altura da assinatura da referida troca de declarações entre o Quai d'Orsay e o Ministério francês das Colónias.[375] Este último considerou que as declarações proibiam a penetração dos territórios do Níger a partir do Norte, mas não do Sul ou do Oeste. Além disso, não confirmava o acordo franco-britânico de 14 de Junho de 1898, ao reconhecer à França territórios mais extensos do que aqueles que pareciam ter-lhe sido atribuídos pelas declarações de 1890, a tese do Ministério francês das Colónias?

Quando se consultam os textos originais[376] (francês e inglês) das declarações de 1890, nada pode levar à conclusão de que foi feita uma reserva, como afirmam os marroquinos, no que diz respeito ao território marroquino.

A primeira parte deste documento trata de Zanzibar, e a França compromete-se a reconhecer o protectorado que a Grã-Bretanha ali havia estabelecido.[377]

[375] Cf. neste estudo o capítulo sobre o elemento político-económico.

[376] Cf. Van Ortroy. — Op. cit., pp. 229/27.

[377] O acordo franco-britânico de 10 de Março de 1862 garantia a independência de Mascate e de Zanzibar. A Alemanha aderiu a este acordo no mesmo dia. Estas notas anglo-germânicas de 29 de Outubro/1 de Novembro de 1886, reconhecem as possessões do Sultão de Zanzibar nas ilhas de Zanzibar e Pemba, mas também no continente. Isso não impediu que a Grã-Bretanha e a Alemanha subsequentemente partilhassem as posses do Sultão. Quanto a Madagáscar,

Na segunda parte, a Grã-Bretanha, por sua vez, reconhece o protectorado da França sobre Madagáscar.

Podemos observar, a este propósito, que a integridade territorial desses dois países já tinha sido garantida por tratados entre as potências europeias, alguns anos antes.

Isso não impediu a colonização dos seus territórios.

Todos esses acordos devem ser contextualizados. Os tratados de garantia, quer de independência quer de territórios, o que é a mesma coisa, foram apenas um dos muitos métodos de penetração do continente. Quando havia mais de dois países interessados num território, o diferendo ficava «congelado» por um tempo, até que prevalecesse a superioridade de um ou de outro. A conferência de Berlim de 1885 também utilizou esse procedimento.

O quarto argumento marroquino é o tratado franco-alemão de 4 de Novembro de 1911, segundo o qual o território marroquino incluiria os territórios localizados entre a A.O.F., o Rio de Oro e a Argélia.

Na realidade, esse acordo previa a cessão à Alemanha, contra o seu desinteresse por Marrocos, dos territórios até então dependentes da França no Médio Congo. Era o que se chamava na época «bico de pato».[378] Esses territórios, que pertenceram aos Camarões desde essa data até 1918, foram devolvidos à França depois da guerra e agora fazem parte do Gabão.

Então, em 4 de Novembro de 1911, quais eram os limites da A.O.F., do Rio de Ouro e da Argélia?

O governo da África Ocidental Francesa foi reorganizado em 18 de Outubro de 1904 por decreto do Presidente da República Francesa, reproduzido no relatório do Ministro das Colónias.

De acordo com o art.º 1 deste decreto[379], o Governo Geral da A.O.F. incluiria:

> «*1.º — A Colónia do Senegal, que é composta por um lado, pelos territórios de administração directa que constituem a circunscrição actual do Senegal e, por outro lado, pelos países de protectorado da margem esquerda do Senegal que deixam de fazer parte da Senegâmbia-Níger. [...] 6.º — O território civil da Mauritânia.*»

depois de ter sido um protectorado francês reconhecido pelas outras potências, incluindo a Grã-Bretanha, foi simplesmente anexado pela França e a realeza foi abolida.

378 Cf. Art.º 2 do acordo de 4 de Novembro de 1904.

379 Cf. B.O.M.C., 1904, p. 1036.

A delimitação entre o Senegal e a Mauritânia foi objecto do decreto de 13 de Fevereiro de 1904[380] — a Mauritânia fazendo nessa altura parte da Senegâmbia-Níger — e não do decreto de 18 de Outubro de 1904, que dizia respeito apenas à reorganização do Governo Geral da África Ocidental Francesa.[381]

Sobre a fronteira entre a Mauritânia e o Rio de Oro (Saara espanhol), esta foi objecto do tratado franco-espanhol de 27 de Junho de 1900, que delimitou a fronteira desde Cap Blanc até a intersecção do Trópico do Câncer com o meridiano 14º20 a oeste de Paris (12º a oeste de Greenwich), e prolongando-a por este meridiano em direcção ao Norte[382].

Quanto à fronteira norte entre a Mauritânia e o Rio de Oro, foi objecto do tratado franco-espanhol de 3 de Outubro de 1904.

Embora seja verdade que este tratado foi mantido em segredo durante algum tempo, a celebração da convenção franco-alemã de 4 de Novembro provou, por outro lado, que a Alemanha tinha conhecimento das negociações franco-espanholas antes de estas estarem concluídas.

A fronteira entre a Argélia e a antiga A.O.F. é objecto da chamada convenção de Niamey, assinada nesta cidade a 20 de Junho de 1909. Foi precedida de outra delimitação feita pelo acordo de princípio de 7 de Junho de 1905. Foi sobretudo este acordo que delimitou a fronteira entre a Argélia (mais precisamente os antigos territórios do sul da Argélia) e Mauritânia.

Consequentemente, esta delimitação, que vai das nascentes do Oued Tin-Zaouten (confins argelino-malianos) até ao Cap Noun, já tinha sido feita em 1905. A delimitação de Niamey foi aprovada por decisão do Presidente do Conselho francês datada de 16 de Agosto de 1911, poucos meses antes do acordo franco-alemão de 4 de Novembro de 1911. A partir daí, estava fora de questão considerar a Mauritânia como parte de Marrocos.

Como aceitar o argumento segundo o qual o tratado de 3 de Outubro de 1904 entre a França e a Espanha seria «*res inter alios acta*», mas não o celebrado entre a França e a Alemanha em 1911?

380 Cf. B.O.M.C., 1904, p. 157.

381 Decreto precedido da portaria do Governo Geral da A.O.F. datado de 15 de Novembro de 1903.

382 Este traçado foi recentemente especificado pelo acordo franco-espanhol de 19 de Dezembro de 1956, cf. Cordero Torres, Textos, II, pp. 246/247.

Da análise de todos os documentos apresentados por Marrocos, conclui-se que a Mauritânia não podia, nessa altura, ser considerada território marroquino. Além disso, as demarcações de 1905 e 1909 entre a Argélia e a antiga África Ocidental Francesa provam que os territórios em questão faziam de facto parte da A.O.F. antes da assinatura do tratado franco-alemão de 1911.

As pretensões marroquinas sobre a Mauritânia, na nossa opinião, não relevam, portanto, do direito internacional público.

§ 3. Reivindicações marroquinas em relação à Espanha

A Argélia e Mauritânia não são os únicos Estados alvo das reivindicações territoriais marroquinas. Estas também dizem respeito à Espanha e aos territórios que possui no norte da África: Rio de Oro (Saara espanhol), o Ifni e os cinco postos de soberania (Ceuta, Melilha, Penon Velaz de la Gomera, Penon de Alhucemas e Ilhas Chafarinas).

Todos esses territórios tiveram as suas fronteiras delimitadas por actos jurídicos internacionais.

No que diz respeito ao Rio de Oro, as suas fronteiras foram delimitadas pelos tratados franco-espanhóis de 27 de Junho de 1900[383] [384] de 3 de Outubro de 1904, de 27 de Novembro de 1917 e mais recentemente pelo tratado franco-espanhol de 19 de Dezembro de 1956.

As fronteiras do Ifni foram fixadas pelos tratados franco-espanhóis de 3 de Outubro de 1904 e de 27 de Novembro de 1912.

Melilha viu as suas fronteiras delimitadas pelo convénio hispano-marroquino de 24 de Agosto de 1859, e confirmadas pelo acordo de 26 de Abril de 1860 e finalmente pelo de 26 de Junho de 1862.

A delimitação de Ceuta acabou por ser objecto de um tratado entre Espanha e Marrocos, tratado de paz assinado em 26 de Abril de 1860[385].

O que dizer das reivindicações territoriais marroquinas?

383 Cf. Rouard de Card, E. — Traités de délimitation concernant l'Afrique Française, 1910, p. 41; Cordero Torres. — Textos, II, pp. 242/3, Livre Blanc sur la Mauritanie, p. 69.

384 Para as fontes exactas, cf. o nosso anexo.

385 Sobre a origem dos territórios dependentes da Espanha no Norte da África, cf. Cordero Torres, Fronteras Hispanicas, Madrid, 1960, p. 365 e ss.

É duvidoso que os argumentos históricos e jurídicos possam facilitar o retorno a Marrocos dos territórios que reivindica. A Argélia, a Mauritânia e os territórios sob administração espanhola viram, como quase todos os territórios africanos, os seus limites impostos pelos colonizadores. Em todo o lado, os mesmos argumentos, históricos e jurídicos, são utilizados para contestações recíprocas sobre uma parcela de território. A colonização é um momento da história contemporânea que só depende do julgamento da história.

O direito das nações a disporem de si-próprios não permite, de forma alguma, o exercício deste direito para a satisfação de ambições territoriais. Como na América Latina, a manutenção das fronteiras da época colonial, seja com base na sucessão dos Estados nos tratados objectivos, seja com base no «*uti possidetis*» — noção que tentaremos analisar no próximo capítulo — parece-nos ser a única solução susceptível de resolver os problemas colocados pelas reivindicações marroquinas. Solução de acordo com a prática dos Estados, com a doutrina, e até mesmo com a opinião dos Chefes de Estado africanos.

No entanto, nada impede que as partes concordem em adoptar um novo traçado da linha da fronteira ou em fazer alterações à fronteira dos tempos coloniais.

SECÇÃO II: AS REIVINDICAÇÕES TERRITORIAIS DA SOMÁLIA

Na conferência da O.U.A realizada no Cairo em Julho de 1964, apenas a Somália se pronunciou publicamente contra os princípios de manutenção das fronteiras da era colonial.

O governo pretendia, em nome da unidade das nações somalis, unir numa só pátria as tribos somalis que hoje se encontram espalhadas nos territórios vizinhos.[386] As pretensões da Somália são dirigidas à Etiópia, ao Quénia, e à Costa Francesa da Somália (actualmente território dos Afar e Issas).

[386] A bandeira da Somália traz no centro uma estrela de cinco pontas que supostamente representa as cinco partes de uma República Somali que quer ser unitária. As duas primeiras representam os territórios que já fazem parte da República, ou seja, a ex-Somalilândia e a ex-Somália italiana. As outras pontas representam os territórios habitados por tribos de ascendência somali e que fazem parte da Etiópia, do Quénia e da costa francesa da Somália. Cf. Brown, Recent development in the Ethiopia-Somaliland frontier, I.C.L.Q., 1961, p. 171.

Para compreender correctamente as reivindicações da Somália, devemos situar-nos no momento da independência.

Foi em 26 de Junho de 1960 que a Somalilândia acedeu à soberania nacional. Logo na sua primeira declaração oficial, o novo Estado anunciou que não aceitaria o tratado anglo-etíope de Addis Abeba de 14 de Maio de 1897, que delimitava a fronteira entre a República da Somália e a Etiópia. A ex-Somália italiana, colocada, no rescaldo da Segunda Guerra Mundial, sob o regime de tutela da ONU, recuperou também a independência em 1 de Julho do mesmo ano uniu-se, a partir de 2 de Julho, à República da Somália.

Em resultado desta união, a Etiópia tem fronteiras comuns com a Somália não só do lado da ex-Somalilândia, mas também do lado do território anteriormente sob tutela. Portanto, é com o Império Etíope que a República da Somália irá disputar a maior parte do seu contencioso fronteiriço.

As reivindicações da Somália contra os seus três vizinhos, a Etiópia, o Quénia e a Costa Francesa dos Somalis, encontram um precedente na atitude adoptada pela Itália durante a anexação da Etiópia em 1935. Nessa data, o governo italiano fez ajustes nas fronteiras para que todos os territórios habitados por tribos somalis relevassem da mesma autoridade.

O DIFERENDO FRONTEIRIÇO ENTRE A SOMÁLIA E A ETIÓPIA

Após a reunião da Somalilândia com a Somália sob a tutela das Nações Unidas, a nova República da Somália tem uma dupla fronteira com a Etiópia. Embora a fronteira entre a antiga Somália italiana e a Etiópia não tenha sido totalmente definida por textos internacionais, existe um limite de facto entre os dois territórios e não parece que a nova República Somali conteste a sua realidade.

Por outro lado, o problema litigioso coloca-se para a antiga fronteira da Somalilândia com a Etiópia, conforme definida pelo tratado anglo-etíope de 4 de Junho de 1897.

§ 1. Historial do diferendo territorial entre a Somália e a Etiópia

Por tratados assinados entre 1884 e 1886[387], 5 chefes tribais somalis ficaram sob a protecção da Coroa Britânica. Os seus territórios, cujos limites exactos não eram conhecidos, estavam encostados ao território do Império Etíope.

Após controvérsias sobre os limites entre a Etiópia e os países do protectorado britânico da costa dos Somalis, um tratado de comércio, de amizade e de limites foi assinado em Adis Abeba em 14 de Maio de 1897.[388] Nos termos do art.º II desse tratado, as fronteiras entre os dois territórios seriam objecto de uma troca de notas posterior entre James Rennel Rodd para a Inglaterra e o Ras Makonnen para a Etiópia.

Essas notas, que deviam ser anexadas ao tratado de 1897, do qual fariam parte integrante, foram assinadas no dia 4 de Junho seguinte em Harrar (28 Genbot 1889). Delimitavam a fronteira entre os dois países, e garantiam ainda às «*tribos que habitam de cada lado da linha o direito de frequentar os pastos de cada lado, ficando entendido que durante as suas migrações estariam sujeitas à jurisdição da autoridade territorial*».

Assim, o tratado de 1897 não só delimitou a fronteira, mas também se pronunciou sobre o direito de migração sazonal e de pastoreio dos habitantes da zona fronteiriça.

Essas pastagens estão localizadas na região do Haud e na região denominada pelos ingleses de «Reserved Area».[389] Em consequência da delimitação

[387] Os tratados em questão foram assinados em 1 de Maio de 1884 (Mijjertayn), 14 de Julho de 1884 (Habr-Awal), 11 de Dezembro de 1884 (Gadaburi), 26 de Dezembro de 1884 (Habr--Tojaala), 31 de Dezembro de 1884 (Essa-Somal), 13 de Janeiro de 1886 (Habr-Gerhajis), 27 de Janeiro de 1886 (Wassanjali), 1 de Fevereiro de 1886 (Habr-Tojaala), 1 de Fevereiro de 1886 (Habr-Gerhajis), e 1 de Março de 1886 (Habr-Awal).
O primeiro grupo de 5 tratados determinava o compromisso de não ceder ou alienar os seus territórios, excepto ao governo britânico. Nos seguintes, os chefes somalis concordam em colocar os seus territórios sob a protecção da Coroa Britânica. Cf. Hertslet, The Map of Africa by treaty, 2.ª ed., 1896, Londres, vol. II, p. 834.

[388] Cf., entre outros, Van Ortroy, Op. cit., pp. 491/503 textos em inglês e francês.

[389] «Reserved Area», ou «área reservada», assim chamada porque depois da libertação do território etíope em 1924, esta área foi colocada, por um tratado especial entre a Etiópia e a Inglaterra, sob administração militar britânica, dado que os territórios em questão eram considerados importantes para a segurança britânica e para os seus abastecimentos durante a guerra. Foi por causa desta submissão a um estatuto militar especial que a região assumiu

de 1897, parte do Haud permaneceu em território etíope (Ogaden), bem como a «Reserved Area», que está, em grande parte, em território etíope[390], mas fora do Ogaden.

A actual controvérsia resulta da proclamação feita pelo Primeiro-ministro somali em 26 de Junho de 1960 — o próprio dia da independência — de que a Somália não poderia ser vinculada pelas estipulações do tratado de 1897 porque os tratados de protecção de 1884 a 1886 afirmavam expressamente que os territórios das tribos em questão não poderiam ser cedidos ou alienados, excepto à Grã-Bretanha. Consequentemente, o tratado em questão devia ser considerado nulo e sem efeito.

Note-se, no entanto, que esta posição foi parcialmente motivada pelos graves incidentes ocorridos no final de 1954 entre alguns membros de tribos somalis e as tropas etíopes.[391]

A diferendo fronteiriço entre a Somália e a Etiópia foi além disso obscurecido pelo facto de que as zonas em litígio, especialmente o Ogaden, embora reconhecidas pela Grã-Bretanha como território etíope, não tinham na verdade dependido da autoridade etíope, excepto numa pequena parte, a «Reserved Area», isto num período antecedendo a anexação da Etiópia pela Itália em 1935. A Itália separara essas regiões da Etiópia para as colocar sob administração somali.

Em 1954, foi assinado um tratado entre a Etiópia e a Grã-Bretanha com a finalidade de devolver à primeira os territórios que tinham estado sob administração militar britânica. Depois deste tratado, a transferência ocorreu em 1955, o que provocou imediatamente uma reacção desfavorável das populações cujas pastagens tiveram de ser novamente partilhadas. Os representantes das tribos chegaram a apelar para as Nações Unidas, aliás sem sucesso, porque as disposições do tratado de 1897, como as dos tratados de 1942, 1944 e 1954, afirmavam categoricamente a pertença dos territórios contestados à Etiópia.

o nome de «Reserved Area». O acordo de 1942 foi renovado em 1944. Cf. Brown J.L. — The Ethiopia-Somaliland frontier dispute, I.C.L.Q., 1956, p. 252.

[390] Para mais detalhes, cf. Brown, Op. cit., pp. 245/262; e «Recent development in the Ethiopia-Somaliland Boundary dispute», I.CL.Q., 1961, p. 167 e ss. Ver também Rousseau, Ch. Chronique des faits internationaux — État actuel des rapports de voisinage entre l'Ethiopie et l'ex-Somalie britannique, R.G.D.I.P., 1960, pp. 625/630.

[391] Cf. Rousseau, Ch. — Loc. cit.

Depois das declarações da Somália de não se considerar vinculada ao tratado de 1897, a Etiópia, por sua vez, recusou a migração sazonal de populações fronteiriças e, numa declaração pública, o governo de Sua Majestade Imperial fez saber que a partir de 26 de Junho de 1960, as disposições do tratado de 1954 relativas aos direitos de pastagem seriam automaticamente revogadas.[392] A Etiópia conclui que se a Somália não se considerava vinculada às estipulações do tratado de 1897, também ela não poderia considerar-se vinculada à cláusula do referido tratado que garantia às populações da zona de fronteira o direito à migração sazonal para fins de pastagem.

Em resumo, a posição da Somália é a seguinte: as estipulações do tratado de 1897 são contrárias às disposições dos tratados de 1884 e 1886 e, portanto, o tratado anglo-etíope é para ela «*res inter alios acta*».[393]

Por outro lado, a posição etíope, depois de ter considerado que os direitos de pastagem foram pura e simplesmente revogados após a independência da Somália, parece hoje ter-se cristalizado em torno da seguinte ideia: o tratado de 1887 continua válido no que diz respeito à delimitação da fronteira entre os dois países, mas o direito ao pastoreio, para sobreviver à independência da Somália, deve ser objecto de um novo acordo entre a Etiópia e a Somália.

O que dizer destas duas posições? A solução dos problemas em questão depende da exegese dos tratados de 1884, 1886, do de 1897, e por último dos tratados de 1954 e 1955.

§ 2. Interpretação dos tratados 1884 e de 1886

As disposições dos tratados de 1884 e 1886 só podem ser entendidas quando colocadas no contexto em que estes foram assinados.

[392] Não me parece, porém, que a Etiópia quisesse, com esta declaração, pôr fim aos direitos de pastagem tradicionalmente reconhecidos às tribos somalis. O que ela queria ver anulado, eram as garantias adicionais concedidas aos britânicos, durante 15 anos, pelo tratado de 1954, que eram mais vantajosas do que os direitos reconhecidos pelo tratado de 1897. Seria esse «extra» que o imperador Haile Selassie queria suprimir após a independência da Somália. Cf. O Times, de Londres, de 6 de Junho de 1960.

[393] Esta é a posição oficial.

Estamos nos dias da corrida à África, uma corrida violenta, implacável mesmo. O prestígio de um Estado é então avaliado por referência à dimensão do seu Império colonial. A Europa está no início da industrialização, daí a necessidade de busca de matérias-primas, bem como de saídas para os produtos transformados.

A conferência de Berlim, reunida em Fevereiro de 1885, postulou como princípio essencial para a reivindicação de um território, a ocupação efectiva do território em questão, considerado como sem dono. A impossibilidade de comprovar permanentemente essa realidade exigida levou os Estados a recorrerem a outros procedimentos menos onerosos, mas de efeito equivalente.

Ao assinar tratados de protectorado com chefes nativos, evitou-se a enorme despesa de uma ocupação efectiva. O espírito da Acta de Berlim foi assim desviado, enquanto se mantinha a sua letra.

No que diz respeito à costa da Somália, mais especificamente, esta tinha um importante valor estratégico para a Inglaterra. Localizada no Mar Vermelho, controlava de facto a rota marítima mais curta para as Índias.

Se os tratados de 1884, assinados com os chefes das tribos somalis, não invalidavam o princípio da ocupação efectiva, mas, ao contrário, o assumiam, os tratados de 1886, pelos quais os mesmos chefes colocavam os seus territórios sob protecção britânica, permitiam fugir à efectividade, dado que os territórios continuavam supostamente a pertencer aos chefes somalis.

Qual era o seu alcance jurídico? Eram verdadeiros tratados internacionais, ou meros convénios políticos sem valor jurídico do ponto de vista do direito internacional? Por outras palavras, o protectorado instituído pelos britânicos foi um protectorado internacional ou um simples protectorado colonial?

De acordo com a doutrina[394] e a prática diplomática, só os tratados celebrados entre sujeitos do direito das nações podem ser considerados tratados internacionais. Ora os chefes das tribos não sendo sujeitos do direito das nações, os tratados de protecção celebrados com estes também não podiam ser considerados tratados internacionais de protectorado.

394 «*Os acordos com populações não civilizadas ou tribos indígenas não podem ser designados por tratados.*» Cf. Rousseau, Ch. — Droit international public approfondi, Dalloz, Paris, 1961, p. 21; Guggenheim, P. — Traité de droit international Public, 1.ª ed., Genebra, 1953, vol. I, pp. 59/66; Oppenheim-Lauterpacht. — International Law, A treatise, 6.ª ed., vol. I, 1961, pp. 822/3.

A diferença entre os dois tipos de protectorado também se devia à sua aparência externa. No caso do protectorado internacional, o protegido apresentava as características, ou melhor, uma organização estatal bem estruturada com todas as engrenagens da administração, enquanto no protectorado colonial o protector deparava-se com uma organização arcaica, que não correspondiam às características de um Estado real.

Em que categoria devem os territórios somalis ser classificados?

Obviamente, os tratados de 1884 e 1886 não poderiam, mesmo à época da sua conclusão, ser considerados como verdadeiros tratados internacionais.

Aliás, se observarmos outro caso, o dos tratados celebrados pelos chefes da região do Chire (actual Maláui) com as autoridades britânicas, por volta da mesma época (1889–1891), notaremos que o processo era idêntico.[395]

Na primeira fase, os chefes tribais das Terras Altas do Chire concluíram em 14, 15 e 24 de Agosto de 1889 (Kafurga, Makololo, Yao, Madi, etc.) tratados com a Grã-Bretanha, pelos quais concordaram em não ceder os seus territórios a outra Potência.

Numa segunda fase, vinha o tratado de protecção, por exemplo o tratado de 21 de Setembro de 1889, pelo qual os chefes tribais colocavam os seus territórios sob protecção britânica.[396]

O processo seguido na Somália foi idêntico ao usado na Niassalândia (actual Maláui). Esses tratados, e outros semelhantes, para serem compreendidos, devem ser colocados no seu contexto: o contexto colonial.

A Grã-Bretanha, ao concluí-los, sabia muito bem que não tratava com Estados — então únicos sujeitos do direito das nações — e não podia, portanto, dar-lhes o mesmo alcance jurídico que tinham aqueles que celebrava com os Estados.

Se era esse o verdadeiro alcance dos tratados celebrados com os líderes somalis, como admitir que eles têm hoje um alcance maior do que na altura? A negativa é e única resposta.

[395] Cf. Oppenheim-Lauterpacht. — Op. cit., p. 561.
[396] Cf. Hertslet, E. — Op. cit., pp. 187/8.

§ 3. Interpretação do tratado de 1897

No que diz respeito ao tratado de 1897, várias questões se colocam.

A primeira é a de saber se as duas partes contratantes são sujeitos de direito internacional, ou seja, se a Grã-Bretanha e a Etiópia são sujeitos do direito das nações.

A segunda questão diz respeito ao alcance jurídico do acordo entre a Grã-Bretanha e a Etiópia.

Estas questões resolvidas, colocar-se-á necessariamente a questão de saber que efeito podem ter as disposições do tratado de 1897 sobre a Somália, que não era parte no tratado.

A primeira questão não necessita de discussão. Tanto a Inglaterra quanto a Etiópia eram, na época do tratado, sujeitos de direito internacional.

Membros plenos da sociedade internacional, a personalidade jurídica de ambos não sofreu qualquer limitação a nível internacional, se exceptuarmos as limitações decorrentes da moral internacional. Como qualquer outro acordo internacional, é vinculativo apenas para as partes que o celebraram. Este é o princípio do efeito relativo dos tratados. O Estado só pode ser vinculado em resultado da sua própria manifestação de vontade, expressa pelos seus mais qualificados representantes.[397]

Podemos então interrogar-nos sobre se os representantes do Reino Unido e da Etiópia tinham a qualificação suficiente para vincular os seus respectivos Estados.

No que diz respeito à Inglaterra, foi representada no tratado pelo Sr. James Rennel Rood, e o preâmbulo do tratado diz-nos que: «*Sua Majestade a Rainha Vitória tendo nomeado como seu Enviado especial e Representante junto de Sua Majestade o Imperador Menelik II, James Rennel Rood [...] cujos plenos poderes foram reconhecidos em devida e legítima forma.*»

A Etiópia, foi representada nas negociações por Sua Majestade Imperial, Menelik II.

Nos termos do art.º 6, parágrafo 2 a) do projecto da Comissão do Direito Internacional, os Chefes de Estado, Chefes de Governo e Ministros dos

[397] Cf. O projecto de artigo sobre o direito dos tratados adoptado pela Comissão de Direito Internacional na sua sessão de Genebra de 4 de Maio/19 de Julho de 1966, no artigo 6, § 1 a).

Negócios Estrangeiros, não precisam de apresentar plenos poderes, para todos os actos relativos a conclusão de um tratado.

Portanto, ambas as partes foram representadas no tratado por pessoas devidamente qualificadas.

O objecto do tratado — a delimitação da fronteira entre os dois países — também não parece suscitar observações divergentes.

Se o princípio da relatividade dos tratados parece ser a regra quando se trata da conclusão de tratados internacionais, a doutrina e a jurisprudência concordam em adaptar essa regra quando o tratado em questão contém disposições de carácter real, ou, como afirmado por alguns autores, quando o tratado é localizado, isto é, contém disposições ligadas ao território objecto do tratado.

Ora os tratados de delimitação são o exemplo por excelência de tratados localizáveis. Criam uma situação jurídica objectiva.

Nessas condições, o tratado de 1897 obriga, em virtude das regras de sucessão de Estado a Estado, qualquer Estado que tenha substituído a Grã-Bretanha no exercício da soberania sobre os territórios objecto do tratado de delimitação. Portanto, não há dúvida de que o tratado de 1897, na medida em que é um tratado localizado, vincula, nas suas disposições ligadas à realidade, a República da Somália.

Outra questão é a de saber quais das disposições do tratado de 1897 devem ser consideradas como tendo um carácter real.

§ 4. Disposições de carácter real do tratado de 1897

O tratado de 1897 continha disposições sobre o comércio entre os dois países e sobre a delimitação da fronteira dos respectivos territórios.

As relações comerciais são objecto de 5 dos 6 artigos do tratado. Apenas o art.º 2 e as disposições dos anexos a que este remete dizem respeito à delimitação da fronteira.

No que se refere às disposições relativas ao comércio, ninguém duvida que são de natureza pessoal e, portanto, não susceptíveis de transmissão após a mudança de soberania.

Os anexos mencionados no artigo 2 consistem em duas cartas, uma do representante britânico nas negociações, o Sr. Rood, endereçada ao

Imperador da Etiópia, a outra do Imperador ao Sr. Rood. Estas duas cartas, datadas de 14 de Maio de 1897, tratam de questões técnicas. O terceiro anexo consiste em duas cartas de Harrar e datadas de 4 de Junho de 1897. Estão em inglês e amárico, as línguas oficiais do tratado, mas uma tradução francesa está anexada que deve, em caso de discrepância, ser adoptada como fazendo fé.

Este terceiro anexo é o único que determina a fronteira entre os dois países. O primeiro parágrafo descreve a determinação, o segundo diz respeito aos direitos de pastagem concedidos às tribos que habitam de ambos os lados da linha de fronteira. Citamos na íntegra porque é muito importante para elucidar a actual controvérsia entre a Somália e a Etiópia: «*As tribos que vivem de ambos os lados da linha de fronteira têm o direito de utilizar os pastos de cada lado, mas entende-se que durante as suas migrações estarão sujeitas à jurisdição da autoridade territorial. O livre acesso aos poços mais próximos é também reservado aos habitantes de cada lado da linha.*»[398]

A primeira questão que surge é a de saber qual é o carácter destas disposições.

Comecemos por constatar que estão separadas das disposições relativas à delimitação por um simples ponto-parágrafo, o que sugere que, na opinião dos negociadores, os dois tipos de disposições estavam intimamente ligados.

Depois verifica-se a preocupação em garantir às populações da fronteira o uso de pastagens e poços de água, o que, analisando o tratado a partir do seu contexto, nos leva a concluir que as terras em questão eram desde há muito tempo utilizadas para a alimentação dessas populações.

Esses direitos, assim reconhecidos às populações, estão vinculados ao próprio território a que eles se aplicam. São direitos reais. Não podem, em princípio, ser dissociados dos territórios delimitados. Seguem o seu próprio destino.[399] É uma espécie de servidão que onera o território.

As disposições relativas à delimitação da fronteira também têm um carácter real, e se usarmos em relação a essas duas disposições as regras de sucessão entre Estados, somos levados a dizer que, em princípio, sobrevivem às mudanças da soberania sobre os territórios em questão.

398 Cf. Van Ortroy. — Op. cit., p. 500.

399 Cf. Oppenheim — Lauterpacht. — Op. cit., p. 536 e ss.

É interessante notar, no entanto, a forma como o tratado foi executado pelos dois signatários originais, ou seja, Grã-Bretanha e Etiópia.

Quanto às disposições relativas à delimitação da fronteira, as duas partes nunca pensaram em denunciá-las. Mesmo quando da anexação da Etiópia pela Itália, a fronteira entre os dois países continuou a ser regida pelas disposições do tratado de 1897.

Por outro lado, as disposições relativas aos direitos de pastagem tiveram de ser objecto de um novo acordo entre a Itália e a Inglaterra.[400] No entanto, durante a retrocessão à Etiópia em 1954 dos territórios sob administração militar britânica, a Inglaterra reconheceu a soberania etíope sobre esses territórios, mas obteve do governo etíope, por um período de 15 anos, a renovação das estipulações relativas aos direitos de pastagem. Assim, apesar da letra do tratado de 1897 que incentiva a considerá-las como tendo um carácter real, as disposições relativas ao direito de pastoreio eram objecto de um reconhecimento precário pelas partes. As disposições, portanto, não tinham o mesmo alcance; será que deveria a delimitação ser dissociada do regime de fronteira?

Em nossa opinião, as duas disposições são idênticas. Ambas têm um carácter real. Delimitação e direitos de pastoreio devem ficar associadas.

A posição actual de Adis Abeba parece, além disso, favorável ao reconhecimento dos direitos da Somália, exigindo, no entanto, da Somália o reconhecimento da fronteira delimitada em 1897.

SECÇÃO III: O DIFERENDO DO LIMITE ENTRE A TANZÂNIA E O MALÁUI

O diferendo entre a Tanzânia e o Maláui dificilmente pode ser classificado como um diferendo territorial. É um exemplo de diferendo de limites. É um recurso à equidade baseado numa interpretação, em nossa opinião, um pouco forçada do tratado de limites.

A questão aqui é de saber se a fronteira entre os dois países, conforme delimitada pelo tratado anglo-alemão de 1 de Julho de 1890 e, a seguir, pela Ordem do Conselho relativa às fronteiras dos dois territórios, inclui metade do Lago Niassa.

[400] Cf. Brown, D. — Recent developments, p. 173.

A POSIÇÃO DA TANZÂNIA

A posição do Maláui sobre este assunto não é conhecida por nós. Ao contrário, a da Tanzânia foi tornada pública num discurso na Assembleia Nacional, proferido em 11 de Junho de 1962[401] pelo Dr. Nyerere, Primeiro-ministro da Tanzânia.

No seu discurso, o Primeiro-ministro tanzaniano afirma que o tratado de delimitação da fronteira entre os dois territórios não concede a nenhum país soberania sobre o lago Niassa.

No mesmo discurso, diz-se que a Tanzânia iria esperar pela acessão do Maláui à independência para negociar com ele o problema da fronteira entre os dois países no Lago Niassa, tanto mais que essas fronteiras não foram objecto de nenhuma alteração depois da colocação do Tanganica sob mandato.

Deve-se lembrar, porém, que a posição da Tanzânia pode ter sido determinada pelo facto de alguns mapas publicados depois da Primeira Guerra Mundial fazerem passar o limite dos dois territórios pelo meio do Lago Niassa, ou seja, mostrando que a linha mediana era o verdadeiro limite dos dois territórios.

Na posição tanzaniana, o argumento essencial é aquele que consiste em dizer que: «*Nenhuma parte do lago Niassa se situa na fronteira da África Oriental alemã e, consequentemente, nenhuma parte faz parte de Moçambique. Nunca as fronteiras do Tanganica foram alteradas por qualquer acordo ou tratado celebrado pelo Governo britânico após a assunção do mandato.*»[402]

Em nossa opinião, a interpretação tanzaniana do art.º 1 parágrafo 2 do tratado anglo-alemão de 1 de Julho de 1890 é contrária ao espírito e à letra deste parágrafo.

De facto, esta disposição está redigida da seguinte forma: «2. — *Para sul, por uma linha que, começando na costa no limite norte da Província de Moçambique, segue o curso do rio Rovuma até ao ponto da confluência do Msinje; daí segue para oeste ao longo do paralelo desse ponto até chegar ao lago Niassa; daí, dirige-se para norte, seguindo as margens leste, norte e oeste do lago até à margem norte da foz do rio Songwe.*»

[401] Cf. International Law Association. — The Effect of Independence on Treaties, Londres, 1965, p. 362.

[402] Cf. Op. cit., pp. 362/36.

A formulação deste parágrafo é muito clara. A fronteira da esfera de influência germânica, depois de ter seguido o Rovuma desde a sua intersecção com o rio Msinje, devia seguir o paralelo deste ponto até encontrar o lago. No lago, a fronteira deveria seguir as margens leste, norte e oeste, até a margem norte da foz do rio Songwe no lago.

Ora existe no direito internacional público uma regra de interpretação conhecida como texto claro, segundo a qual não há necessidade de interpretar as disposições de um texto claro.

Este método de delimitação de lagos, como já dissemos[403], é o método imperialista por excelência. É o limite na margem.

No Lago Niassa, a fronteira da ex-Niassalândia com o Tanganica e com Moçambique era constituída por limites na margem, ou seja, toda a extensão do lago estava sob soberania britânica.

Só recentemente a fronteira entre Moçambique e o Maláui foi alterada com a troca de notas anglo-portuguesa de 21 de Janeiro de 1953[404], dando a Moçambique a soberania sobre metade do lago.

Esta modificação foi feita em troca da participação de Portugal nos custos das obras relativas ao vale do Chire.

No que respeita à Tanzânia não foi feita nenhuma alteração semelhante. Nada, em nossa opinião, nos leva a concluir que a delimitação de 1890 deixa o lago sem delimitação. Utilizou-se simplesmente o método do limite na margem.

Já apontámos as desvantagens desse método de delimitação, e a declaração da Tanzânia deve, em nossa opinião, ser interpretada como um recurso em equidade para a rectificação da fronteira. Por ser o Maláui um território sem litoral, seria do seu interesse atender ao pedido da Tanzânia, em troca de um acesso mais fácil ao mar.

Tal acordo parece ser do interesse de ambas as partes.

O que dizer de todos estes casos de contestação das fronteiras coloniais?

O último exemplo contrasta claramente com os dois anteriores.

Os primeiros são verdadeiras contestações das fronteiras coloniais, e a noção de diferendo territorial ganha aqui todo o seu sentido; o último caso

403 Cf. Capítulo II, 1.ª parte deste estudo.
404 Cf. Colectânea da O.N.U., vol. 173, textos p. 20.

é um simples pedido de rectificação da linha de fronteira, a expressão diferendo de limites sendo a que melhor se adequa a esta situação.

Em nossa opinião, reivindicações territoriais como as de Marrocos e da Somália têm pouca probabilidade de sucesso. Não há fronteira em África que não seja o resultado, directo ou indirecto, da colonização. Boas ou más, não deixam de ser verdadeiras fronteiras.

CAPÍTULO II
OS MODOS DE SOLUÇÃO

Podem ser apresentadas duas posições diametralmente opostas para tentar resolver os problemas decorrentes das delimitações da era colonial: a solução do *statu quo*, ou seja, a aceitação do princípio de manutenção das fronteiras da era colonial, ou então a sua revisão.

SECÇÃO I: O *STATU QUO*

OS EFEITOS DA INDEPENDÊNCIA SOBRE A MANUTENÇÃO DAS FRONTEIRAS DA ERA COLONIAL

A acessão à independência dos antigos territórios colonizados e protegidos de África renovou o interesse pela teoria conhecida como sucessão dos Estados. É em parte recorrendo à teoria da sucessão dos Estados que tentaremos fornecer uma solução geral para os problemas colocados pelas fronteiras da era colonial.

Depois da independência, o primeiro problema que de facto se coloca é o de saber que atitudes tomarão os novos Estados em relação aos direitos e obrigações decorrentes ou não de tratados celebrados entre o antigo soberano territorial e Estados terceiros.[405]

[405] Por conveniência da explicação, na expressão Estado terceiro também se incluem as pessoas singulares e colectivas que não tenham a nacionalidade do novo soberano territorial,

No que diz respeito ao nosso problema, trata-se, em última instância, de saber qual é o efeito da independência nas fronteiras da era colonial. É comum falar-se de sucessão das fronteiras da era colonial e a expressão sucessão das fronteiras da era colonial, e a palavra sucessão lembra a instituição semelhante do direito privado interno.

Esta assimilação deve, no entanto, ser rejeitada *in limine*. Além da diferença na origem das duas instituições — a sucessão de Estado resulta das regras do direito internacional público, enquanto a sucessão do direito interno releva do direito privado —, os dois sujeitos de direito são de natureza diferente. Se a sucessão de Estado dos limites resultantes de tratados internacionais pode ser facilmente explicada recorrendo à ideia de sucessão de Estado dos chamados tratados objectivos, o mesmo não acontece com as antigas divisões administrativas que separavam colónias dependendo do mesmo soberano territorial. Nesta última hipótese, é aplicado geralmente o princípio do *uti possidetis*.

Embora seja frequentemente citado pelos autores como sendo passível de servir de base para a resolução de contestações territoriais na África, até agora não foi objecto de um estudo detalhado para identificar os seus elementos característicos. e especificar seu conteúdo.

Ao longo dos séculos, o princípio do *uti possidetis* sofreu uma evolução que modificou seu conteúdo, ao serem introduzidas novas características no seu conceito.

Desde a sua aplicação no direito romano, onde o princípio tira o nome das palavras pronunciadas pelo pretor que emitia uma proibição em caso de contestação sobre um bem imóvel: «*uti possidetis... ita possideatis*», até à sua recente aplicação aos problemas territoriais da África, o conteúdo do famoso princípio mudou.

mas com as quais tenham sido celebrados contratos ou convenções. Esta assimilação baseia-se na interpretação dada pelo T.I.P.J. e pelo T.I.J., no que diz respeito ao exercício da protecção diplomática, segundo a qual o Estado que defende um seu cidadão, injustamente lesado por um Estado terceiro, só está a exercer um direito que lhe assiste. Ver o caso Mavrommatis, T.I.P.J., 1924, série A, n.º 2, p. 12; Colectânea do T.I.P.J., Serbian and Brazilian Loans Affairs, 1929, Série A, N.º 20/21, p. 17.

§ Aspectos gerais do problema da sucessão de Estados

No Dicionário[406] de terminologia do direito internacional, a expressão sucessão de Estados é assim definida:

> «*Expressão frequentemente utilizada na doutrina para designar:*
>
> *(a) a situação que surge quando um Estado se substitui permanentemente a outro Estado num território e em relação à população desse território em resultado de uma incorporação total ou de uma anexação parcial de um novo Estado, quer o Estado a que esse território pertencia anteriormente permaneça ou desapareça.*
>
> *(b) A substituição de um Estado nos direitos e obrigações do outro resultando desta situação.*»[407]

Esta dupla definição é consistente com o conceito doutrinário dominante, nos dias de hoje, no direito internacional público.[408]

Na realidade, o primeiro aspecto do problema diz respeito ao facto de, num determinado território, um sujeito de direito internacional substitui outro, para exercer a plenitude dos poderes soberanos.

Essa situação pode ter importantes consequências jurídicas. Cabe, então, num segundo passo, saber qual será o destino dos direitos e obrigações do anterior soberano territorial.

Todas as obrigações e todos os direitos do antigo soberano territorial passam para o novo Estado, ou caducam em decorrência da mudança de soberania?[409] Na primeira eventualidade, será que deve ser feita uma discriminação, de acordo com os direitos e obrigações, para assim determinar a transferência para o novo Estado?

[406] Dictionnaire de terminologie du droit international, Sirey, 1960, p. 587.

[407] Ibid., p. 587.

[408] Cf. Castren, E. — Aspect récent de la succession d'États, R.d.C., 1951, vol. 78, p. 387; O'Connell, D.P. — The law of State succession, Cambridge, 1956, p. 3; International Law, Londres, vol. I, p. 423 e ss.; Herdnl, K. — Les accords internationaux et la succession d'États, A.A.A.A, vol. 32/33 (1952/3), p. 37.

[409] Rosenne é um dos autores que nega a existência de sucessão entre Estados. Para ele, o novo Estado anula todos os compromissos relativos ao seu território firmados pelo seu antecessor. Essa é, segundo ele, a situação de Israel após o fim do mandato sobre a Palestina. Israel não pode ser considerado vinculado pelos compromissos assumidos pela administração britânica na Palestina. Cf. Rosenne, S., Israël et les traités internationaux de la Palestine, Clunet, 1950, p. 1140 e ss.

Quando o novo soberano assume a totalidade dos direitos e obrigações do seu antecessor, estamos perante um caso de sucessão total, também denominada universal. Na ausência dessa situação, a sucessão é parcial.

A doutrina da sucessão universal[410] não encontra adeptos nos dias de hoje. Via na substituição de uma soberania por outra a causa de uma transferência ou transmissão dos atributos da soberania. O novo Estado tinha de assumir todas as obrigações e direitos do seu antecessor. Como Estado sucessor, tinha de ocupar exactamente a mesma posição que o antigo soberano territorial que lhe teria transferido a sua personalidade internacional.

A pergunta pode ser colocada hoje a partir de outro ângulo.

Quando um Estado anteriormente colonizado acede à soberania nacional, podemos interrogar-nos sobre a natureza jurídica do acto de independência. Acto unilateral ou tratado? Acto declarativo ou constitutivo?

A independência pode, de facto, ser adquirida por secessão ou por concessão. No primeiro caso, surgirá imediatamente o problema do reconhecimento do novo Estado por outros membros da comunidade internacional.[411] No segundo caso, o problema não se coloca, porque o reconhecimento não é constitutivo, como afirmam alguns autores, de personalidade jurídica.[412]

Os autores que defendem a tese constitutiva admitem uma distinção entre a qualidade estatal possuída por qualquer entidade dotada de um território, uma população e uma autoridade pública, por um lado, e a existência da personalidade jurídica internacional que o novo Estado só possuiria depois do seu reconhecimento por outros membros da comunidade internacional.

Esses autores admitem que os Estados já existentes cumprem, ao realizar o acto de reconhecimento, um dever inerente à sociedade dos Estados, que exercem por «duplicação funcional».

Isto é o que Lauterpacht expressa quando escreve: «*Para reconhecer uma comunidade política como um Estado como exigido pelo direito internacional. Se estas*

[410] Cf. Grotius. — De Jure belli ac pacis, lib. II, cap. IX, tit. XII; Pufendorf. — De Jure naturae et gentium, lib. VII, cap. IX, tit. I-5; Vattel. — Le Droit des Gens, vol. II, cap. II, tit. 191.

[411] Cf. Castren, E. — Op. cit., pp. 392/3: «*do ponto de vista da sucessão de Estados, estas condições só são relevantes quando se trata de avaliar a legalidade de uma modificação territorial obtida por violência, o que frequentemente determina a atitude dos Estados terceiros em relação ao reconhecimento de tal modificação*».

[412] Cf. Lauterpacht, H. — Recognition in International Law, Cambridge, 1948.

condições estiverem presentes, os Estados existentes têm o dever de conceder o reconhecimento. Na ausência de um órgão internacional competente para verificar e declarar com autoridade a presença dos requisitos de plena personalidade internacional, os Estados já criados cumprem essa função na sua qualidade de órgãos de direito internacional. Ao actuarem assim, administram o direito das nações.»[413]

A actual corrente doutrinária dominante em matéria de reconhecimento dos Estados e governos[414] admite o carácter declaratório do acto de reconhecimento.

Para os autores que defendem este ponto de vista, a existência de facto do Estado é decisiva. Se a nova Comunidade reúne os elementos objectivos prescritos pelo direito internacional — população, território e poderes públicos — existe de facto e, consequentemente, também existe de direito.

«*Se um Estado existe* "de facto", diz Brierly, *também existe* "de jure" *em termos de direito internacional.*»

Por fim, para outros autores, o reconhecimento teria apenas significado político.[415] Não acrescenta nada à personalidade jurídica do novo Estado. É um convite para estabelecer relações diplomáticas com o novo Estado. Como escreve o Professor Dupuy, o reconhecimento está no cerne do direito relacional.

Uma corrente intermédia dá ao reconhecimento um carácter misto. Seria declarativo em relação a certos direitos mínimos de existência, mas constitutivo em relação aos direitos mais específicos. Antes do reconhecimento,

[413] Lauterpacht, H. — Op. cit., p. 6. Cf. também no mesmo sentido, Verde. — Le statut des forces rebelles en droit international, R.G.D.I.P., 1962, p. 15: «*As comunidades existem como pessoas internacionais apenas na medida em que são reconhecidas por outras pessoas existentes.*» Fauchille, P. — Traité de Droit International Public, Paris, 1922, vol. I, p. 199: «*[...] embora de facto um Estado possa existir sem ter sido reconhecido pelos outros, na lei e na prática internacional o reconhecimento do novo Estado é indispensável para que este possa utilizar as prerrogativas e direitos inerentes ao estatuto de membro da Sociedade dos Estados*»; ver também Guggenheim, P. — Traité de droit international public, Genebra, 1953, vol. I, pp. 188/97; Schwartzenberger, G. — A Manual of International Law, Londres, 1960, vol. I, p. 61; Wright, Q. — Some thoughts about recognition, A.J.I.L., vol. 44 (1950), p. 548.

[414] Chen, T.C. — International Law of Recognition, Londres, 1951.

[415] Cf. Quadri, R. — Diritto Internazionale Pubblico, 4.ª ed., Nápoles, 1964, p. 376: «*A personalidade internacional do Estado decorre do simples facto da existência desse Estado: [...] o reconhecimento tem, portanto, uma função puramente política, etc.*»

o novo Estado teria a garantia de um «mínimo de segurança jurídica» sob a forma do direito de preservação e defesa contra agressões, e do exercício dos poderes essenciais de soberania.[416]

Quaisquer que sejam os méritos da teoria constitutiva, esta não leva em consideração a realidade dos factos. Se o reconhecimento fosse constitutivo da personalidade jurídica da nova entidade estatal, na ausência de um reconhecimento colectivo feito no seio de uma organização internacional ou de uma conferência de embaixadores, poderia acontecer que um Estado teria personalidade jurídica para alguns Estados, aqueles que o teriam reconhecido, mas não a teria para outros Estados.

Além disso, se o reconhecimento fosse constitutivo da personalidade jurídica de um Estado, não se poderia explicar como os antigos Estados a adquiriram. Bastaria dizer que o direito das nações era de origem europeia, e, por conseguinte, os antigos Estados da Europa estavam preservados de qualquer contestação sobre a sua existência. Mas o que dizer então da China e da Sublime Porta, com as quais os Estados europeus concluíram vários acordos antes da sua admissão no Concerto Europeu em 1856?

Se antes dessa data ainda não tinham personalidade internacional, como explicar que puderam celebrar acordos com os Estados da Europa, uma vez que tanto no direito internacional público como no direito interno, apenas sujeitos de direito com capacidade jurídica podem celebrar acordos.

Só a teoria declarativa merece, em nossa opinião, ser considerada. Além disso, entre os autores que defendem a teoria constitutiva, não existe unanimidade.

Alguns vêem no acto do reconhecimento um simples acto unilateral[417], e outros atribuem-lhe um carácter claramente bilateral[418]. Neste último caso, cabe perguntar como um Estado que não tem personalidade jurídica internacional pode celebrar um tratado.

Quando a acessão à independência foi feita por concessão, o problema do reconhecimento não se coloca, mas, por outro lado, também se pode questionar se o acto de independência é um acto unilateral ou um acto bilateral.

416 Cf. Cavare, L. — La reconnaissance de l'État et le Mandchoukuo, R.G.D.I.P., 1953, p. 42 e ss.

417 Cf. Fauchille. — Op. cit., p. 57 ; Fiore. — Droit International codifié, Paris, 1890, pp. 93/6 ; De Louter. — Droit international positif, 1920, vol. I, p. 218.

418 Cf. Triepel, H. — Droit international et droit interne, 1920, p. 101 ; Anzilotti, D. — Op. cit., p. 153.

Ambas as posições são defensáveis. Mesmo quando se trata de antigas colónias[419], estas são geralmente dotadas de personalidade jurídica ao abrigo do direito interno, e de um certo grau de autonomia. Nada impede que o soberano territorial reconheça a essa entidade a posse, a partir de certo momento, de todos os elementos que caracterizam uma entidade estatal. Também pode ver nos líderes dessa colónia, uma equipa de homens que provavelmente formará o governo do futuro Estado independente.

A partir daí, todos os elementos estão presentes: território, população e governo. Quer o soberano territorial opte pela solução unilateral ou pela solução bilateral, para fazer aceder a sua colónia à independência, a natureza jurídica do acto de «transferência de poderes» permanece a mesma: um acto jurídico de direito interno.

Do ponto de vista do direito internacional, mesmo quando o acto de independência assume a forma de um «acordo», continua sendo um acto de direito interno. Eventualmente, o acordo em questão poderá ser considerado uma declaração de intenções. O referendo que normalmente ocorre para sancionar esses acordos tende a provar a natureza jurídica de tais «acordos»[420].

Isto não significa, porém, que a personalidade do novo Estado seja criada pelo antigo colonizador. A cerimónia de transferência de poderes tem apenas valor simbólico. O Estado predecessor reconhece assim a sua renúncia ao exercício dos poderes soberanos sobre o território do novo Estado.

No direito internacional público, o nascimento (e a extinção) de um Estado constitui um facto histórico.[421]

Qualquer que seja a natureza jurídica do acto de independência, a acessão à soberania nacional da nova entidade estatal vai levantar problemas jurídicos relativos aos direitos e obrigações, compromissos e actos do seu antecessor.

A doutrina dominante em matéria de sucessão de Estado já não admite a sobrevivência de todos os direitos e obrigações celebrados pelo antecessor

[419] Excluímos da nossa discussão protectorados internacionais como Marrocos e a Tunísia, em África, que, como sabemos, são pessoas jurídicas de direito internacional. Os tratados de protectorado por si só transferem, temporariamente, para o Estado protector, o exercício de prerrogativas em matéria de relações externas, isto é, o direito de declarar guerra e de concluir paz. Sofrem, nesta área, de uma espécie de «*capatis diminutio*».

[420] Este foi o caso dos Estados oriundos da ex-Indochina francesa e, mais recentemente, da Argélia.

[421] Cf. Castren, E. — Loc. cit., p. 395.

e relativos ao território do novo Estado. A sucessão é considerada hoje como só podendo ser parcial.

A doutrina da sucessão total ou universal é uma transposição para o direito internacional público dos princípios do direito romano. Tendo influenciado a formação do direito privado interno da Europa, esses princípios estenderam os seus efeitos ao clássico direito das nações. Identificando o Estado predecessor ao «*de cujus*» do direito interno, a doutrina da sucessão universal assimila a situação do Estado sucessor aos herdeiros do «*de cujus*».

Aceitável na época em que foi enunciada, esta assimilação, que procedia de um conceito patrimonialista do Estado, deve ser hoje rejeitada. Nem a qualidade dos sujeitos de direito — os herdeiros do direito consuetudinário e o Estado sucessor — nem o objecto da sucessão são idênticos.

Os direitos e obrigações que pertenciam ao Estado predecessor podem dizer respeito tanto ao regime de bens de domínio público e privado do Estado e à sua utilização, como às dívidas públicas, como à situação jurídica dos habitantes, ou ainda aos tratados.

De todos esses aspectos, apenas o último nos interessa.[422]

§ 1. Tratados pessoais

Que obrigações e direitos passam para o novo Estado?

Como os acordos são o instrumento normalmente utilizado no comércio jurídico interestatal, a doutrina e a jurisprudência do direito internacional estabeleceram, a esse respeito, uma distinção entre os chamados tratados pessoais e os chamados tratados reais, ou criando direitos e obrigações reais. Os últimos também são chamados de «dispositivos» ou disposições, ou de tratados localizados.

Os chamados tratados pessoais são aqueles cujo objecto está vinculado à própria pessoa do soberano territorial. Dependem da existência continuada,

[422] Os demais foram recentemente objecto de estudos especializados. Cf. Guyomar, G. — La succession d'État et le respect de la volonté des populations, R.G.I.P., 1963, p. 92 e ss. Shearer, I.A. — La succession d'États et les traités non localisés, ibid., p. 5 e ss. Cf. também a série de artigos publicados no Annuaire de l'Afrique du Nord, 1966, e relativos a aspectos particulares da sucessão dos Estados no Norte de África.

como sujeito de direito internacional, da pessoa que os celebrou. Os tratados de aliança, de comércio, de defesa mútua, de extradição, de cessão de bases militares pertencem a esta categoria.

Na opinião unânime dos autores, estes tratados caducam após a mudança de soberania porque, se uma das partes contratantes desaparecer, ou pelo menos se deixar de exercer os seus poderes soberanos sobre um determinado território, a outra parte encontra-se liberta da sua obrigação.[423]

Esses tratados também são chamados de tratados políticos[424] porque, na maioria das vezes, o seu objecto é político. Supõem, por parte das duas partes contratantes, uma certa comunidade de interesses, de ideias políticas e também de regimes políticos.

§ 2. Tratados reais

Os chamados tratados, dispositivos ou disposições reais criam, ao contrário, direitos reais que correspondem a uma situação jurídica objectiva e, portanto, não dependem da permanência do sujeito de direito que os celebrou.

Assim, River escreve: «*[...] a situação criada pelos tratados de disposição é geralmente independente da permanência ou extinção da nação que os celebrou; consequentemente sobrevive à absorção dessa nação por uma ou mais nações. Esses tratados têm frequentemente como objecto relações de direito privado: ou dizem respeito ao território, e como tal, o efeito deve também subsistir.*»[425]

«*As outras relações,* prossegue o nosso autor, *direitos e obrigações têm um carácter real. Dizem respeito ao território.*»[426]

Tratados de limite, tratados relativos a rios, a vias de comunicação, são tratados localizados. Ao contrário dos tratados sobre as águas desta primeira categoria, esses tratados têm uma ligação mais duradoura ao território, e acompanham o seu futuro.

423 Cf., entre outros, O'Connell, D.P. — The Law of State Succession, Cambridge, 1956, p. 15 e ss.; Castren, E., Loc. cit., p. 395.
424 Cf. Oppenheim-Lauterpacht — Op. cit., vol. I, p. 59.
425 Cf. Rivier. — Op. cit., vol. I, p. 72. Ver também parágrafo 53, p. 154.
426 Ibid., pp. 72/3.

Só esta última categoria de tratados nos interessa mais particularmente, embora a sucessão dos tratados de limites não esgote o problema da sucessão dos limites da era colonial.

§ 3. A sucessão dos tratados de limites

Os tratados de limites pertencem à categoria dos chamados tratados reais, isto é, os que criam direitos e obrigações vinculados ao território. Estes são direitos «*in rem*».

Estes direitos e obrigações continuam a desenvolver os seus efeitos, apesar de a entidade que os exercia e assumia anteriormente — o Estado predecessor — ter deixado de exercer os seus direitos de soberania sobre o território de que são objecto.[427]

Os limites dos Estados podem resultar de tratados de delimitação ou de actos jurídicos internos: leis, decretos, portarias ou arbitragens.

O problema do efeito da independência sobre as fronteiras da era colonial vai além da questão da sucessão dos Estados nos tratados. Pode tratar-se de saber, com efeito, qual é o alcance da independência sobre os limites que eram, na realidade, simples limites de natureza interna, fixados por actos jurídicos nacionais, mas susceptíveis de se tornarem verdadeiras fronteiras internacionais.

A doutrina dominante em matéria de sucessão dos Estados admite a manutenção, em caso de independência, dos limites decorrentes de tratados internacionais celebrados pelas potências coloniais.

Esta posição, defendida no passado por A. de La Pradelle e N. Politis[428], é hoje a de M. Herndl[429], Guggenheim[430], O'Connell[431], Oppenheim-Lauterpacht[432]

[427] Considerámos apenas a hipótese dos novos Estados africanos onde, no seguimento da independência, o antigo soberano territorial continua a ser sujeito de direito internacional. Excluímos da nossa discussão os velhos exemplos de sucessão de Estados em que o Estado original desaparece para dar origem a novas entidades estatais. Portanto, quando falamos em sucessão de Estados em África, queremos referir o único facto de saber se os direitos e obrigações da antiga potência colonial continuam a produzir os seus efeitos, apesar da acessão à soberania da colónia.

[428] Cf. Recueil des Arbitrages internationaux, II, p. 434.

[429] Herdnl, K. — Les accords internationaux et la succession d'États, A.A.A., vol. 32/33 (1962/63), p. 50 *in fine*.

[430] Guggenheim, P. — Op. cit., vol. I, p. 465: «*A transferência de território não afecta as convenções relativas à fronteira e à delimitação do território do Estado cedente em relação a Estados terceiros [...]. Estes tratados continuam, portanto, válidos apesar da substituição de uma competência estatal por outra.*»

e Starke[433]. Todos esses autores admitem a sobrevivência dos tratados que criam direitos e obrigações reais.

A. de la Pradelle e N. Politis, em nota doutrinal sobre o caso do navio Mechanic (Colômbia: EUA) submetida à Comissão mista de Guayaquil (17 de Agosto de 1865) consideraram que: «*Se a doutrina hesita, se a prática parece contraditória, é porque, nesta questão, não é possível dar a mesma solução para todos os casos [...]. Isto explica, por um lado, a não extensão dos tratados de natureza pessoal ao Estado que os celebrou, tais como tratados de aliança, de comércio e de navegação, e, por outro lado, a manutenção dos tratados de carácter real ou lei geral, tais como os tratados de limites, de obrigações territoriais, de liberdade de navegação e, de um modo geral, os tratados-leis.*»[434]

A Comissão de sucessão de Estados da Associação do Direito Internacional, criada em 1961, publicou em 1965 um estudo sobre o efeito da independência nos tratados.[435]

Esta comissão, cuja presidência foi confiada ao Professor Rousseau e cujo relator foi o Professor O'Connell, conhecido sobretudo pelo seu trabalho sobre a sucessão de Estados, considerou que o problema da sucessão de Estados, no que se refere a novos Estados, era demasiado recente, e a prática dos Estados era demasiado insuficiente e inconsistente para permitir tomar posição sobre o estado do direito.[436]

Pensou, portanto, que a melhor forma de contribuir para a estabilização das normas jurídicas nesta matéria seria a publicação de um manual onde se tentasse trazer de volta toda a documentação relativa à prática contemporânea, procurando identificar as linhas principais.

431 O'Connell, D.P. — Op. cit., p. 49 e ss.

432 Openheim-Lauterpacht. — Op. cit., vol. I, p. 159: «*De acordo com o princípio* "res transit cum onere suo", *os tratados do Estado extinto relativos às linhas de fronteira, reparação de estradas principais, navegação em rios, e afins, permanecem válidos, e todos os direitos e deveres decorrentes de tais tratados do Estado extinto recaem sobre o Estado absorvente.*»

433 Starke, J.G. — Op. cit., p. 241.

434 Cf. A. De La Pradelle e N. Politis. — Op. cit., p. 440.

435 International Law Association. — The Effect of Independence on Treaties, Londres, 1965. Esta comissão consistia em 1 membro e 26 membros correspondentes em vários países do mundo.

436 Op. cit., p. XIII.

A comissão admite assim a sobrevivência de tratados de limites que considera, com razão, aliás, como o exemplo por excelência de tratados de disposição.[437]

A jurisprudência internacional é bastante limitada, mas indica uma tendência favorável à manutenção dos tratados que criam direitos e obrigações reais.

O Tribunal Internacional Permanente de Justiça sustentou, no caso em apreço, que a França continuava a estar vinculada, como sucessora da Sardenha, pelas disposições de carácter real relativas aos tratados de limites celebrados entre a Suíça e a Sardenha.[438]

O T.I.P.J. tomou posição idêntica no processo relativo à Comissão Europeia do Danúbio.[439]

A prática dos Estados, em relação aos tratados de limites, tende para a sua manutenção.

Esta foi a posição dos Estados da América Latina a respeito dos tratados de limites celebrados pelos seus predecessores. A Itália, quando da anexação da Etiópia em 1935, aceitará o princípio da sucessão nos tratados de limites relativos à Etiópia celebrados entre este Estado e os Estados terceiros, em particular o tratado de 1897 que define a fronteira entre a Etiópia e a Somalilândia. Da mesma forma, a Itália aceitou, no que diz respeito à Líbia, as convenções fronteiriças resultantes da declaração franco-britânica de 5 de Agosto de 1890[440], e da declaração adicional de 21 de Março de 1899[441]; a Tanzânia, pela voz do seu Primeiro Ministro falando à Assembleia Nacional em 11 de Junho de 1962, parece reconhecer a manutenção da fronteira com o Maláui conforme definida pelo tratado anglo-alemão de 1 de Julho de 1890.[442] Quando da independência do Texas, os EUA aceitaram reconhecer como válidas as fronteiras resultantes do tratado americano-mexicano de 1828.[443] O Sudão também aceitou o princípio de manter os tratados de limites relativos ao seu território celebrados entre a Itália e a Grã-Bretanha.[444]

[437] Ibid., p. 361.

[438] T.I.P.J. série A/B, n.º 46, p. 145.

[439] T.I.P.J. série B, n.º 14, p. 54.

[440] Cf., entre outros, Van Ortroy. — Op. cit., pp. 229/31; e Rouard De Card, E. — Op. cit., p. 89, vol. II.

[441] Van Ortroy. — Op. cit., p. 113 e ss.

[442] Para as fontes, cf. o anexo.

[443] Citado por O'Connell. — Op. cit.

[444] Cf. o anexo.

A posição dos Chefes de Estado africanos sobre os limites da era colonial parece, portanto, corroborar a ideia de uma sucessão dos tratados de fronteira concluídos pelo ex-colonizador.

Além da declaração tanzaniana acima mencionada, deve-se registar a posição do Sr. Kaid Ahmed, a respeito do diferendo fronteiriço que durante algum tempo opôs à Argélia e à Tunísia, a respeito da rectificação do marco 233.

«*A Argélia é una e indivisível de norte a sul, de leste a oeste,* disse o ministro, *e as suas fronteiras são as que herdou do poder colonial na altura da proclamação da sua independência.*»[445]

O Sr. Bouteflika, Ministro dos Negócios Estrangeiros da Argélia, numa apresentação à comissão *ad hoc* da Organização da Unidade Africana encarregada de examinar o conflito argelino-marroquino, afirmou: «*a maioria dos nossos Estados foi constituída e organizada no quadro do estatuto de fronteira consagrado por um longo período de administração colonial [...]. Uma contestação dessas fronteiras seria simultaneamente um atentado à integridade territorial do país que conquistou a independência.*»[446]

O Sr. Diori Hamani, Presidente da República do Níger, em entrevista ao jornal «Jeune Afrique», declarou: «*Cada Estado deve permanecer soberano sobre a parte do território que lhe foi atribuída. A condição prévia para qualquer operação (de exploração conjunta do Saara) é o respeito pelas fronteiras actuais.*»[447]

Diante da Comissão de Conciliação da O.U.A. sobre o caso argelino-marroquino, o Ministro da Informação da Côte d'Ivoire, o Sr. Diamonde, afirmou no seu discurso: «*Hoje estamos todos sujeitos às fronteiras que a colonização estrangeira nos impôs. Querer questioná-las, não será combater a forte ideia que nos anima e que deve conduzir à unidade africana?*»

Uma declaração geral sobre a manutenção das fronteiras da era colonial, que sugere a adesão à regra de sucessão nos tratados de fronteira, resulta ainda da Resolução AHG/16/1 da Conferência de Chefes de Estados africanos realizada no Cairo de 17 a 24 de Julho de 1964:

«*Recordando ainda que todos os Estados-membros se comprometeram, nos termos do art. VI da Carta da Organização da Unidade Africana, a respeitar os princípios*

[445] Le Monde, 15 Abril 1966, p. 9.

[446] Jeune Afrique, 22/29 Abril de 1963.

[447] Revue Algérienne de Sciences Juridiques, Politiques et Economiques, Documents, Mars 1967, p. 116.

constantes do ponto III da Carta da referida Organização [...]. Declaram solenemente que todos os Estados-Membros se comprometem a respeitar as fronteiras existentes no momento da sua independência.»

Esta concordância leva-nos a concluir que os Estados africanos aceitam o princípio da sucessão dos limites da era colonial. Estes incluem tanto os limites internacionais como as antigas divisões administrativas que separam colónias então dependentes do mesmo poder soberano.

O problema da aceitação das fronteiras da era colonial vai, no entanto, além da questão da sucessão dos tratados de limites explicada recorrendo à ideia de sucessão dos Estados nos tratados de limites; a sobrevivência das antigas delimitações de ordem interna só pode ser explicada pelo recurso ao princípio do *uti possidetis*.

Esta última situação é idêntica à das ex-colónias espanholas da América, e é por isso que estudaremos, num capítulo seguinte, o princípio do *uti possidetis* em todas as suas manifestações. O *uti possidetis*, devidamente entendido, repousa sobre uma ideia da efectividade da ocupação de um determinado território por um determinado tempo: «*uti possidetis... ita possideatis*», já dizia o pretor.

A sucessão dos Estados nos tratados de limites é explicada por uma ideia de estabilização das relações jurídicas entre os Estados.

O direito internacional, como qualquer outro ramo do direito, deve atender a um duplo objectivo: justiça e certeza. Uma vez que os tratados de limites são tratados incidindo sobre objectos menos contingentes do que os dos tratados políticos — o território — os seus efeitos também devem ser menos contingentes. Devem ser dotados de maior estabilidade porque o direito não é apenas o «*jus quia justum*», mas também o «*jus quia certum*». A estabilidade da lei é uma das condições do progresso e do bem-estar das nações.

O *UTI POSSIDETIS*

A ascensão de um Estado à posição de entidade soberana coloca imediatamente para ele o problema das suas fronteiras com os Estados vizinhos. É uma necessidade básica ligada à ideia de conservação do Estado. A delimitação das fronteiras responde, nesta fase, à preocupação do novo Estado em afirmar a sua existência. «*Os atlas de todos os tempos e de todos os países,* observa o Prof. de la Pradelle, *contêm, juntamente com mapas físicos do globo terrestre, mapas políticos nos quais os vários estados se distinguem por cores e linhas. Sem chegar ao ponto de considerar o Estado como um organismo vivo cuja fronteira seria o seu rosto, não pode ser representado de forma pictórica sob qualquer outro aspecto que não seja o de uma extensão espacial limitada. A delimitação satisfaz esta primeira necessidade de configuração política, revelando a existência do Estado.*»[448]

Desejosos de afirmar e de ter a sua existência reconhecida o mais cedo possível, os novos Estados nascidos da descolonização deparam-se com duas soluções: ou acatar a situação existente tomando como fronteira os limites, internos ou internacionais, adoptados pelo antigo soberano, o que equivale a aplicar o princípio do statu quo, ou questionar estes mesmos limites, com vista a uma revisão onde se fará a delimitação «*ex novo*».

A operação, de uma forma ou de outra, não é isenta de riscos. Na primeira hipótese, o debate territorial das soberanias, preliminar a qualquer delimitação, está em princípio definitivamente excluído, mas é provável que surja mais tarde, pondo em causa a referida delimitação.

O exemplo da América Latina revela, de facto, que dessa solução pode resultar um simples silenciamento das dificuldades fronteiriças. Os Estados que o adoptaram por razões de conveniência podem estar cientes da impossibilidade de resolver as suas questões de fronteira imediatamente após acederem à independência, e a adopção do statu quo só abrange na verdade a aceitação tácita de uma discussão posterior.

Na segunda hipótese, o debate territorial é aberto pelo questionamento imediato dos limites coloniais. Mas a solução da revisão expõe então o novo Estado à aventura de longas e intermináveis negociações diplomáticas, risco ao qual se somam aqueles que normalmente decorrem da organização política e constitucional de qualquer sociedade humana promovida à condição de Estado.

No entanto, não está de forma alguma excluído que uma solução ecléctica possa surgir. Os novos Estados podem então aceitar o *statu quo* das delimitações da era colonial, mas apenas como um princípio, e concordar em proceder a rectificações quando as circunstâncias o permitirem, as revisões desta ordem não podendo então implicar um questionamento total das fronteiras do passado, possibilidade que equivale à segunda solução.

448 Cf. de la Pradelle. — Op. cit., p. 167.

É nesta complexidade de soluções possíveis, e em consideração das aplicações de que podem ter sido objecto, que importa situar o nosso estudo.

Ao descrever as disputas territoriais que a África conhece hoje, vimos que quase todos os Estados africanos independentes aceitaram as fronteiras resultantes da colonização e que, muito felizmente, os casos de fronteiras disputadas eram poucos numerosos.

Esta adopção do princípio do *statu quo* evoca imediatamente na história das delimitações de fronteiras dos novos Estados um precedente famoso: o dos Estados americanos nascidos da descolonização espanhola. Nesse precedente, a adopção do *statu quo* das fronteiras da era colonial é conhecida como o princípio do *uti possidetis*.

Embora essa designação não tenha sido, como veremos, adoptada pelos líderes dos novos Estados africanos, a analogia das decisões de princípio tomadas em África e na América é óbvia, mas essa semelhança leva justamente o historiador das fronteiras a perguntar se, ao assumir uma posição idêntica no início da sua independência, os Estados africanos não ficarão, por sua vez, expostos às numerosas e incessantes dificuldades que durante muitos anos os Estados da América Latina viveram.

Para afastar, como esperamos poder fazer, esta perspectiva nefasta, é imprescindível comparar as situações que, dos dois lados, podem determinar uma aplicação diferente do sistema.

Antes de se fazer essa comparação, a partir de um estudo necessariamente desenvolvido sobre a aplicação do *uti possidetis* no continente americano, é essencial relembrar as origens, extraídas do direito romano, do famoso princípio, e a sua integração no direito internacional público clássico.

§ 1. O *uti possidetis* no direito romano

O princípio do *uti possidetis* deriva claramente do direito romano, embora seja possível relacionar a instituição a um período anterior. Em todo o caso, foi graças ao direito romano que a sua existência nos foi revelada.[449]

Consistia numa proibição possessória emitida por um magistrado que tem o *imperium* — o pretor — e que se destinava a manter a possessão, contra a

[449] Cf. Girard, Manuel de droit Roman, 8.ª ed., Paris, 1929, p. 229 e ss. e p. 1118.

contestação de outra pessoa que invoque um título sobre a coisa, pelo seu possuidor de boa-fé.

Esta proibição, que leva o nome das primeiras palavras proferidas pelo pretor, foi sempre proferida de forma condicional, sob reserva da verificação posterior dos títulos alegados por quem reivindica.

No livro IV dos Institutos de Gaio, título XV (de Interdictis), lemos: «*Erant autem interdicta formae atque conceptiones verborum, quibus praetor aut iubebataliquid fieri, aut fieri proibebat; quod tum maxim faciebat quum de possessione aut quasi possessione inter aliquos contendebatur.*»[450]

Como decorre dessa definição, essas acções garantiam não apenas a posse, mas também a quase posse. O possuidor e o usufrutuário de boa-fé estavam protegidos.

Quanto à sua finalidade, as proibições foram divididas em três categorias: proibitivas, restaurativas e expositivas. As primeiras prescreviam actos negativos ou uma abstenção, enquanto as outras prescreviam actos positivos.

«*Summa autem divisio interdictorum haec est quod aut prohibitoria sunt, aut restitutoria, aut exhibitoria.*»[451]

No que diz respeito às proibições possessórias, enquadram-se em duas categorias distintas; as proibições «*retinendi possessionis*» e as proibições «*recuperandae possessionis*»[452], as primeiras destinando-se a manter uma posse que tinha sido perturbada, a segunda destinando-se a recuperar uma posse da qual se havia sido despojado.[453]

As primeiras, que são os que nos interessam, subdividem-se por sua vez em duas categorias: «*uti possidetis*», quando se trata de um bem imóvel, e «*utrubi*» quando se trata de bens móveis.

«*Retinendae possessionis [...] sunt interdicta uti possidetis et ut ubi, quam ab utraque parte de proprietate alicuius rei controversia sit, et ante quaeritur, uter ex litigatoribus possidere, et uter petere debeat.*»[454] «*[...] Sed interdicto quidem uti possidetis de*

450 Cf. Corpus Juris Civilis, ed. frères Kriegel, Lípsia, 1887, J. IV. 14: «*Havia formas proibidas e conceitos de palavras, pelas quais o pretor ordenava que algo fosse feito ou proibia que fosse feito; o que ele costumava fazer quando havia disputa entre alguns sobre posse ou como se fosse posse.*»

451 I. IV. XV, § I Kriegel, Op. cit., V.51: «*A principal divisão das proibições é esta: elas são proibitivas, restaurativas ou expositivas.*»

452 I. IV. XV, § 2, ibid.

453 Girard, P. — Op. cit., p. 1118.

454 I. IV. XV. § 4, ibid.

fundi vel aedium possessione contenditur, utrubi vero interdicto de rerum mobilium possessione.»[455]

A proibição *uti possidetis* foi redigida da seguinte forma: «*uti eas aedes, quibus de agitur, nec vi nec clam, nec precario alter ab altero possidetis quo minus ita possideatis, vim fieri veto*»[456]. Ou de uma forma mais simples, «*uti possidetis, ita possedeatis*».

Portanto, a proibição era enunciada antes de o magistrado se pronunciar sobre a legitimidade do pedido, e visava proteger a posse de facto, e não a propriedade. A dúvida era sempre em benefício do possuidor e, caso a parte contrária não pudesse provar a legitimidade dos títulos alegados sobre a coisa que ele possuía, o seu usufruto continuava a pertencer-lhe. Era uma espécie de garantia judicial de um estado de posse muitas vezes imemorável.

Como se pode constatar, o *uti possidetis* referia-se ao facto e apenas ao facto, não estando na acção incluídas as considerações de carácter jurídico.

§ 2. O *uti possidetis* no direito internacional público

No direito internacional público, o princípio do *uti possidetis* teria sido utilizado, pela primeira vez, na Paz de Breda entre holandeses e ingleses. Aparece posteriormente citado pelos autores em relação com a situação de posse territorial existente no final das hostilidades entre dois Estados.[457]

Hoje, as expressões «*statu quo*» e «*uti possidetis*» são usadas indistintamente como se fossem sinónimos.

Na realidade, não o são. Se nos referirmos aos autores do período clássico, apenas o «*post bellum statu quo*» (*statu quo* depois da guerra) se identifica com o *uti possidetis*. Esses autores distinguiam, de facto, o «*statu quo ante bellum*» (*statu quo* antes da guerra), que também chamam de «*statu quo estrito*» e o «*statu quo post bellum*» ou «*uti possidetis*».[458]

[455] Sublinhado do Autor. «*A retenção de bens [...] proibidos de serem usados como bens e onde há uma disputa sobre a propriedade de uma coisa de ambos os lados, primeiro se pergunta qual dos litigantes deve possuí-la e qual deve reivindicá-la. [...] Mas a proibição da posse de terrenos ou edifícios destina-se a ser utilizada para a propriedade, e não para a proibição da posse de bens móveis.*»

[456] Tradução: «*usar as casas em questão, nem pela força nem por segredo nem por posse precária de uma da outra, está proibido*».

[457] Cf. Jimenez de Arechaga. — Curso de Derecho International Publico, Montevideo, 1961, vol. II, p. 445 e ss.; Schaumann, W. — Wörterbuch des Völkerrechts, ed. H.J. Shlochauer, Berlim, 1960/1962, pp. 483/4.

[458] Cf. Bluntschli, M. — Le droit international codifié, trad. do alemão por M. Lardy, Paris, 1881, § 700, p. 406; Calvo, Ch. — Dictionnaire du droit international public et privé, Paris,

Assim, Rivier escreve: «*É possível que, quando cessam as hostilidades de parte a parte, se crie por esse facto um estado de paz, que não fica documentado, nem regulado por um tratado. A respectiva situação dos beligerantes ou antigos beligerantes é a que resulta da guerra,* o "*statu quo post bellum*", o "*uti possidetis*".»[459]

«*A base das negociações (de paz),* prossegue, *é encontrada tanto no* uti possidetis *ou* statu quo post bellum, *como no* statu quo ante bellum.»[460]

Feita essa precisão terminológica, cabe perguntar quais eram as características do *uti possidetis* no direito internacional clássico.

O primeiro elemento necessário do *uti possidetis* é de facto a existência de uma guerra entre dois Estados soberanos.

O segundo elemento é que este estado de guerra ainda não terminou com a conclusão de um tratado de paz que, se concluído, muitas vezes se transformaria numa cessão territorial, em favor do Estado vitorioso, uma possessão de facto. Nesta última situação, o *uti possidetis* serve de base para as resoluções territoriais.

Porém, pode ser que o tratado de paz nunca aconteça e, neste caso, a posse territorial de facto ou, para falar como os autores modernos, a efectividade da ocupação, transforme o provisório em definitivo pelo único efeito do tempo. Claro que este equilíbrio assim adquirido pela força corre o risco de ser posto em causa pela ocorrência de uma nova guerra entre os ex-beligerantes, mas não é menos verdade que no direito internacional público — é o sentido a expressão latina «*ex facto jus oritur*» (o direito nasce do facto) — os factos, mesmo ilegais, tinham por vezes consequências jurídicas.

É o que expressa Rivier quando afirma: «*Na vida das nações e no direito das nações, o facto consumado tem uma importância capital e preponderante: é o gerador do Direito. Mais ainda do que no direito privado, aplicamos aqui o princípio expresso por Paulo nestes termos: Qualisque possessor, hoc ipso quod possessor est plus juris habet quam ille qui non possidet.*»[461]

1885, vol. II, p. 291; de Martens G.F. — Précis de droit des gens modernes de l'Europe, Paris, 1858, vol. II, § 33, pp. 370/1; Fauchille, P. — Traité de droit international public, Paris, 1921/6, livro IV, § 1693, p. 1029; Kluber. — Droit des gens modernes de l'Europe, Paris, Rio de Janeiro, 1831, vol. II, § 322, p. 156; Pradier-Fodere — Traité de droit international public européen et américain, Paris, 1885, vol. II, § 829, p. M86; Rivier, A — Principes du droit de gens, Paris, 1896, vol. I, p. 165, vol. II, p. 435.

459 Cf. Rivier, A. — Op. cit., vol. II, p. 435.

460 Ibid., p. 450 *in fine*.

461 Rivier, A. — Op. cit., vol. I, p. 165. «Como possuidor, o próprio facto de ser possuidor dá mais direitos do que àquele que não possui.»

Ainda cita estas palavras de Bynkdershoek (Questiones juris publici 2, 3): «*In omnibus causis publicis utique expedit: uti possidetis, ita possideatis.*»[462]

Podemos dizer que a posição de Rivier reflecte os conceitos doutrinários do século XIX. E também, Kluber[463] «*Se, por outro lado, os negócios correm bem, a conclusão da paz é alcançada [...]. Normalmente uma disposição fundamental, ou um princípio geral, são fixados como base tanto para as negociações como para a própria paz. Por vezes, este é o estado de possessão tal como era antes da guerra (statu quo estrito) ou em qualquer outra altura dada*»?

Da mesma forma, Bluntschlt[464]: «*A guerra pode ser terminada sem um tratado através da cessação das hostilidades e do restabelecimento de relações pacíficas entre os beligerantes. Os beligerantes conservam os territórios que ocupavam no final da guerra.* O statu quo entre bellum res sunt *permanece em vigor enquanto as mudanças de facto que ocorreram em resultado da guerra não forem contestadas. Quanto ao resto, o* statu quo entre bellum res fuerunt *continua a ser a regra.*»[465]

Calvo, no seu dicionário do direito internacional público e privado, dá-nos a seguinte definição do *uti possidetis*: «*Termo latino que significa: como cada um possui. Utilizado num tratado, num acto internacional ou diplomático, para expressar que cada poder conserva o que estava ou está na posse de cada um dos poderes contratantes no momento da conclusão de um tratado de paz e é, salvo disposição em contrário, considerado como a base da nova ordem de coisas estabelecida pela paz: cada um conserva a soberania do território que ocupa.*»

Os autores contemporâneos continuam a basear-se nesta noção de *uti possidetis*, visto que ela resulta do período clássico. É o caso nomeadamente de Schaumann e de Jimenez de Arechaga.

O primeiro, que escreve no «Wörterbuch des Völkerrechts», diz: «*Como conceito geral de direito internacional, o* uti possidetis *significa o reconhecimento legal da possessão de facto no momento da resolução do litígio ou da conclusão da paz* (statu quo post bellum *em oposição ao* statu quo ante bellum*), mas a este respeito falta-lhe uma função jurídica especial para além dos tipos de aquisição de território ao abrigo do direito internacional.*»[466]

[462] Ibid., «Em todos os casos públicos, é útil afirmar: quem possui, possuirá.»
[463] Op. cit., p. 156.
[464] Op. cit., p.
[465] Op. cit., vol. II, p. 291.
[466] Op. cit., vol. II, pp. 483/4.

O princípio do *uti possidetis* é, portanto, o reconhecimento da possessão territorial de facto no momento do fim de uma guerra ou da assinatura de um tratado de paz.

Jimenez de Arechaga expressa-se em termos semelhantes: «*O* uti possidetis *[...] é utilizado para qualificar o acto pelo qual a situação territorial após uma guerra é regulada, quando as ocupações territoriais originadas durante a guerra são consolidadas e transformadas de ocupações militares em possessão por via da soberania [...]. Esta forma de consolidar a situação de facto criada após as hostilidades é o que é conhecido no direito internacional como* "uti possidetis", *ou seja, concordar que os Estados continuarão a possuir como possuem.*»[467]

Como se pode ver no direito internacional público, o princípio do *uti possidetis* assenta em duas condições essenciais: a primeira é o facto da existência de uma guerra, e a segunda a possessão territorial de facto que dela resulta.

Se este último elemento corresponde à ideia central da sua aplicação no direito romano, o primeiro dá a este princípio uma nova dimensão. Não podemos falar de *uti possidetis* no direito das nações sem nos referirmos, directa ou indirectamente, ao estado de guerra.

Qual será, à luz dessas fontes, o sistema aplicado na descolonização dos Estados americanos, sublevados contra a Espanha?

Por ser objecto, pela primeira vez, de uma aplicação «*sui generis*», o princípio sofre uma interpretação semântica, aliás discutível, e o seu objecto é bem diferente daquele que pretendia o direito internacional geral.

§ 3. O *uti possidetis* e a sua aplicação na América Latina

No rescaldo da independência, as ex-colónias espanholas e portuguesas na América concordaram em adoptar como fronteiras dos seus respectivos territórios as fronteiras das circunscrições territoriais de que faziam parte durante os tempos coloniais.

Esta adopção, que na verdade é a utilização nas suas relações recíprocas do princípio do «*statu quo*», ficou conhecida a partir de então com o nome de «princípio do *uti possidetis* de 1810».

[467] Jimenez de Arechaga, E. — Curso de Derecho Internacional Publico, Montevideo, 1961, vol. II, p. 445.

Com efeito, tendo-se generalizado o movimento de emancipação das colónias da América Latina a partir de 1810, vários Estados americanos, entre os quais figura em primeiro lugar a Colômbia, resolveram adiar para essa data o momento histórico que serviria de base para a interpretação «*ratione temporis*» do princípio de *uti possidetis*.

A própria expressão não apareceu nos textos até um período posterior, os primeiros tratados e constituições aludindo apenas aos territórios das divisões administrativas às quais os Estados independentes tinham pertencido.

Assim o estipula a lei fundamental da República da Colômbia, resultante de um congresso realizado em Santo Tomas de Angostura em 17 de Dezembro de 1819, entre os povos antes dependentes da Capitania Geral da Venezuela e do Vice-Reino de Nova Granada, nos seus artigos 1.º e 2.º:

> «*Art.º 1 — As Repúblicas da Venezuela e da Nova Granada, estão a partir deste dia unidas numa só, sob o glorioso título de República da Colômbia.*
>
> *Art.º 2 — O seu território será aquele que compreendia a antiga Capitania Geral da Venezuela e o Vice-Reino da Nova Granada, abrangendo uma extensão de 115.000 léguas quadradas, cujos termos serão fixados em melhores circunstâncias.*»[468]

Outro congresso realizado em 12 de Julho de 1812, na cidade de Rosario de Cùcuta, reafirma expressamente os princípios expressos nos artigos citados acima.

Depois de ter estipulado no seu artigo 2 que o novo Estado passará a chamar-se República da Colômbia, o artigo 5 da lei fundamental da União das nações da Colômbia acrescenta: «*O território da República da Colômbia é o território compreendido dentro dos limites da antiga Capitania Geral da Venezuela e do Vice-Reino Novo de Granada; mas a determinação dos seus limites precisos fica guardada para um momento mais oportuno.*»[469]

Encontra-se uma declaração idêntica nas constituições posteriores[470] e na lei fundamental do Estado de Nova Granada, esta última sancionada em 31 de Novembro de 1831, após a secessão da Venezuela.

[468] Cf. Uribe, A.J. — Op. cit., p. 1.
[469] Ibid., p. 3.
[470] Cf., por exemplo, a Constituição de 30 de Agosto de 1821, art.º 6, e a Constituição de Bogotá de 29 de Abril de 1830, art.º 4, em Uribe, Op. cit., p. 5.

Ao contrário dos textos anteriores, vemos a data de 1810 aparecer pela primeira vez como um elemento básico para a interpretação «*ratione temporis*» do princípio do *uti possidetis*. Além disso, tenta-se dar mais precisão às formulações vagas das afirmações anteriores.

Os artigos 1 e 2 deste instrumento jurídico têm a seguinte redacção:

> «*Art. 1 — As províncias da Colômbia Central formam um Estado com o nome de Nova Granada: constituído e organizado pela presente Convenção.*
>
> *Art. 2 — Os limites deste Estado são os mesmos que em 1810, dividiram o território da Nova Granada das Capitanias Gerais da Venezuela e Guatemala e das possessões portuguesas do Brasil; na parte meridional os seus limites serão definitivamente marcados ao Sul da Província de Pasto, depois de ter determinado o que é conveniente em relação aos Departamentos do Equador, Asuay e Guayaquil, etc.*»[471]

O artigo 6 da mesma lei declara a inalienabilidade do território nacional e afirma a vontade de não reconhecer a eventual secessão de qualquer parte do território do Estado. Declara ainda a rejeição de novas uniões de Estados.

Esta disposição é uma reacção não só contra a aquisição de territórios americanos por Estados não americanos, em particular a Inglaterra, que acabava de ocupar as Malvinas, mas também representa a recepção no direito interno colombiano dos princípios da Doutrina Monroe.

«*Nenhum povo será admitido*, lemos no referido artigo 6.º, *que, separando-se de outros Estados a que pertence, tente incorporar-se no Estado de Nova Granada; nem, pelo contrário, aqueles que fazem parte deste último serão autorizados a juntar-se a outros. Nenhuma aquisição, alteração ou alienação de território poderá ser feita pela Nova Granada, excepto por Tratados públicos, celebrados em conformidade com o Direito das Nações, e ratificados na forma prescrita na sua Constituição.*»[472]

Doravante, a inclusão da data de 1810 será a regra em todos os actos nacionais e internacionais da Colômbia. Porém, só na Constituição colombiana de 6 de Agosto de 1886 (art.º 3) é que a expressão «*uti possidetis*» aparece pela primeira vez.[473]

[471] Ibid., p. 5.
[472] Ibid., p. 6.
[473] A própria expressão aparece pela primeira vez no tratado de 20 de Outubro de 1851 entre o Brasil e o Peru.

O artigo 3 está redigido da seguinte forma: «*Os limites da República são os mesmos que em 1810 separaram o Vice-Reino de Nova Granada das Capitanias Gerais da Venezuela e Guatemala, do Vice-Reino do Peru e das possessões portuguesas do Brasil; e provisoriamente, no que respeita ao Equador, os designados no Tratado de 9 de Julho de 1956.*

As linhas divisórias da Colômbia com as nações limítrofes serão fixadas por Tratados públicos, podendo ser separados do princípio de direito do uti possidetis de 1810.»[474/475]

Os demais Estados latino-americanos também consagram nas suas constituições ou leis fundamentais o princípio do *statu quo* colonial.

Assim, o tratado de 20 de Outubro de 1851, entre o Brasil e o Peru estipula, no seu artigo 3 o seguinte: «*Para evitar dúvidas quanto à fronteira mencionada nas disposições da presente Convenção, as Altas Partes Contratantes aceitam* o princípio do uti possidetis *segundo o qual os límites entre o Império do Brasil e a República do Peru serão determinados.*»[476]

O princípio do *uti possidetis*, como já dissemos, foi introduzido nas relações entre as ex-colónias espanholas e portuguesas na América, com o único objectivo de evitar que no período conturbado dos primeiros anos de independência pudessem surgir conflitos territoriais.

Antes de apresentar e analisar as consequências da adopção do princípio do *statu quo* colonial ou *uti possidetis* na América Latina, convém recordar os elementos essenciais da organização territorial e administrativa da era colonial espanhola. A sua complexidade e confusão estão ligadas às dificuldades encontradas pelos novos Estados nas suas relações territoriais e fronteiriças.

§ 3.1. Organização territorial e administrativa da América espanhola antes da independência

A organização territorial e administrativa da América espanhola foi caracterizada pelos seguintes elementos: a existência de um corpo administrativo, O Conselho das Índias, por um lado, elemento de centralização nominal e real; por outro, a diversidade de fontes jurídicas aplicáveis, resultante da

[474] Ver Uribe. — Op. cit., p. 7.

[475] Sublinhado do Autor.

[476] Cf. Uribe. — Op. cit., p. 293.

existência de diversos textos legislativos relativos, respectivamente, à organização administrativa, política e religiosa das colónias americanas, colectados sob o título de «Recopilación de Indias».

O Conselho das Índias, órgão com sede na Europa com funções consultivas e legislativas, era responsável, por ordem do Rei, por estudar todas as questões políticas, económicas e religiosas e propor medidas legislativas ou outras relativas à sua administração.

Era, em resumo, o órgão de que emanavam as leis, portarias reais e outros textos cuja execução nas colónias foi confiada aos Vice-Reis, aos Capitães Gerais, aos Governadores, enfim, aos diversos administradores coloniais. Este conjunto de textos foi a base da «Recopilación de Indias»[477], uma colectânea de todos os textos legislativos relativos à organização política, administrativa e religiosa da América espanhola. Esta colectânea, criada na época de Filipe IV, só foi publicada em 1680 por Carlos II.

a) Organização administrativa e religiosa da América espanhola nos séculos XVI e XVII

Os territórios americanos foram divididos em 1542 pelo imperador Carlos V em dois grandes vice-reinados: Nueva España (México) e Peru.

À frente de cada um desses vice-reinos havia um vice-rei que representava pessoalmente o rei de Castela, governando e dirigindo os constituintes em seu nome. (1.ª lei, título III, livro III da Recopilación)[478].

A tarefa dos vice-reis não era apenas administrativa; também desempenhavam o papel de juízes de última instância nas colónias.

Os vice-reinados, por sua vez, foram divididos em audiências reais, consideradas como províncias maiores, cada uma composta por governos autónomos, «*alcaldias mayores*», «*corregimientos*» e «*alcaldias ordinarias*». (7.ª Lei, Título II, Livro II; 1.ª Lei, Título XV, Livro II; 1.ª Lei, Título I, Livro V.)

A «*Recopilación*» procedeu também à divisão do país, do ponto de vista religioso, e fixou, para cada caso, a divisão correspondente na organização civil.

477 O nome exacto deste corpo de leis era: «*Recopilación de leyes de los Reinos de las Indias*».

478 A lei em questão de facto estipula: «*Estabelecemos e ordenamos que os Reinos do Peru e Nova Granada (México) sejam regidos e governados pelos Vice-Reis que representam a nossa pessoa real, e tenham o governo superior, façam e administrem justiça a todos os nossos súbditos e vassalos, e tomem conta de tudo o que diz respeito ao sossego, quietude, enobrecimento e pacificação daquelas províncias.*» Ver Santamaria de Paredes, V. — Op. cit., p. 8.

Assim, do ponto de vista eclesiástico, os territórios americanos foram divididos em arcebispados (*arzobispado*), províncias de religião (*provincias de las religiones*), bispados inferiores (*obispados sufraganeos*), paróquias (*parroquias*) e abadias (*curatos*).

A correspondência desta hierarquia eclesiástica na ordem civil era a seguinte: os arcebispados e as províncias de religião correspondiam aos distritos das audiências, os bispados aos governos autónomos e às «*alcadias mayores*», e as paróquias e abadias aos «*corregimientos*» e às «*alcadias ordinarias*». No entanto, a falta de uniformidade da organização territorial na ordem civil causou dificuldades de compreensão e dificultou todas as tentativas de sistematização.

Em princípio, os vice-reis estavam à frente das províncias maiores, isto é, as Audiências ou Distritos, mas acontecia que governadores especiais fossem colocados à frente das províncias menores devido à distância da sede da Audiência. Além disso, quando as circunstâncias locais assim o exigissem, ou nos casos em que a pequenez dos territórios não permitisse a formação de uma sede provincial, os «*corregidores*» e «*alcaldes*» eram nomeados para administrar uma cidade ou um grupo de cidades.[479] (Cf. a Lei 1, Título I, Livro V; e Lei 1, Título I, Livro VI.)

Em regra geral, os vice-reis eram os capitães-gerais das províncias dos seus distritos, mas não era impossível que esta última função fosse atribuída a uma personalidade tendo a responsabilidade da direcção de um distrito territorial autónomo não tendo com o vice-rei nenhuma relação de dependência.

Em suma, a situação era a seguinte: os vice-reis eram em regra os capitães-gerais da sede da Audiência Distrital, e nas outras cidades importantes havia um capitão-geral ou um presidente titular (*presidente togado*), daí os nomes de vice-reinado, audiências, capitanias gerais e presidência.

A nomeação para os cargos mais importantes do governo nas colónias era domínio reservado do soberano espanhol (Lei 1, Título II, Livro V).

Quanto à organização territorial em cada um dos dois primeiros vice-reinados, ou seja, o México e o Peru, era a seguinte, por ordem de antiguidade:

a) no vice-reinado da Nova Espanha (México) estavam as 4 audiências reais de Santo Domingo (1526), México (1527), Guatemala (1543) e Guadalajara (1548).[480]

[479] Ibid., pp. 8/9.

[480] Cf. Santamaria de Paredes, V. — Op. cit., pp. 9/10.

b) no vice-reino do Peru[481], estavam as audiências reais do Panamá (1535), Lima (1542), Santa Fé de Bogotá (1549), Charcas (1559), Quito (1563), Chile (1609) e Buenos Aires (1691).

As audiências correspondiam, na organização territorial da América espanhola do século XVI, ao tipo mais sofisticado e ao quadro mais elaborado das circunscrições territoriais.

Não eram apenas divisões de carácter judicial, mas também de carácter geral.

De acordo com a Lei 1, Título XV, Livro II de Filipe IV, os territórios espanhóis das Índias deviam ser divididos em doze audiências — as onze mencionadas acima e a de Manilla — «*para que os nossos vassalos possam ter alguém para os reger e governar em paz e justiça, os seus distritos foram divididos em governos,* corregimentos *e* alcaldias mayores *que estão subordinados às audiências reais*».

Os limites de cada uma dessas circunscrições (distritos) estavam definidos na mesma lei.

b) Organização territorial no século XVIII

No século XVIII, esta organização foi alterada com a criação de novas circunscrições territoriais, em particular com a formação de dois novos vice-reinados: o de Nova Granada e o de Buenos Aires, oriundos de territórios do antigo vice-reinado do Peru, bem como duas outras capitanias gerais: Venezuela e Chile.

O Vice-Reino de Santa Fé, ou de Nova Granada, foi criado em 1717, dissolvido seis anos depois e finalmente reconstituído por decisão real de 20 de Agosto de 1739. Os territórios deste vice-reinado tomaram, como núcleo, a antiga audiência de Santa Fé de Bogotá, à qual foram acrescentadas as Províncias do Panamá e de São Francisco de Quito, esta última dependendo do Vice-Reino do Peru e da província da Venezuela, por sua vez dependente do Vice-Reino da Nova Espanha ou México.

No entanto, os limites do Vice-Reino de Santa Fé de Bogotá serão reduzidos pela criação, em 1742 — e depois em 1777 e 1796 — da Capitania Geral da Venezuela e pela devolução ao Vice-Reino do Peru das províncias de Maynas (1802) e Guayaquil (1803) da audiência de Quito.

[481] Ibid.

Por sua vez, o vice-reinado de Buenos Aires foi criado em 7 de Julho de 1778 com os distritos das audiências de Buenos Aires e Charcas, aos quais foram adicionados alguns territórios da Audiência do Chile.

A audiência de Charcas regressou em 1810 — sob o nome de Chuquisaca ou Alto Peru — ao vice-reino do Peru.[482]

A decisão real de 15 de Março de 1798 deu autonomia à Capitania do Chile.

A organização das audiências irá, no último quartel do século XVIII, sofrer uma nova modificação com a introdução, por decreto real, de uma nova autoridade administrativa: o Regente.

Por decreto real de 6 de Abril e 20 de Junho de 1776, foi criado em cada audiência o cargo de Regente, uma autoridade cujos poderes e honras e, em particular, as relações com os vice-reis estavam cuidadosamente regulamentados.

Na lei, tanto vice-reis como governadores ainda detinham o título de presidência das suas circunscrições territoriais, mas na verdade tudo acontecia como se essas autoridades tivessem transferido para os Regentes a presidência efectiva dos seus vice-reinados, audiências, etc.

Substituíam-se provisoriamente aos vice-reis e outras autoridades locais, mas na maioria das vezes recebiam uma delegação de poderes para a direcção efectiva das questões civis e políticas que afectavam as circunscrições locais.[483]

Em 1792, uma nova reforma administrativa ocorreu na América espanhola, com a criação das Intendências Provinciais.

Por decreto real, Carlos III criou, em 1782, primeiro no vice-reinado de Buenos Aires e depois no do México, os cargos de Intendente Provincial, autoridades que, em cada província, tinham funções de direcção, execução das leis reais e de tratamento dos assuntos de polícia, finanças e administração da justiça. Também eram responsáveis pela administração militar.

Esta organização estendeu-se posteriormente a todos os outros domínios espanhóis da América, e ganhou precedência sobre todas as outras até então existentes.

Embora o decreto real de 15 de Dezembro de 1802 tivesse o cuidado de declarar expressamente que os poderes conferidos aos Intendentes nas províncias se limitassem a assuntos de natureza económica, administrativa e militar, que não eram da responsabilidade dos capitães-gerais, governadores

482 Cf. Santamaria de Paredes. — Op. cit., p. 965.

483 Ibid., pp. 13/4.

e outras autoridades locais, o resultado foi que o estabelecimento desta instituição causou o deslocamento do centro de gravidade da administração colonial espanhola, passando das audiências para as províncias.

Esta medida teve a vantagem de conseguir uma uniformização da divisão territorial da América espanhola e uma descrição mais precisa das várias subdivisões territoriais de cada circunscrição.[484]

§ 3.2. A organização territorial no século XIX na época da emancipação

A América espanhola incluía, quando do movimento de emancipação, as seguintes grandes circunscrições: 4 vice-reinados: México, Nova Granada, Peru e Buenos Aires, e sete capitanias gerais: Yucatán, Cuba, Porto Rico, Santo Domingo, Guatemala, Venezuela e Chile.

As circunscrições, de tamanho e valor económico desiguais, deram origem, uma vez concluído o movimento de libertação, às várias repúblicas da América Latina.

O vice-reino do México passou a ser o Estado do México: o de Buenos Aires ou Rio de Plata posteriormente resultou nas Repúblicas da Argentina, Bolívia, Uruguai e Paraguai; a ex-capitania geral da Guatemala tornou-se independente em 1831 sob o nome de República das Províncias Unidas da América Central, e em 1838 este Estado deu origem às cinco actuais Repúblicas da América Central: El Salvador, Costa Rica, Guatemala, Honduras e Nicarágua; o vice-reinado de Nova Granada integrou primeiro a capitania geral da Venezuela, da qual surgiriam a República de Nova Granada (Colômbia), o Equador (antiga presidência de Quito) e a Venezuela; do vice-reino do Peru resultaram as Repúblicas do Chile, Bolívia e Peru e assim por diante.

Ao declarar a sua independência da coroa da Espanha, os antigos vice-reinados de Nova Granada e a Capitania da Venezuela formaram, depois do fim da guerra de independência, em 17 de Dezembro de 1809, a República da Colômbia.

A lei fundamental da nova República, ao declarar a sua independência da coroa da Espanha, limitava-se a afirmar, no seu art.º 2, que o território do novo

[484] Cf. Santamaria de Paredes, V. — Op. cit., p. 14.

Estado é o do antigo vice-reinado de Nova Granada e da capitania-geral da Venezuela. Esta foi, portanto, a primeira formulação, aliás um pouco vaga, da ideia de *uti possidetis.* Essa ideia seria apurada mais tarde pela própria Colômbia ao longo das várias etapas da sua história.

Após a secessão da Venezuela, em 31 de Novembro de 1831, a lei fundamental do Estado de Nova Granada, que sucedeu à República da Colômbia constituída imediatamente após a independência da Espanha, estipula no seu art.º 2: «*Os limites deste Estado são os mesmos que em 1810 dividiam o território de Nova Granada, das Capitanias Gerais da Venezuela e da Guatemala e das possessões portuguesas do Brasil.*»[485]

É a primeira vez que surge uma referência à data de 1810 nos tratados interamericanos.

Se se pode dizer que desde então houve uma certa constância por parte da Colômbia quanto ao ponto de referência para a aplicação do princípio, isto é, a data de 1810, o mesmo já não acontece com o adjectivo *júris*, que este Estado só passou a utilizar a partir da sua constituição, em 6 de Agosto de 1886.

Assim, se há, desde o início, unanimidade entre os Estados da América Latina sobre a utilização do princípio do *uti possidetis*, surgem divergências na escolha entre o *uti possidetis* de facto, a única expressão juridicamente válida, e o *uti possidetis* de direito.

Esta última expressão, defendida pela Colômbia que tenta inculcá-la nos demais estados oriundos da coroa da Espanha, encontra, porém, no Brasil, uma grande resistência porque este pretende, desde o início, dar à expressão o significado aceite no direito internacional clássico.

O Brasil, que faz fronteira com 8 dos Estados oriundos da América espanhola, vai esforçar-se por fazer triunfar o *uti possidetis* (de facto), explorando a circunstância de que nos tempos coloniais as fronteiras entre a colónia portuguesa e as colónias espanholas não tinham sido objecto de um acordo final.

Com efeito, a questão das fronteiras entre as colónias da Coroa de Espanha e de Portugal foi, desde o início da sua expansão ultramarina, objecto de divergências entre os dois países.

A primeira divisão deu-se pela bula de 8 de Janeiro de 1454 publicada pelo Papa Martinho IV, recebendo Portugal a propriedade de todos os territórios

485 Cf. Uribe, A.J. — Op. cit., p. 3.

a descobrir desde o Cabo Bojador até às Índias Orientais, atribuição confirmada pelos Papas seguintes.[486]

Depois da descoberta da América por Cristóvão Colombo, em nome do soberano espanhol, o Papa Alexandre VI Borgia, de origem espanhola, operou uma nova divisão entre os dois príncipes da cristandade. Foi a bula «*Inter Coetera*» já mencionada, de 2 de Maio de 1493, completada por outra datada de 26 de Setembro de 1493.

O tratado de Tordesilhas de 7 de Junho de 1494 pôs termo, pelo menos temporariamente, às dissensões entre as duas coroas, deslocando o meridiano de divisão que agora passava a oeste do arquipélago de Cabo Verde, linha cuja determinação foi confiada a uma comissão de delimitação conjunta.

A comissão, reunida em 1522, não conseguiu chegar a um acordo sobre a determinação da ilha mais ocidental, Portugal argumentando que a divisão do meridiano deveria ser medida a partir da Ilha do Sal, localizada mais a leste do que a ilha de Santo António.

Como as dificuldades persistiam, o tratado de Tordesilhas foi substituído pelo de Saragoça de 22 de Abril de 1529, que também não iria atingir seu objectivo.

A guerra entre Portugal e Espanha no século XVI, e o domínio de Portugal pela Coroa de Espanha (Filipe II, III e IV) só agravaram a situação, devido à confusão ocorrida então sobre os territórios pertencentes aos Reis de Espanha. O Brasil aproveitou para ampliar seu domínio.

Depois da Restauração, um tratado foi assinado em Lisboa em 7 de Maio de 1681 entre os dois países, que regressava ao *statu quo* do tratado de Tordesilhas, e nomeava uma nova comissão de delimitação. Essa comissão, que se reuniu em Novembro do mesmo ano, não produziu resultados. Submetido o diferendo à arbitragem do Sumo Pontífice, Portugal não se fez representar.

Por um novo tratado assinado em Lisboa em 4 de Março de 1700, Portugal comprometeu-se a demolir as praças-fortes que tinha construído na faixa norte do Amazonas, do Cabo Norte ao rio Vincent Pinzon. Novos tratados foram assinados, mas foi somente em 1777, com o tratado de Santo Ildefonso, que pôde ser feita uma delimitação entre os territórios português e espanhol.

[486] Ibid., p. 277.

A delimitação assim definida foi confirmada pelo tratado do Prado[487] de 11 de Março de 1778, e foram constituídas 5 comissões de delimitação com vista à demarcação da fronteira. Tiveram um êxito parcial, por terem surgido sérias divergências entre portugueses e espanhóis em relação à região do Amazonas. Desde então, o problema fronteiriço entre as possessões portuguesas e espanholas não foi objecto de qualquer regulamentação definitiva, e é nestas circunstâncias que os países da América Latina adquiriram a sua independência.

O Brasil, em posição forte por ser possuidor de facto de imensos territórios que, juridicamente, deveriam pertencer ao soberano espanhol, celebrou após a sua independência tratados de limites com as antigas possessões espanholas, com base no *uti-possidetis* estrito.

Foi o que aconteceu com o tratado de comércio e navegação fluvial de 20 de Outubro de 1851 com o Peru, cujo art.º VII afirma: «*Para evitar dúvidas quanto à fronteira mencionada nas disposições da presente Convenção, as Altas Partes Contratantes aceitam o princípio do* "uti possidetis", *segundo o qual os limites entre o Império do Brasil e a República do Peru deverão ser fixados: assim, reconhecem como fronteira a localidade de Tabatinga, e de leste para norte, a linha recta que encontrará o rio Yapura na sua confluência com o Apaporis; e de Tabafiuga para sul o rio Yavari na sua confluência com o Amazonas.*»[488]

A fronteira assim delimitada ia contra as pretensões da Nova Granada nesta região, e estabelecia um sistema de *uti possidetis* estrito, contrário ao ponto de vista colombiano que apoiava o *uti possidetis juris*.

A Nova Granada protestou, numa nota de 8 de Julho de 1853, contra a estipulação deste tratado que a afastava da co-soberania do Amazonas e a despojava dos territórios que, pelo tratado luso-espanhol de 1777 (Santo Ildefonso) lhe pertenciam.

No entanto, o Brasil conseguiu que a Colômbia também aceitasse um tratado, datado de 25 de Julho de 1853, pelo qual as duas partes concordaram em se afastar do *uti possidetis juris*, mas o tratado não foi ratificado pelo Senado colombiano.

Apesar dos repetidos protestos da Colômbia, o Brasil conclui com os demais países vizinhos convenções de limites que sancionavam a aceitação

[487] Para todos estes desenvolvimentos, cf. Uribe, A.J. — Op. cit.
[488] Cf. Uribe, A.J. — Op. cit., p. 293.

do princípio do *uti possidetis* estrito. Foi o caso, por exemplo, do tratado de 5 de Maio de 1859 com a Venezuela[489], e do tratado de 1874 com o Peru[490]. A Argentina, que também tinha assinado uma convenção de limites com o Brasil com base no *uti possidetis* estrito, não chegou a acordo sobre a identificação de um rio que deveria servir de limite entre os dois Estados — o Periqui ou Pépiriguazu — e, através de um tratado de arbitragem de 7 de Setembro de 1889, os dois Estados submeteram a disputa ao Presidente Cleveland para decisão. A sentença arbitral proferida em 5 de Fevereiro de 1895 deu razão ao Brasil.

Em suma, a Colômbia foi o único Estado que fazia fronteira com o Brasil e que não quis aderir ao princípio do *uti possidetis* estrito. O acesso ao Amazonas e o direito de livre navegação eram trunfos de que não queria abrir mão de modo algum.

Embora não tenha conseguido obter a restituição dos territórios que reivindicava, conseguiu, no entanto, pelos tratados de 24 de Abril de 1907 e de 15 de Novembro de 1928 — durante 10 anos, no primeiro, e em perpetuidade, no segundo — obter o reconhecimento do direito de livre navegação no Amazonas.

Em última análise, quase todas as questões de fronteira entre o Brasil e as ex-colónias espanholas foram resolvidas com base no *uti possidetis* estrito.

Entre as antigas possessões espanholas, o princípio do *uti possidetis*, que continuou a ser invocado para a solução dos problemas de fronteira, será objecto de várias interpretações.

Foram utilizadas três fórmulas para o definir.

A primeira é a do *uti possidetis* de 1810, que aparece no art.º 2 da lei fundamental da República de Nova Granada de 1831. Embora a própria Colômbia só tenha conseguido libertar-se completamente da Coroa da Espanha em 1819, data em que se uniu à Venezuela, podemos dizer que foi nessa data que o movimento de emancipação se manifestou pela primeira vez na América, e que o *uti possidetis* se referia, portanto, às antigas divisões administrativas espanholas.

No entanto, na altura as circunscrições ainda não estavam todas delimitadas, e quando o estavam, baseavam-se geralmente em elementos errados.

[489] Ibid., p. 302.
[490] Citado por Uribe, A.J. — Op. cit.

Havia ainda imensos territórios inexplorados, e os vários actos reais da Espanha continham erros graves a esse respeito.

Rios Gallardo, escrevendo em 1963 sobre a delimitação da fronteira[491] entre o Chile e a Bolívia, disse em particular: «*[...] os debates de limites resultaram da circunstância não menos importante de que as demarcações entre as diferentes colónias espanholas eram imprecisas, particularmente devido ao terreno difícil em regiões arborizadas, desérticas ou habitadas por tribos hostis. A vida colonial desenvolveu-se na periferia do continente e o interior estava inexplorado. Não há ainda hoje regiões desconhecidas?*[492] *Estas condições explicam as deficiências e erros da delimitação colonial [...]. O que é certo é que os dignitários espanhóis não tinham um conhecimento perfeito das delimitações territoriais dos seus domínios americanos.*»

Às dificuldades decorrentes de uma delimitação baseada em elementos errados, somava-se a extrema diversidade das autoridades coloniais cujos poderes se sobrepunham. As últimas reformas administrativas da época colonial determinaram o aparecimento de numerosas autoridades que, embora não devessem retirar nada dos poderes das entidades existentes, obtiveram do soberano espanhol a realidade do poder e eclipsaram as autoridades coloniais investidas há muito tempo. Daí, para as jovens Repúblicas da América, vieram novas complicações territoriais.

«*Não é exagero dizer que uma parte considerável da história diplomática das Repúblicas da América Latina se resume a rivalidades fronteiriças.*»[493]

Outro factor de dificuldade adicional era a existência, ao lado das já emaranhadas circunscrições administrativas, de divisões feitas numa base religiosa, elas próprias complicadas pela existência de duas companhias de missionários de evangelização[494], que se guerreavam incessantemente. Não vimos, por exemplo, o Honduras proclamar, ao contrário das outras quatro repúblicas da América Central derivadas da Capitania Geral da Guatemala, na sua constituição de 1825, que o seu território era o da Diocese com o mesmo nome?

[491] Rios Gallardo C. — Chile y Bolivia definen sus fronteras. 1842-1904. Santiago de Chile, 1963, pp. 17/18.

[492] Sublinhado do Autor.

[493] Cf. Alvarez, A. — Le Droit international américain, Paris, 1910, p. 67.

[494] Eram a Sociedade dos Religiosos de São Francisco e a Sociedade de Jesus de Quito. Cf. Santamaria de Paredes. — Op. cit., p. 55.

Uma segunda expressão utilizada para designar o princípio do *uti possidetis* foi a do momento da emancipação. Aparentemente inócuo, acabaria por contrariar o princípio de 1810 proposto pela Colômbia.

De facto, desde o momento em que se desencadeou o movimento insurreccional até ao momento em que as jovens repúblicas conseguiram afirmar a sua independência, muitos anos passaram. Para tomar apenas o exemplo da Colômbia, lembremos que a insurreição iniciada em 1810 foi reprimida por volta de 1816, e que só em 1819 a Colômbia finalmente conseguiu afirmar a sua independência. Além disso, só nesta data é que aconteceu a incorporação da Venezuela, enquanto Quito continuou até 1822 sob a dependência da Espanha, e só em 1822, também, Guayaquil, independente desde 1820, se incorporou à Colômbia.[495]

Nestas condições, pode-se questionar a que data nos devemos referir para marcar o «momento da emancipação».

No entanto, as 5 repúblicas da América Central, emancipadas em 1821, adoptaram o *uti possidetis* nesta modalidade, e foi com base no *uti possidetis* do momento da emancipação que o problema das fronteiras entre o Honduras e a Nicarágua se resolveu, em 1906. Além disso, várias repúblicas americanas, reunidas no congresso em 1848, aceitaram o princípio do *uti possidetis* da época da independência.[496]

Mas uma terceira fórmula também foi utilizada no tratado de Guayaquil de 1829: «*uti possidetis* antes da independência». O único significado que podemos dar a esta expressão é de que se refere à situação existente no último momento da colonização espanhola.

Perante todas estas dificuldades, persistimos em comparar a situação das ex-colónias espanholas e portuguesas na América com a que resulta da emancipação dos ex-territórios dependentes da África hoje.

O *uti possidetis* e a sua aplicação em África como meio de resolução de conflitos territoriais

Iniciada em 1956 com a Tunísia e Marrocos sob protectorado francês, a independência dos territórios africanos acelerou-se por volta de 1960 e não parou desde então.

[495] Ibid., p. 253.
[496] Nova Granada, Equador, Peru, Bolívia e Chile.

As jovens repúblicas foram logo confrontadas com os problemas do novo Estado, e entre eles do destino das fronteiras herdadas do colonizador.

A conferência de Chefes de Estado africanos realizada no Cairo de 17 a 31 de Julho de 1964, embora não se tendo pronunciado expressamente a favor da adopção do princípio do *uti possidetis*, tomou posição sobre o problema das fronteiras da era colonial nestes termos:

> «*Considerando que os problemas fronteiriços são um factor sério e permanente de desacordo,*
>
> *Cientes da existência de acções de origem extra-africana destinadas a dividir os Estados africanos,*
>
> *Considerando ainda que as fronteiras dos Estados africanos no dia da sua independência constituem uma realidade tangível,*
>
> *Recordando a criação, na segunda sessão ordinária do Conselho, do Comité dos Onze, encarregado de estudar novas medidas para reforçar a unidade africana,*
>
> *Reconhecendo a necessidade imperativa de resolver todos os diferendos entre Estados africanos por meios pacíficos e dentro de um quadro puramente africano,*
>
> *Recordando ainda que todos os Estados-Membros se comprometeram, nos termos do artigo IV da Carta da Organização da Unidade Africana, a respeitar os princípios enunciados no parágrafo III da Carta da referida Organização,*
>
> *Declara solenemente que todos os Estados-Membros se comprometem a respeitar as fronteiras existentes na altura em que conquistaram a independência.*»[497]

Apenas a Somália se pronunciou publicamente contra.[498]

Não deveria esta resolução ser comparada com as primeiras declarações das repúblicas latino-americanas?

Como resulta do resumo histórico que apresentámos acima, só algumas décadas depois da sua independência é que a expressão «princípio do *uti possidetis*» apareceu nos textos dessas repúblicas.

Os primeiros documentos internos e internacionais referem-se apenas às fronteiras da era colonial. A inserção do princípio nos textos posteriores parece ter sido feita por juristas. Consequentemente, também não nos deve

[497] Resolução AHG/16/1 da U.A.

[498] Cf. Le Monde de 25 de Julho de 1964.

surpreender que a Carta da OUA não se pronuncie expressamente sobre o princípio do *uti possidetis*.[499]

Na própria opinião de Boutros-Ghali, a inexistência de um reconhecimento expresso de um *uti possidetis* africano na Carta não impede que as declarações dos líderes africanos contenham as sementes de tal princípio.

Um grande número de declarações de personalidades africanas confirma este sentimento.

Na conferência constitutiva da OUA, o Sr. Modibo Keita, então Presidente da República do Mali, numa frase algo profética, fez a seguinte declaração: «*Se estamos verdadeiramente motivados pelo desejo de alcançar a unidade africana, devemos renunciar às reivindicações territoriais se não quisermos introduzir em África o que se poderia chamar imperialismo negro. É, portanto, necessário, e mesmo indispensável, que ponhamos fim a todos os elementos de divisão de uma forma concreta.*»[500]

O Sr. Tsiranana, Presidente da República de Madagáscar, afirmou na mesma conferência: «*Já não é possível, nem desejável, alterar as fronteiras das nações sob o pretexto de critérios raciais, religiosos ou linguísticos [...]. Se utilizarmos estes critérios para rever as nossas fronteiras, alguns Estados em África desaparecerão do mapa.*»[501]

O falecido *Sir* Tafewa Balewa, então Primeiro-ministro da Nigéria, ao discursar na conferência, disse: «*Os Estados africanos devem respeitar-se uns aos outros [...]. A Nigéria reconhece todas as fronteiras existentes em África e reconhece a existência de todos os Estados em África.*»[502]

Por outro lado, antes da Assembleia Geral das Nações Unidas em 1961, o delegado da Nigéria expressou uma opinião concordante com a série de declarações anteriores: «*As potências coloniais do século passado podem ter dividido a África artificialmente e aleatoriamente, desenhando fronteiras que atravessam comunidades que até então tinham formado um todo, mas por muito artificiais que essas fronteiras fossem no início, os países que elas criaram passaram a ver-se como entidades independentes umas das outras. Vimo-los solicitar a admissão nas Nações Unidas como Estados individuais. Por conseguinte, é nossa política manter estas fronteiras tal como estão e desencorajar qualquer reformulação das mesmas.*»[503]

[499] Cf. Boutros-Ghali, B. — The Addis Abeba Charter, International Conciliation, Janeiro 1964, p. 30.

[500] Citado no relatório do Sr. Bouteflika.

[501] Cf. Boutros-Ghali, B. — Loc. cit., p. 30.

[502] Ibid.

[503] Cf. intervenção do Sr. Bouteflika, Loc. cit., p. 113.

O Sr. Bouteflika, Ministro dos Negócios Estrangeiros da Argélia, no seu relatório à Comissão *ad hoc* da Organização da Unidade Africana, reunida em Adis Abeba em Janeiro de 1967, referindo-se a muitas dessas declarações, exprimiu-se por sua vez do seguinte modo: «*A independência da grande maioria dos países africanos é um acontecimento recente. Estes países surgiram ao libertarem-se do domínio colonial. A definição da sua soberania territorial não é, como noutros lugares, o resultado de um longo meandro histórico marcado pela criação e o colapso de impérios, múltiplos conflitos entre povos, e guerras contínuas entre vizinhos. Seria impensável que, para refazer o seu mapa político em nome de uma qualquer concepção anacrónica, a África, após a provação colonial, aceitasse envolver-se num longo e sangrento processo. Se, noutras épocas, as nações foram criadas através de guerras, a África escolheu, ao subscrever a Carta da O.U.A., construir-se em paz.*»[504]

Todas essas declarações provam que as autoridades africanas estão firmemente empenhadas em defender a solução do *statu quo* colonial. Aceitam tanto as fronteiras resultantes dos acordos internacionais, como as fronteiras resultantes de simples divisões administrativas de ordem interna, ou mesmo fronteiras de facto.

Se, por outro lado, no que se refere aos documentos oficiais, a Carta não contém referência expressa ao princípio do *uti possidetis*, o art.º II § 3, ao afirmar como um dos objectivos da O.U.A. o princípio da defesa da soberania, da integridade territorial e da independência dos Estados-Membros, e o art.º III § 3, ao afirmar o respeito pela soberania e a integridade territorial de cada Estado-Membro, bem como pelo seu direito inalienável a uma existência independente, todas estas disposições, juntamente com as declarações feitas pelos responsáveis africanos, levam-nos logicamente a concluir a aceitação pelo menos tácita do princípio de *uti possidetis* em África.[505]

A analogia com as decisões tomadas na América Latina é notável, em particular se compararmos estes últimos textos com as primeiras resoluções das repúblicas da América Central. As diferenças são, no entanto, consideráveis, tanto nos precedentes como na aplicação do princípio adoptado, expressa ou tacitamente.

[504] Ibid., p. 111.

[505] O Sr. Boutros-Ghali responde afirmativamente, sem, contudo, fornecer qualquer base para a aplicação africana do princípio. Acreditamos que a posição do eminente jurista egípcio é a única sustentável.

Desde a independência, as situações apresentam significativas diferenças históricas, sociológicas, políticas e culturais.

Em primeiro lugar, existem diferenças históricas, que poderíamos chamar de histórico-geográficas, porque não se devem apenas ao tempo em que as colónias aderiram à soberania nacional — há mais de um século — mas também às condições geográficas diferentes em que os dois grupos se encontravam, americanos de um lado e africanos do outro.

Quando os povos da América romperam abruptamente os seus laços com as coroas de Portugal e Espanha, de repente viram-se senhores de territórios vastos, pouco conhecidos e quase inexplorados.

Em África, não foi esse o caso. Os territórios ficaram quase todos conhecidos em resultado das explorações que os colonizadores efectuaram durante décadas.

As duas situações apresentam, por outro lado, uma diferença sociológica considerável: enquanto na América a insurreição foi feita, não pelos elementos da população nativa — os índios — mas sim pelos descendentes dos colonos ou pelos próprios colonos, em África são as populações indígenas — árabes, berberes, sudaneses, bantus, etc. — que assumiram os destinos dos seus países.[506]

O exemplo mais marcante dessa diferença é-nos dado pela história da independência do Brasil, em que o famoso «grito do Ipiranga», declaração de ruptura com a Coroa de Portugal e, consequentemente, de independência, foi lançado pelo próprio príncipe herdeiro da Coroa portuguesa, D. Pedro IV, em 1822.

A isso junta-se uma diferença política, que pode ser resumida no facto de que os movimentos de insurreição na América terem sido dirigidos, pelo menos inicialmente, não contra a Coroa de Castela, mas contra os administradores locais e a favor do trono da Espanha. Quase todas as colónias que se declararam independentes, a partir de 1810, imediatamente expressaram o seu apego ao soberano espanhol, que os novos Estados continuavam a reconhecer como a origem da sua autoridade.[507]

[506] Cf. Rios Gallardo, C. — Op. cit., p. 13: «*A verdade é que os dignitários espanhóis não tinham um conhecimento perfeito das delimitações dos seus domínios americanos, faltava-lhes informação exacta sobre a topografia dos seus vários Estados, o que levou a uma redacção confusa das leis das Índias e a uma demarcação tão deficiente, o que mais tarde deu origem a grandes disputas.*»

[507] Esta situação que parece completamente anormal merece uma explicação:
Após as invasões napoleónicas, a própria Espanha estava, desde 1808, sob a tutela da família Bonaparte, e os povos americanos, temendo por um lado que essa autoridade se estendesse

Significa isto que em África os problemas de fronteira podem ser resolvidos de forma mais fácil e definitiva? A resposta poderia ser negativa porque devemos não esquecer um factor importante das delimitações contemporâneas: o factor humano. As reivindicações territoriais dos Estados africanos independentes invocam frequentemente considerações étnicas. A principal reclamação contra os limites da era colonial reside na divisão arbitrária das populações locais.[508] É verdade que posteriormente foram feitas tentativas, pelos próprios colonizadores, com o objectivo de interferir o menos possível nas populações indígenas, ou pelo menos, de não agravar a situação existente. Na América, ao contrário, foi o único elemento que não gerou complicações. Na verdade, nesse continente a independência foi adquirida pelos descendentes dos colonos, e as populações indígenas não desempenharam qualquer papel. Continuam, ainda hoje, a levar uma vida separada, confinados em áreas de floresta[509].

às colónias e, por outro, que as potências europeias aproveitassem a situação para obter novas colónias na América, decidiram proclamar a sua independência, declarando assim a sua lealdade e o seu apego à Coroa de Castela.
A primeira colónia insurgente foi a da Nova Espanha, ou México, em 1810. Foi o padre Hidalgo quem, lançando o chamado «grito de Dolores», teve a ideia de fazer dessa divisão administrativa um reino sob o domínio do reinado de Fernando II ou de seus irmãos. A Espanha estava então sob o controle de uma junta suprema formada em resultado das invasões napoleónicas. Só em 1829 é que a verdadeira independência foi adquirida e todas as relações com a Coroa de Castela foram cortadas, os povos do antigo vice-reinado da Nova Espanha, ou México, começaram a agir «*in nomine proprio*».
Assim, as províncias da ex-Capitania Geral da Guatemala declararam-se independentes em 1821 e juntaram-se ao México em 15 de Setembro do mesmo ano, mas só dois anos depois é que declararam a sua independência real e definitiva, de Espanha e do México, formando assim os cinco Estados da América Central: Costa Rica, Guatemala, Honduras, Nicarágua e San Salvador, que se uniram para formar os Estados Unidos da América Central.
Em 1838, a confederação foi dissolvida e esses Estados começaram a viver suas próprias vidas. Da mesma forma, as divisões do ex-vice-reinado de Buenos Aires provocaram a insurreição em Maio de 1810 — Argentina — com a destituição do vice-rei e a nomeação de uma junta para governar em nome de Fernando VII. No ano seguinte, a junta foi substituída por um triunvirato que imediatamente redigiu o estatuto das Províncias Unidas do Rio de la Plata. A ruptura definitiva com a Espanha foi declarada em 9 de Junho de 1816, e depois de várias vicissitudes a República finalmente tomou o nome de República da Argentina. Cf. Santa Maria de Paredes, Op. cit., pp. 16/18.

[508] Cf. JOOS, L.C. — Des frontières trop souvent établies au gré du colonisateur, Monde Diplomatique, Fevereiro 1965, p. 9.

[509] «*A vida colonial desenvolveu-se na periferia do continente e o interior estava inexplorado. Não haverá ainda hoje regiões desconhecidas?*» Cf. Rios Gallardo, C. — Op. cit., p. 18.

Na África, aliás de modos diversos, a independência foi em benefício da população autóctone.

Fundamento real do princípio do *uti possidetis*

Fazendo uma comparação das duas aplicações, e questionando-nos sobre o real significado e justificação do princípio, podemos em primeiro lugar dizer que a adopção do princípio do *uti possidetis* se baseia numa reflexão de bom senso.

No entanto, também pode também derivar de fundamentações de ordem jurídica e de ordem sociológica.

O princípio baseia-se na constatação de bom senso de que é o único capaz de evitar aos jovens Estados africanos as convulsões e complicações sangrentas que a América Latina conheceu.

Se os antigos limites internacionais — resultantes da delimitação das colónias sujeitas a diferentes soberanias — e as antigas divisões administrativas se tornarem as fronteiras políticas dos Estados independentes, os novos Estados africanos terão tempo para se dedicar às tarefas de administração e desenvolvimento dos seus países. Não continuam as velhas metrópoles a ajudar as suas antigas possessões em todas as áreas: administrativa, cultural, científica, militar, económica, formação de quadros, desenvolvimento dos recursos naturais? As disputas de fronteira são um luxo que a África independente não pode pagar.

Mas como fundamentar juridicamente a adopção do princípio do *uti possidetis*?

§ 1. Fundamentação jurídica

Juridicamente, o *uti possidetis* baseia-se na efectividade da ocupação do território contestado.

Aplicado correctamente, o *uti possidetis* refere-se ao facto e apenas ao facto.

No direito romano, como vimos, é sobre o facto de possuir um imóvel disputado que o pretor se pronuncia. Na ausência de título melhor, a possessão constitui presunção de propriedade, e o possuidor de boa-fé mantém, por decisão pretoriana (a proibição *uti possidetis*), o gozo do imóvel.

No direito internacional público, desde o período clássico, dada a própria natureza dos sujeitos de direito — os Estados — o *uti possidetis* já não se refere aos bens imóveis, mas sim ao território do antigo inimigo.

A tentativa dos Estados da América Latina, depois da Colômbia, de expandir o princípio, não obteve êxito na prática. Apresentando uma nova definição do princípio, este Estado vai acrescentar à expressão *uti possidetis* o determinante «*juris*».

A introdução desta partícula irá, doravante, introduzir no direito internacional público uma confusão que persiste até hoje. O «*uti possidetis juris*» é relativo à questão do título jurídico, e vai, portanto, opor-se à expressão *uti possidetis* ou «*uti possidetis* de facto».

Há algo de redundante nesta última expressão porque o *uti possidetis*, como vimos, significa «o que se possui de facto».

Apesar dessa tentativa, o *uti possidetis* pode ser considerado o grande vencedor porque, se levarmos em consideração a solução para os diferendos de fronteira na América Latina, percebemos que esta solução foi geralmente escolhida através da adopção do facto da possessão, ou seja, utilizando o princípio do *uti possidetis*.

Como disse o Tribunal Permanente de Arbitragem no caso Grisbadarna[510], «*no direito das nações, é um princípio bem estabelecido que nos devemos abster, tanto quanto possível, de alterar a situação existente de facto e de longa data*».

No direito internacional público, mesmo os actos ilícitos, sob certas condições, acarretam consequências jurídicas importantes: «*ex facto jus oritur*».[511] Não é que o próprio acto ilícito se torne lícito, mas a persistência dessa situação produz consequências que o direito internacional não pode ignorar por muito tempo.

É um processo dinâmico da formação do direito internacional, aquele que o Prof. de Visscher chama de efectividades em acção[512].

Ao contrário das efectividades estruturais, isto é, aquelas que resultam das estruturas estatais, que geralmente fornecem o quadro do direito positivo, as efectividades em acção dependem da lei do movimento. «*Sugerem tanto a ideia de uma certa tensão quanto a de uma adequação última entre facto e direito.*»

[510] Colectânea de Decretos, 1916, pp. 121-33.

[511] Cf. Bouchez, L.J. — The principle of effectiveness, N.I.L.R., 1962, p. 151 e ss.

[512] Cf. de Visscher, Ch. — Les effectivités du droit international public, Paris, 1967, p. 11.

A sociedade internacional é uma sociedade primitiva, onde a inexistência de um órgão situado acima dos Estados, que são responsáveis por traçar as normas que vão ditar a sua conduta — o órgão legislativo — e por assegurar a sua execução — o órgão executivo —, lhes deixa uma certa margem de liberdade.

São os Estados que, juntos, criam as regras que posteriormente irão limitar a sua própria conduta.

As conferências diplomáticas são um exemplo típico de organizações dentro das quais são criadas as regras do direito internacional.

A exigência da ocupação efectiva dos chamados territórios sem dono, embora exista há muito tempo, será objecto, na conferência de Berlim de 1885, de uma formulação precisa (art.º XXXIV da Acta Geral de Berlim).

Em termos de ordenamento material, também cabe aos Estados executar as decisões dos tribunais internacionais. É aquilo a que G. Scelle chama de duplicação funcional.[513]

A efectividade[514] é um conceito impreciso e evasivo, apesar da sua aplicação em várias áreas do direito internacional: o bloqueio, como sabemos, recorre à noção de efectividade: só são considerados juridicamente válidos os bloqueios apoiados por uma força suficiente para garantir a sua efectividade. Em caso de dupla nacionalidade, é também a noção de efectividade que é utilizada para solucionar o conflito de nacionalidades (cf. O art.º 5.º da Convenção da Haia sobre o conflito de leis sobre a nacionalidade); A efectividade também é decisiva quando há um conflito de competências entre dois governos depois de uma guerra civil; o mesmo acontece no conflito da alegação dos títulos sobre os territórios sem dono, etc.

Apesar da sua imprecisão, pode-se definir a efectividade como sendo a expressão da relação que existe, em determinado momento, entre o facto e aquilo que se considera ser o direito[515].

[513] Cf. Scelle, G. — Manuel de droit international public, Paris, 1943, pp. 21/23.

[514] O Professor de Visscher rejeita a existência de um princípio de eficácia e prefere chamá-los de «effectivités». Segundo ele, «*longe de ser, como a noção de efectividade exigiria, uma ideia básica, gerando uma série de aplicações lógicas, a efectividade é, para o homem de direito, uma noção inteiramente qualitativa, portanto uma noção secundária que apenas expressa o grau eminentemente variável de intensidade ou frequência do impacto do facto na expressão do direito*». Op. cit., p. 19 *in fine*.

[515] The principle of effectiveness, Loc. cit., p. 151 e ss.; Touscoz J. — Les principes d'effectivité dans l'ordre international, thèse Aix, Paris, 1964, pp. 1 e 8.

Por vezes, o facto está em total concordância com o direito positivo, por vezes não. É nesta última hipótese que a efectividade intervém. Vai ajudar a reformular a regra do direito. Nesse sentido, diremos que tem um efeito tanto estabilizador como criador.

A codificação das normas do direito internacional é, muitas vezes, apenas o resultado da influência do facto sobre a expressão do direito.

A efectividade condiciona a formação das regras consuetudinárias[516]. A «*Opinio juris, sive necessitatis*», ou seja, a convicção de que uma determinada prática obriga por constituir o direito, só pode ser explicada recorrendo à ideia de efectividade da prática em causa. Nesse sentido, é em si a condição da sua validade[517].

Na questão dos conflitos entre títulos jurídicos relativos ao território, a efectividade da ocupação, o exercício efectivo dos poderes públicos, irá durante algum tempo prevalecer sobre a validade de um título jurídico não exercido. Assim, o T.I.J., no caso Minquiers et Echréous[518], pronunciou-se a favor do Reino Unido, apesar da existência dos títulos jurídicos invocados pela França.

Em última análise, é a efectividade que constitui a fundamentação jurídica do princípio do *uti possidetis*.

§ 2. Base sociológica do princípio do *uti possidetis*

Sociologicamente, o princípio do *uti possidetis* assenta numa ideia muito simples e complexa ao mesmo tempo.

Embora a origem das populações africanas seja diversa, estas, desde a colonização, habituaram-se a conviver no mesmo território. Ao longo dos anos, sofreram em conjunto as transformações que ocorreram nesse território, e viveram prolongadamente sob o mesmo regime administrativo.

Também lutaram juntas dentro dos partidos políticos e uniões políticas para obter acesso a formas de governo mais conformes com a dignidade humana. Por fim, acederam conjuntamente à soberania nacional. Em resultado

516 Cf. Touscoz, J. — Op. cit., p. 49.

517 Ibid., p. 50.

518 Decreto de 17 de Novembro de 1953, Colectânea C.I.J., 1953, p. 47.

dessa habituação a viver e a passar pelo mesmo regime juntos, nasceram relações sociais que as unem mais e que tendem a distingui-las dos outros povos de mesma origem. Essa comunidade de sofrimento, de interesses e de aspirações materializou-se na maioria das vezes nas lutas pela independência.

Agora, uma vez promovidos à soberania, que mais normal para esses povos do que desejar perpetuar essa comunidade?

A própria colonização serve, sem dar por isso, de molde do qual sairá o futuro Estado-nação. De tribal como era originalmente, o grupo torna-se rapidamente um Estado nacional cujo passado foi preparado pelo colonizador.

Incapaz de viver ao mesmo tempo na memória da África das tribos e das nações e no desejo de se tornar um Estado nacional dedicado ao progresso, o novo Estado africano, sem por isso negar o seu passado, escolhe voluntariamente a última solução. O senegalês vai sentir-se senegalês e o guineense, guineense, e já não descendentes dos Almanys do Fouta Djalon.

Essa, em nossa opinião, é a base sociológica do princípio do *uti possidetis*.

Vantagens e desvantagens da adopção do princípio do *uti possidetis*

A adopção do princípio de *uti possidetis* é a solução que oferece o maior número de vantagens aos jovens Estados africanos.

Não só é a solução mais conforme com a prática do direito internacional público clássico[519], mas, além disso, é a que tem um menor custo.

A manutenção das fronteiras coloniais evitará que os Estados africanos gastem grandes somas de dinheiro em trabalhos de reconhecimento, triangulação e demarcação que o colonizador já fez por eles. Ficarão provavelmente responsáveis pela manutenção e a revisão periódica dos marcos, cujo custo é reduzido.

O princípio do *uti possidetis* ainda é vantajoso porque «congela», de certa forma, as disputas territoriais. Quando chegam a acordo sobre a validade das fronteiras da era colonial, os jovens Estados já não precisam de se preocupar

[519] Esta foi a solução adoptada pela Itália no que diz respeito à troca franco-britânica de declarações de Londres de 21 de Março de 1899 que delimitou parte da fronteira de Jihye, bem como no que diz respeito à acta franco-turca de delimitação da fronteira entre a Argélia e a Líbia. Para as fontes, consulte a lista em anexo (Argélia-Líbia).

com esses problemas. Além disso, como escreveu o Prof. de la Pradelle, um território bem definido é um factor de paz, e a paz é a condição necessária para o progresso e o desenvolvimento.

A grande desvantagem do *uti possidetis*, porém, continua a ser o facto de que as fronteiras coloniais separaram por vezes, arbitrariamente, povos até então unidos. Podemos conceber outra solução para os problemas de fronteira decorrentes da época colonial? Será aconselhável uma revisão total ou parcial das fronteiras africanas?

Ainda é muito cedo para prever as possibilidades de sucesso da utilização do princípio do *uti possidetis* em África. Por razões que explicaremos adiante, mas que já sugerimos na primeira parte deste estudo, o elemento humano não pode, no entanto, salvo raras excepções, servir de base para um reajustamento das fronteiras herdadas da colonização.

As excepções referem-se a casos em que o colonizador permitiu a permanência de estruturas tradicionais, como foi o caso nalgumas colónias britânicas. É também necessário, nestes casos, poder distinguir claramente os vários elementos da sociedade tradicional africana.

Por outro lado, acreditamos que os conflitos de fronteira serão em menor escala porque, aqui, ao contrário do que aconteceu na América Latina, todo o território foi sistematicamente explorado, delimitado e demarcado.

SECÇÃO II: A REVISÃO DAS FRONTEIRAS COLONIAIS. VANTAGENS E DESVANTAGENS

Outro método, também sistemático, de resolver os problemas colocados pelas fronteiras da época colonial, consiste em questionar os limites coloniais e proceder a uma nova delimitação das fronteiras dos novos Estados.

Nesse método, no extremo oposto do *statu quo*, trata-se de saber em que elemento nos devemos apoiar para proceder a novas delimitações. As fronteiras, como vimos, podem levar em consideração vários factores físicos, humanos, políticos, económicos e jurídicos. Serão esses factores tomados como base para as novas delimitações, individualmente ou em conjunto?

Cada um desses elementos tem vantagens e desvantagens.

O ELEMENTO FÍSICO COMO BASE DAS NOVAS DELIMITAÇÕES

Os elementos físicos do terreno podem servir de base para as novas delimitações. Como vimos, nem todos apresentam as mesmas características: os rios, as montanhas ou cordilheiras, os lagos, o mar, variam em importância segundo as regiões e, tendo sido utilizados no passado como fronteira entre os Estados, nada impede que continuem a sê-lo. Seria um regresso às chamadas fronteiras naturais.

Essas fronteiras têm a grande vantagem de serem facilmente visíveis e, portanto, perceptíveis no terreno. Além disso, destacam-se com mais facilidade do que as chamadas fronteiras ideais ou imaginárias, também chamadas de artificiais.

Os rios, por exemplo, podem ser utilizados para diversos fins e o método de delimitação utilizado deve estar de acordo com as principais utilidades, ou pelo menos os usos, que lhes dão os habitantes ribeirinhos.

Da mesma forma, as cordilheiras não podem ser arbitrariamente localizadas e atribuídas porque podem servir de base de subsistência para as populações que vivem de ambos os lados: pasto, água, caça, etc.

A mesma observação pode ser feita para os lagos e os mares interiores que possam servir de fronteira entre dois Estados.

A consideração de cada um destes elementos permitirá verificar qual o método que melhor se adequa às necessidades das populações locais.

Rios

Na primeira parte deste estudo, analisámos os vários métodos de delimitação dos rios e as suas aplicações na África durante a época colonial.

À medida que os abordámos, destacámos as vantagens e desvantagens que a adopção dos procedimentos em questão pode apresentar em geral. Limitar-nos-emos aqui a recordá-los, para o caso de hoje poderem ser utilizados para as delimitações dos novos Estados.

Entre esses métodos, alguns foram objecto de uma aplicação reduzida, enquanto outros podem ser considerados de aplicação mais comum.

§ 1. O limite referido às duas margens ou o método da soberania conjunta

Muito raramente usado nas delimitações de rios, não se conhece nenhum exemplo existente da aplicação deste método em África.

A referência do limite às duas margens acaba por deixar o rio sem limite preciso; embora permitindo o uso igual de um rio ou de um riacho por dois Estados ribeirinhos, o procedimento dificulta uma organização racional. Todos os trabalhos que interessam um Estado devem necessariamente receber o consentimento do outro Estado ribeirinho para serem executados. Nessas condições, um deles estará sempre à mercê da boa vontade do outro, a menos que o projecto lhe interesse e haja acordo sobre como realizá-lo.

Acreditamos, por estes motivos, que o método de delimitação em questão, aliás sem precedentes na África da época colonial, não é recomendado para os governos dos novos Estados.

§ 2. A delimitação por levadas

O método de delimitação por levadas, também de aplicação rara, embora se possa citar um exemplo na África colonial[520], não seria aconselhável numa nova delimitação dos rios africanos.

A impossibilidade de colocar marcos em meio aquático tornaria mais difícil observar com precisão a fronteira entre os Estados. Todos os utilizadores do rio no sector delimitado por este método teriam de dispor de mapas dos locais, bem detalhados, mostrando em cada margem e no próprio rio a linha que separa as duas soberanias.

§ 3. A delimitação paralela às duas margens

O único exemplo conhecido deste método, como vimos[521], é o da Gâmbia, cujos limites com o Senegal são formados por linhas rectas distantes de dez quilómetros de ambas as margens do rio.

520 Cf. *supra*, cap. II, 1.ª Parte, pp. 91–92.

521 Para as fontes, cf. lista anexa.

Na parte do rio onde foi utilizado este procedimento de delimitação, que é também a parte mais navegável, a Gâmbia é soberana exclusiva e indiscutível do rio.

Este método também é desaconselhável por causa de seu carácter imperialista. O método da linha mediana ou do talvegue, com algumas compensações de território no interior, poderia melhor satisfazer as necessidades dos dois Estados.

§ 4. As linhas rectas astronómicas

Apesar da vantagem da sua estabilidade, este método não é recomendado para os rios africanos, que na época das cheias arrastam muitos aluviões e alteram a forma das terras.

Esta desvantagem explica em parte sua rara aplicação no mundo[522].

§ 5. O limite na margem

É, como já dissemos, o procedimento de delimitação imperialista por excelência. Pressupõe um desequilíbrio de forças entre as partes envolvidas, pois só esta situação explica que um dos Estados ribeirinhos esteja excluído da soberania sobre parte do rio.

Existe um exemplo africano da utilização deste procedimento nas fronteiras da Libéria com a Côte d'Ivoire, a Guiné e a Serra Leoa[523].

É certo que, em ambos os casos, o livre acesso ao rio de fronteira é reconhecido à Libéria apenas para fins de navegação e pesca, mas o rio está sob a soberania dos outros Estados ribeirinhos: a Guiné e a Costa do Marfim de um lado, e a Serra Leoa do outro.

O procedimento não permite a ambas as partes um uso igual de todas as possibilidades do rio, e, portanto, não é recomendado para novas operações de delimitação. É improvável, nas actuais circunstâncias, que um Estado africano

[522] Em nossa opinião, podemos apenas citar o caso do Rio St John, parte da fronteira EUA-Canadá.

[523] Para as fontes, cf. anexo.

aceite este método de delimitação. Era bem aceite na época em que foi utilizado pela Grã-Bretanha e a França em relação à Libéria, mas a independência recém-adquirida das antigas colónias e territórios dependentes em África, o seu nacionalismo exacerbado, sugere que ninguém vai querer aceitar a situação imposta anteriormente à Libéria.

§ 6. A linha mediana

Este método é utilizado correntemente para a delimitação dos rios.

Recomendado especialmente para os rios não navegáveis ou mais ou menos estáveis, permite aos dois Estados ribeirinhos uma utilização igual da água. Pesca, navegação, flutuação da madeira e utilizações hidroeléctricas, etc.

Frequentemente, para ter sucesso, estes trabalhos devem constituir um esforço conjunto. Em vez de os deixar separadamente a cargo de cada um, à custa de enormes despesas, os Estados ribeirinhos concordarão em realizar as obras em comum na proporção das respectivas necessidades e usos.

Esta solução pressupõe, no entanto, que as divergências políticas não contrariem os projectos e a sua implementação. Implica uma identidade de opções políticas, ou pelo menos um certo realismo que prevaleça sobre quaisquer divergências. É fácil imaginar a situação do Estado ribeirinho de um rio que, tendo incorrido em custos para a construção de uma central hidroeléctrica que, por conveniência, teria sido colocada no território do outro Estado ribeirinho se vê, em resultado de um diferendo, privado, por mais ou menos tempo, dos serviços que a central lhe deveria prestar. A situação na Zâmbia após a declaração unilateral de independência da Rodésia do Sul é prova disso. As instalações da barragem de Kariba, que devem fornecer energia à Zâmbia para as suas minas de cobre, estão localizadas no território da Rodésia. Em consequência, a sua situação ainda hoje é precária.

O processo de delimitação pela linha mediana apresenta, no entanto, vantagens reais para os dois Estados ribeirinhos, e seria aconselhável numa nova delimitação entre os Estados africanos. Porém, quando se trata de rios navegáveis, é preferível utilizar o método conhecido como do talvegue.

§ 7. O talvegue

Utilizável especialmente em rios navegáveis, o método do talvegue oferece quase todas as vantagens do método da linha central sem as suas desvantagens.

De facto, como o talvegue é uma espécie de zona seguida pelos barqueiros na descida do rio, o procedimento oferece a vantagem de se alterar com o curso do rio. Em particular nos rios navegáveis, será necessário adaptar a fronteira às possíveis mudanças no leito do rio para permitir que cada um dos Estados ribeirinhos possa fazer dele um uso igual.

Em África, como vimos, o talvegue foi muito utilizado para a delimitação de rios navegáveis, e acreditamos que nada impede que continue a sê-lo.

Em conclusão, nos métodos de delimitação de rios utilizados na prática diplomática, apenas os métodos da linha mediana e do talvegue são recomendados para a delimitação de rios e riachos africanos.

Lagos

Utilizam-se normalmente para os lagos os mesmos procedimentos de delimitação utilizados para os rios. Quer seja o limite na margem, a linha mediana ou o método das linhas rectas, a prática diplomática nas delimitações africanas fornece alguns exemplos. Apenas o método do talvegue não parece ter sido usado, apesar das suas vantagens.

Na maioria das vezes, foi utilizado o método da linha recta. Foi o caso dos lagos Rodolphe e Stéphanie entre a Etiópia e o Quénia[524], o lago Vitória entre a Tanzânia e o Uganda[525], o lago Chade entre a Nigéria, o Níger, o Chade e os Camarões[526], o lago Moero entre a Zâmbia e o Congo[527], etc. Este procedimento, que não leva em consideração as características do lago, partilha arbitrariamente todo a massa aquática, e, embora seja normalmente acompanhado

[524] Cf. UN Treaty Series, vol. 99, p. 339 e ss.

[525] Cf. Convenção anglo-alemã de 1 de Julho de 1890.

[526] Cf. Convenção franco-alemã de 18 de Abril de 1908 para especificar a fronteira entre o Congo e os Camarões. Ver também o art.º II da convenção anglo-Alemã de 15 de Novembro de 1893 fixando os limites das suas respectivas possessões na África Ocidental (Nigéria/ /Camarões).

[527] Cf. o acordo anglo-congolês de 12 de Maio de 1894, art.º I.

por um direito igual de utilização para as necessidades de navegação e pesca, não acreditamos que seja aconselhável em futuras empresas de delimitação.

O método do limite na margem tem a mesma desvantagem para os lagos do que para os rios. Retira brutalmente ao outro Estado ribeirinho a soberania de parte do lago, e deixa-o à boa vontade do Estado co-ribeirinho.

Para citar apenas um exemplo entre muitos outros, a margem oriental do Lago Niassa deveria, de acordo com o art.º I do *modus vivendi* luso-britânico de 31 de Maio/5 de Junho de 1893, servir de fronteira entre Moçambique e a Niassalândia (actual Maláui). Portugal, abordado pelo governo do Reino Unido para participar nos custos das obras de urbanização do vale do Chiré, rio que desagua no lago, pediu em troca que a linha de fronteira fosse fixada na linha mediana.

Isto mostra claramente a importância que os Estados atribuem ao controlo, pelo menos partilhado, de um lago ou de um rio.

Muitas vezes, como já dissemos, um direito de serventia é concedido aos habitantes do Estado privado da soberania de parte do lago, mas esse direito é apenas um simples direito de usufruto e só o soberano pode decidir que trabalhos deverão ser executados.

O método da linha mediana garante na verdade a todos os Estados ribeirinhos uma utilização igual do lago, e é aconselhável para novas delimitações. No entanto, tem o inconveniente de exigir unanimidade ou concordância de todos os Estados ribeirinhos, para a realização das obras necessárias ao seu bom desenvolvimento. Apesar disso, na nossa opinião, continua a ser o único procedimento para a delimitação equitativa de lagos de fronteira.

Cordilheiras

Já sublinhámos a desvantagem que pode resultar da escolha de uma montanha como fronteira[528].

Porém, acreditamos que, quando essa escolha é feita entre estados vizinhos, é a linha de crista que deve ser preferencialmente usada como limite.

[528] «*Nos tempos pré-coloniais, todo o continente estava coberto de monarquias e impérios. Nenhum canto onde as pessoas vivessem, mesmo na floresta tropical, escapava a uma autoridade monárquica. Mas há que reconhecer que nem todos os povos que viviam sob o mesmo regime político tinham o mesmo nível cultural. Algumas populações periféricas ainda viviam numa organização clânica que mal tinha sido abalada e atenuada, ao passo que nas aglomerações dos grandes centros tinham-se tornado destribalizadas.*

O ELEMENTO HUMANO COMO CRITÉRIO DE BASE DA NOVA DELIMITAÇÃO

Na África de hoje, o elemento humano não pode só por si servir de base para uma nova delimitação. A sociedade africana passou por várias fases antes de chegar ao estado actual, e podemos dizer que cada uma dessas fases foi marcada por acontecimentos que orientaram as sociedades africanas para diferentes civilizações e culturas, mesmo quando se tratava de grupos étnicos originalmente semelhantes.

Além disso, a formação dos antigos Estados e Impérios da África, até ao seu contacto com o Ocidente, conheceu diversos graus de desenvolvimento, devidos a elementos externos não europeus e, portanto, é difícil retirar desses elementos autóctones de formação consequências válidas para a selecção de um critério sistemático de delimitação. O contacto com os europeus acentuou a desagregação destas unidades originais, e podemos hoje questionar qual seria o elemento escolhido como base para uma nova delimitação: Clã, Tribo, Povo, Estado ou Império[529].

Mesmo que concordemos na escolha de um elemento, como elucidar esta outra pergunta e dar-lhe uma resposta: em que ponto do seu desenvolvimento devemos situá-lo? Será que devemos levar em consideração a origem da formação escolhida, ou um momento da sua evolução, e então qual? Seja como for, em qualquer dos casos, estudos muito aprofundados das populações africanas teriam de ser realizados para conseguir desenredar e situar as diferentes raças e povos do continente africano.

Sobre este assunto, deve-se admitir que os estudos são ainda fragmentários[530], e que permanecem diferenças entre os investigadores quanto à origem e ao habitat tradicional das nações da África de hoje[531]. Um outro factor

[...] Estes clãs e tribos eram, em todos os aspectos, comparáveis aos que viviam nas fronteiras do Império Romano na altura do seu declínio. Era esta a situação política e social quando a África se encontrou com o Ocidente no início dos tempos modernos (Século XVI).» Cf. Cheik Anta Diop.

529 Cf. Cheik Anta Diop, l'Afrique noire pré-coloniale, Paris, 1960, p. 57.

530 Basta para o entender passar os olhos pela série de estudos sobre as populações africanas realizada pelo International African Institute em Londres, sob a direcção do Sr. Daryl Forde. Esses estudos têm, na opinião dos próprios autores, muitas lacunas.

531 Enquanto Endre Sik localiza os bantus originais na região dos grandes lagos, Sheik Anta Diop diz: «*que se poderia [...] localizar no vale do Nilo, a partir dos grandes lagos, o berço primitivo de todos os povos negros que vivem hoje em dia dispersos pelos vários pontos do continente*».

de complicação resulta das diferentes migrações das nações africanos dentro do continente, e da mistura daí resultante. Não só os estudos são parciais, mas são também incertos.

Seria, portanto, difícil proceder a uma redistribuição das fronteiras dos Estados africanos, com base em elementos étnicos que permanecem, como acontece com todos os elementos da história africana antes do contacto com o Ocidente, um tanto elusivos e imprecisos.

«Se considerarmos algumas partes de África no período pré-colonial, a história ensinou-nos que havia uma poeira de reinos e impérios que eram definidos de acordo com as tribos e etnias, mas que hoje, em certos Estados, transcenderam as diferenciações tribais e étnicas para constituir um Estado, estas são também realidades que devem ser tidas em conta, etc.»[532]

Por fim, julgamos que nenhum Estado actual preferiria substituir a certeza do presente pela incerteza do passado. As declarações dos Chefes de Estado na cimeira da OUA respondem aliás à necessidade que os Estados africanos sentem agora de se reagrupar em entidades económicas maiores.

Será que podemos então argumentar que um reajuste das fronteiras seria possível noutra base, por exemplo, tomando o elemento político-económico como ponto de partida?

O ELEMENTO POLÍTICO-ECONÓMICO COMO BASE DAS NOVAS DELIMITAÇÕES

O elemento económico e o elemento político foram, como vimos, as razões essenciais para a divisão da África entre as várias potências europeias, e as actuais fronteiras são consequência disso.

Era na época uma questão tanto política — o prestígio de ter um grande império colonial — quanto económica: o desejo das potências de controlar as grandes vias de comunicação, os mercados de matérias-primas e as saídas para os produtos transformados vindos da Europa.

Se, entre as várias potências coloniais, a luta obedeceu a estes motivos, a criação das várias colónias ou protectorados levou, no entanto em consideração as possibilidades de existência do ponto de vista económico das novas

[532] Estas palavras foram proferidas pelo Sr. Modibo Keita, então Presidente do Mali, durante a conferência de fundação da OUA.

entidades. A prova dessa política pode ser encontrada neste exemplo do Alto Volta, sucessivamente criado em 1919 e extinto em 1932, para ser reconstituído em 1947.

Podemos ler no relatório do Ministério francês das colónias, que precedeu o decreto de 1 de Março de 1919, o seguinte:

«Sr. Presidente,

O decreto de 18 de Outubro de 1904, ao reorganizar o governo geral da África Ocidental francesa em bases actuais, fez do Alto Senegal e do Níger uma colónia constituída sob a forma comum, a fim de permitir a administração especial e directa dos territórios destinados a crescer consideravelmente.

No seu relatório ao Presidente da República, o então Ministro Gaston Doumergue explicou que os interesses comerciais, já muito importantes nesta região, cuja riqueza em minérios era certa e cujo valor agrícola era indiscutível, justificavam a transferência para Bamako da autoridade que tinha o encargo e a responsabilidade da sua gestão.

Embora desde essa altura um decreto de 7 de Setembro de 1911 tenha agregado directamente ao Governo Geral da A.O.F., juntamente com o território militar do Níger, um dos distritos mais importantes do Alto Senegal e do Níger, parece hoje em dia que esta colónia é ainda demasiado extensa e composta por demasiados elementos diferentes para que o governo possa dar marcas iguais da sua solicitude em todo o lado. Portanto, existe actualmente uma necessidade real, tanto do ponto de vista político como económico, de conceder à região mais povoada da colónia aquela personalidade que permitiu ao Alto Senegal e ao próprio Níger encontrar numa administração mais próxima o ímpeto que lhe faltava até então.

A presença de um governador no centro de Mossi garantirá, além disso, a esta região, que é a mais distante da sede, a regularidade de um controlo que, devido à distância, nem sempre pôde ser exercido de forma satisfatória. Facilitará também a evolução de uma população leal, mas ainda atrasada.

A existência orçamental da nova organização está plenamente assegurada desde o início: os recursos do Alto Volta aumentarão constantemente e atingirão o seu pleno desenvolvimento quando a chegada do caminho-de-ferro dará ao país facilidades de evacuação desconhecidas até agora.

Decreto de 1 de Março de 1919.»

«O Presidente da República Francesa decreta,

Artigo 1.

Os círculos de Gaoua, Bobo-Dioulasso, Dedougou, Ouagadougou, Dori, Say e Fada N'Gourma, actualmente parte do Alto Senegal e do Níger, formam uma colónia distinta que leva o nome de Alto Volta.

A sua sede será em Ouagadougou.»

No entanto, 13 anos depois, o Ministro das Colónias sugere no seu relatório que precede o decreto de 5 de Setembro de 1932, por motivos idênticos, a abolição da nova colónia e a distribuição dos seus territórios entre as colónias vizinhas da Côte d'Ivoire, do Níger e do Sudão francês.

«Sr. Presidente,

[...]

Uma experiência de mais de 10 anos mostrou que a medida assim tomada (a formação da colónia do Alto Volta) não responderia a nenhuma necessidade.

[...]

O estudo realizado sobre este assunto leva-me, tendo em conta as correntes comerciais observadas, a propor uma distribuição das circunscrições da colónia suprimida, etc.»

Só com a lei de 4 de Setembro de 1947, certamente em razão do seu desenvolvimento, se restabeleceu a colónia do Alto Volta.

Embora não tenhamos exemplos de relatórios semelhantes no que diz respeito às colónias britânicas, nada nos impede de pensar que foi também por considerações políticas e económicas que os Estados africanos de língua inglesa devem a sua formação e, portanto, as suas fronteiras.

Só quando as várias unidades territoriais puderam subsistir por conta própria é que se tornaram definitivas.

Por conseguinte, é difícil tomar o elemento económico como base de delimitação. Todas as divisões territoriais da época colonial têm, em princípio, os seus meios de subsistência próprios, e os problemas que hoje se colocam decorrem, em grande parte, da existência e da exploração dos recursos do solo graças ao progresso técnico, que permitiu a sua descoberta, como o petróleo e os minérios.

É certo que, ao nível da subsistência, podem surgir problemas, nomeadamente no que diz respeito à monocultura, ou ao excesso de especialização: a banana na Guiné francesa, o amendoim no Senegal, o café na Costa do Marfim, o vinho na Argélia, o cacau no Gana, o cobre na Zâmbia, os diamantes e o ouro na África do Sul, onde os recursos agrícolas são tão ricos quanto os recursos minerais, os diamantes e o urânio no Congo, mas, sem renunciar aos seus tradicionais artigos de exportação, os novos Estados africanos buscam na exploração e aproveitamento dos recursos do solo os instrumentos da sua industrialização e do seu desenvolvimento.

Também não julgamos que o elemento político por si só possa servir de base para novas delimitações. Nenhum Chefe de Estado africano irá aceitar, pelo menos por enquanto, desfazer-se de qualquer parcela do território nacional sem consultar as autoridades nacionais[533]. Nas actuais condições de nacionalismo exacerbado vivido na maioria dos novos Estados independentes, qualquer mudança de fronteira, por menor que seja, resultará na queda do governo no poder, especialmente se a área em litígio for privilegiada do ponto de vista dos recursos do solo[534].

Essas várias considerações levam a pensar que não se deve de modo algum considerar uma revisão total das fronteiras da colonização.

Essa solução de questionar completamente as fronteiras da era colonial tem muitos inconvenientes e, em nossa opinião, não oferece nenhuma vantagem.

Resulta do que dissemos que não só é impossível um regresso puro e simples às fronteiras anteriores à colonização, porque estas eram e permanecem desconhecidas, mas que a revisão eventual causaria consideráveis dificuldades práticas.

Ao aderir a essa solução, nenhum Estado ficaria como está, e todo o mapa da África seria alterado.

533 Esta é uma das críticas feitas ao Sr. Ben Bella. Este teria, ao que parece, iniciado conversações pessoais com as autoridades tunisianas, sem consultar as autoridades nacionais, a respeito da reivindicação do governo de Tunis relativa à rectificação da fronteira nos confins argelino-tunisinos, na região petrolífera de El Borma. É o chamado caso do marco 233. Cf. Le Monde de 13 de Abril de 1966.

534 Note-se, no entanto, que o Mali e a Mauritânia procederam, em 1963, à rectificação das respectivas fronteiras. Cf. Journal Officiel de la République du Mali de 15 de Julho de 1963, Lei n.º 63/60, que ratifica o tratado de delimitação de fronteiras entre a República do Mali e a República Islâmica da Mauritânia.

CONCLUSÃO

No final desta investigação, que juízo pode ser feito acerca das fronteiras africanas?

Fruto de um conceito exterior à África, a fronteira africana é uma aplicação no continente dos princípios e métodos de delimitação que a teoria e a prática foram criando na Europa ao longo dos séculos.

Partindo do conceito romano da fronteira — o *limes* — e passando pelas partilhas do período carolíngio, vai acabar, no início da modernidade, no limite, a linha de separação entre territórios dependendo de diferentes soberanias. É esta forma final da fronteira que será utilizada em África.

Assim concebida, irá inserir-se num meio onde as práticas e conceitos eram diferentes daqueles que primavam na Europa. Antes do contacto com o Ocidente, a África conhecia um conceito de fronteira diferente do europeu, um conceito que lembra a noção de zona-fronteira, porque a fronteira dos Estados africanos era de extensão variável e, em última instância, dependia de fenómenos ligados a uma economia pastoril, caminhadas ou rotas, ou a relações de tipo feudal, que resultavam no aumento ou diminuição dos Estados vassalos, ou por último, dos desfechos da guerra.

Além disso, enquanto o limite pressupõe que o conceito de soberania territorial já foi definido, na África a autoridade está ligada às pessoas e não ao solo. A partir daí, as primeiras delimitações africanas da colonização, seguindo zonas ou esferas de influência definidas por limites determinados de modo permanente, ignoraram as realidades locais.

É verdade que estudos posteriores realizados pelas autoridades coloniais permitiram aos europeus constatar as deficiências e injustiças da aplicação do sistema ocidental das fronteiras ao continente africano. Mas já não era possível nem desejável, por razões ligadas ao prestígio das nações, regressar à situação anterior. Daí as tentativas de flexibilizar o regime rígido criado pela aplicação da linha limite na África: reconhecimento do direito à emigração e imigração, rectificação de fronteiras dentro de um mesmo império, troca de territórios, etc. Também é verdade que a sociedade africana estava em processo de desagregação quando o contacto com a Europa ocorreu e, por isso, seria difícil proceder a uma delimitação que tivesse em conta todas as realidades locais.

Depois do desenrolar do movimento de descolonização, os Estados africanos independentes, conscientes das insuficiências das estruturas pré-coloniais, mas também do facto de que o território bem delimitado é uma condição de paz e de progresso, subscreveram, quase por unanimidade, o princípio de manutenção das fronteiras da era colonial.

Solução de bom senso que permitirá, esperamos, a superação das rivalidades do passado e a construção progressiva de uma verdadeira unidade africana.

Ao fazê-lo, contribuem para o estabelecimento de uma paz duradoura no mundo e para o progresso do direito internacional.

ANEXO[535]

LISTA SINÓPTICA DE DOCUMENTOS DIPLOMÁTICOS E JURÍDICOS RELATIVOS ÀS FRONTEIRAS AFRICANAS

ALTO VOLTA (5 de Agosto de 1960)

a) ALTO VOLTA — CÔTE D'IVOIRE
V. Côte d'Ivoire — Alto Volta.

b) ALTO VOLTA — DAOMÉ
V. Daomé — Alto Volta.

c) ALTO VOLTA — GANA
V. Gana — Alto Volta.

d) ALTO VOLTA — MALI

- Decreto de 1 de Março de 1919 que institui a colónia do Alto Volta.
B.O.M.C., 1919.

e) ALTO VOLTA — NÍGER
V. Mali — Alto Volta.

- Decreto relativo às modificações territoriais entre as colónias do Alto Volta e do Níger; 28 de Dezembro de 1926.
B.O.M.C., 1926, p. 1879.

535 Notas explicativas: a data entre parênteses refere-se ao Dia da Independência. Além disso, as letras após cada fonte indicam o idioma usado no texto citado. Assim, (En) para inglês, (Fr) para francês, (De) para alemão, (Pt) para português, (Es) para espanhol, (Nl) para holandês e finalmente (Ar) para árabe.

f) ALTO VOLTA — TOGO
V. Daomé — Togo.

ARGÉLIA (30 de Agosto de 1962)

a) ARGÉLIA — LÍBIA
- Declaração franco-britânica, adicional à de 14 Junho 1893; assinada em Londres, em 21 de Março de 1899.
Rouard De Card, I, p. 113 (Fr); Cordero Torres, Textos, II, p. 261 (Es); Colectânea Basdevant, II, p. 374 (Fr).
- Acta de marcação da fronteira franco-turca; assinada em Gadamés, em 1 de Março de 1911.
Colectânea da O.N.U., vol. 300, p. 263 (Ar + F); B.F.S. Papers, vol. 118, p. 315 (En).
- Acordo franco-italiano relativo à fronteira; assinado em 12 de Setembro de 1919.
Cordero Torres, Textos, II, p. 236 (Es); Les Territoires du Sud de l'Algérie, ed. Gouvernement Général de l'Algérie, 1.ª Parte, Alger, 1930, p. 9 (Fr).
- Troca de cartas constituindo um acordo de delimitação da fronteira franco-líbia; assinado em Trípoli em 26 de Dezembro de 1956.
Colectânea O.N.U., vol. 300, p. 263 e ss. (Ar + Fr); R.G.D.I.P., 1957, pp. 579/81 e 581 e ss., definição do traçado da fronteira (Fr).

b) ARGÉLIA — MALI
- Convenção dita de Nyamey; assinada em 20 de Junho de 1909.[536]
Cordero Torres, Textos, II, p. 208 em nota (Es); Les Terr. du Sud, Ed. do Governo Geral, 1.ª Parte, 1930, pp. 9/10 (Fr).

c) ARGÉLIA — MARROCOS[537]
- Tratado franco-marroquino relativo à fronteira; assinado em Lalla-Marnia, em 18 de Março de 1845.

[536] Esta convenção foi precedida pelo acordo de princípio de 7 de Junho de 1905. Foi aprovada por decisão do Presidente do Conselho de 16 de Agosto de 1911.

[537] A fronteira entre estes dois Estados é delimitada apenas até Teniet-el-Sassi. Ver o tratado de Lalla Marnia de 18 de Março de 1845. Marrocos contesta a validade das linhas administrativas estabelecidas pela França durante o protectorado.

Van Ortroy, Conventions, pp. 7/14 (Fr); Rouard de Card, Traités, I, p. 167 (Fr); Cordero Torres, Textos, II, pp. 203/6 (Es); Livre blanc sur la Mauritanie, Rabat, 1960, v. 53 s. (Fr).

- Protocolo franco-marroquino relativo à aplicação e execução do Tratado anterior; assinado em Paris, em 20 de Julho de 1901.

  Rouard de Card, Traités, I, p. 172 (Fr); Cordero Torres, Textos, II, p. 206 em nota (Es); Livre blanc sur la Mauritanie, Rabat, 1960, v. 57 (Fr).

- Convenção franco-marroquino respeitante à fronteira; assinada em Argel, em 20 de Abril 1902.

  Rouard de Card, Tratados, I, p. 176 ss. (Fr); Cordero Torres, Textos, II, p. 206 em nota (Es); Livre blanc sur la Mauritanie Rabat, 1960, v. 58 (Fr).

- Convenção franco-maroquina respeitante à fronteira; assinada em Argel em 7 de Maio de 1902.

  Cordero Torres, Textos, II, p. 206 em nota (ES); Livre blanc sur la Mauritanie, Rabat, 1960, v. 62 (Fr).

- Convenção franco-maroquina concernente à fronteira; assinada em Paris em 20 de Julho de 1902.

  Cordero Torres, Textos, II, p. 206 em nota (Es).

- Tratado franco-maroquina respeitante à fronteira; assinado em Paris em 4 de Março de 1910 (art.º 2).

  Cordero Torres, Textos, II, p. 206 em nota (Es); Gouv. Gen. De l'Algérie, Terr. du Sud, 1.ª Parte, v. 6 (Fr); Bulletin du Comité Afrique Française, 1910, v. 347 ss. (Fr).

d) ARGÉLIA — MAURITÂNIA

V. Argélia — Mali.

Cf. também o Tratado franco-espanhol; assinado em Madrid em 27 de Novembro de 1912.

Colectânea Basdevant, II, p. 219 (Fr); R.G.D.I.P.; 1913, p. 9 e ss. doc. Diplo. (Fr).

e) ARGÉLIA — NÍGER

Cf. Argélia — Mali.

f) ARGÉLIA — TUNÍSIA

- Acta de delimitação da fronteira entre as tribos Ouled Sidi Yahia ben Taleb e Ouled ben Ghanem; assinada em 7/9 de Maio de 1886.

  A.N. 35/H/11.

- Acta de delimitação entre a Tunísia (círculo de Gafsa) e a Argélia (círculo de Tébéssa); na data de 9 de Maio de 1888. Aprovado pelo decreto do Bey de 19 sfar 1306 (25 de Outubro de 1888).
  Ibid.
- Acta de arbitragem na zona entre Draa Soauil e Fedj Sfa; na data de 2 de Maio de 1898.
  Ibid.
- Delimitação entre as tribos Ouled Ali Achicha e Ouled Mefedda; aprovado pelo decreto do Bey de 11 de Agosto de 1890.
  Ibid.
- Delimitação da fronteira argelo-tunisina (de Kondiat el Hammar) Arkef Abdallah (Djebel Ragma) Ouled Youb (Algérie) a Ouled Ali Mefedda (Tunísie); aprovado pelo decreto do Bey de 20 de Setembro de 1893.
- Delimitação da fronteira argelo-tunisina (do mar a Kondiat el Hammer); aprovado pelo decreto do Bey de 24 de Março de 1894.
- Decreto de 30 de Outubro de 1901.
  Cordero Torres, Textos, II, p. 208 em nota (Es); Les Terr. Du Sud, ed. Gouv. Gen. De l'Algérie, 1930, 1.ª Parte, V. 7/8 (Fr).

BOTSUANA (ex-Bechuanaland) (30 de Setembro de 1966)

a) BOTSUANA — RODÉSIA

- British Bechuanaland Order in Council, 1895.
  S.R.O. & S.I. Rev., vol. XXI, p. 323 (En).
- Proclamação de 30 de Setembro de 1885.
  State Papers, vol. 76, p. 980 (986) (En); Hertslet, Map of Afr., 2.ª ed., p. 335 (En).
- Ordem do Conselho sobre a Rodésia do Sul; 20 de Outubro de 1898 (n.º 1068).
  S.R.O. & S.I. Rev., vol. XXI, p. 339 (En).
- Ordem do Conselho; 27 de Janeiro de 1885.
  State Papers, vol. 76, p. 840; Herstlet, Map of Africa, p. 334.
- Ordem do Conselho sobre a Rodésia do Sul; 2 de Fevereiro de 1899 (n.º 81).
  S.R.O. & S.I. Rev., vol. XXI, p. 357 (En).
- Proclamação de 4 de Setembro de 1891.
  State Papers, vol. 84, p. 840 (En).

- Proclamação de 27 de Setembro de 1892.
  State Papers, vol. 85 (?), p. 358.

b) BOTSUANA — SUDOESTE AFRICANO

- Convénio anglo-alemão relativo às suas possessões respectivas em África e a cessão da Ilha de Heligoland; assinado em Berlim, em 1 de Julho de 1890[538], art.º III 1) e 2).
  Van Ortroy, Conventions, pp. 213/223 (En + De).

c) BOTSUANA — REPÚBLICA SUL-AFRICANA

- Convenção entre a Inglaterra e o Transvaal, para a determinação dos limites de Transvaal; assinada em Pretória, em 3 de Agosto de 1881[539], art.º I.
  Hertslet, Map of Africa, 2.ª ed., pp. 845/6 (En).
- Proclamação do Alto-Comissário para a África do Sul; 8 de Maio de 1891.[540]
  Hertslet, Map of Africa, 2.ª ed., pp. 336/7 (En).

BURUNDI (ex-Urundi) (1 de Julho de 1962)

a) BURUNDI — CONGO

- Tratado anglo-belga para a atribuição do mandato; 18 de Abril de 1923.[541]
  Cordero Torres, II, pp. 557/8.
- Acordo anglo-belga relativo à fronteira; assinado em Londres, em 22 de Novembro de 1934.
  Colectânea de S.D.N., vol. 190, p. 103 (En + Fr); Cordero Torres, II, pp. 558/9 (Es).

b) BURUNDI — TANZÂNIA

- Troca de notas (anglo-belga) que aceita o protocolo de 5 de Agosto de 1924 relativo à fronteira entre o Tanganica e o Ruanda-Urundi, com data de 17 Maio de 1926.[542]
  Colectânea da S.D.N., vol. 54, p. 239 (En + Fr).

538 Cf. também o British Bechuanaland Order in Council, 1895, *in* S.R.O. & §.I. Rev., vol. XXI, p. 323 (En).

539 Cf. também a Convenção de Londres de 27 de Fevereiro de 1844, art.º I, *in* Hertslet, Map of Africa, 2.ª ed., p. 847 e ss. (En).

540 Cf. também a Proclamação de 30 de Setembro de 1885 já citada.

541 Este tratado foi modificado pelo protocolo de 21 de Janeiro de 1924.

542 Ver também o acordo de atribuição do mandato para o Ruanda-Urundi de 18 de Abril de 1923 (alterado pelo protocolo de 21 de Janeiro de 1924), em Cordero Torres, pp. 557/8 (Es).

- Acordo anglo-belga para a rectificação da fronteira entre o Tanganica e o Ruanda-Urundi; assinado em Londres, em 22 de Novembro de 1934.
  Colectânea de S.D.N., vol. 190, p. 103 e ss. (En + Fr); Cordero Torres, II, pp. 558/9 (Es).

c) BURUNDI — RUANDA

- Acordo de atribuição do Mandato para o Ruanda-Urundi; assinado em 18 de Abril de 1923.[543]
  Cordero Torres, II, p. 557 (Es).
- Troca de notas (anglo-belga) que aceita o protocolo de 5 de Agosto de 1924 relativo à fronteira entre o Tanganica e o Ruanda-Urundi; assinada em 17 de Maio de 1926.
  Colectânea da S.D.N., vol. 54, p. 239 e ss. (En + Fr).

CAMARÕES (1 de Janeiro de 1960 e 1 de Outubro de 1961)[544]

a) CAMARÕES — CONGO (Brazzaville)

- Protocolo franco-alemão relativo às possessões francesas e alemãs na costa ocidental de África e na Oceânia; assinado em Berlim, em 24 de Dezembro de 1885, art.º I, II, III.
  Roaurd de Card, Traités, I, pp. 5/7 (Fr); Colectânea Basdevant, I, p. 64 e ss. (Fr); Cordero Torres, II, p. 510 e ss. (Es); Van Ortroy, p.?

Ver também o acordo anglo-belga de 30 de Maio de 1919, *in* Bull, Comité Afr. Fr., 1919, pp. 256/7 (Fr).

543 Ver nota anterior.

544 Esta ex-colónia alemã foi colocada, após a Primeira Guerra Mundial, sob o sistema de mandato da S.D.N. e a sua administração partilhada foi confiada à França e à Inglaterra.
A parte sob administração francesa tornou-se independente em 1 de Janeiro de 1960 e em 1 de Outubro de 1961, a parte sob administração britânica, por sua vez, tornou-se independente, excepto a parte chamada de Camarões setentrional que, por um plebiscito de 11 de Fevereiro de 1961, se tornou independente e se pronunciou pela integração na Nigéria.
Ver a declaração franco-britânica de 10 de Julho de 1922, relativa à delimitação da fronteira entre os mandatos francês e britânico nos Camarões, Jornal Off. da S.D.N., XIX sessão do Conselho, 8 de Agosto de 1922 (P. II), p. 874 e ss. (En + Fr).
Por acordo de 10 de Outubro de 1961, as duas partes independentes uniram-se para formar a República Federal dos Camarões.

- Acordo franco-alemão para a delimitação das colónias do Congo francês e dos Camarões e das esferas de influência francesa e alemã na região do lago Chade; assinado em Berlim, em 15 de Março de 1894.[545/546]
Rouard de Card, Traités, I, pp. 8/13 (Fr).
- Convenção relativa às possessões francesas e alemãs na África Equatorial; assinada em Berlim, em 4 de Novembro de 1911?[547], art.º II.[548]
Rouard de Card, Traités, II, pp. 7/18 com mapa (Fr).

b) CAMARÕES — GABÃO
V. Camarões — Congo (Brazzaville).

c) CAMARÕES — GUINÉ EQUATORIAL

- V. o Protocolo franco-alemão assinado em Berlim, em 24 de Dezembro de 1885.
Rouard de Card, Traités, I, pp. 5/7 (Fr).
- Convenção franco-espanhola para a delimitação das possessões francesas e espanholas na costa ocidental de África, na costa do Saara e na costa do Golfo da Guiné; assinada em Paris, em 27 de Junho de 1900[549], art.º 4.
Rouard de Card, I, p. 41 (Fr); Colectânea Basdevant, II (Fr); Cordero Torres, II, p. 509 ss (Es).

d) CAMARÕES — NIGÉRIA

- Troca de notas (anglo-alemã) com data de 29 de Abril/16 de Junho de 1885.
Herslet, Mapa de África, 2.ª ed., pp. 596/604 (En); Cordero Torres, II, pp. 488/9 (Es).
- Troca de notas (anglo-alemã) relativa às suas esferas de influência respectivas no Golfo da Guiné; 27 de Julho/2 de Agosto de 1886.
Hertslet, Map of Africa, 2.ª ed., pp. 612/4 (En); Van Ortroy, pp. 163/4 (En + De).

545 Este convénio confirma o protocolo de 4 de Fevereiro de 1894. *Vide* Rouard de Card, I, p. 813 (Fr).

546 Ver também a convenção franco-alemã de Berlim de 18 de Abril de 1908 em Rouard de Card, II, pp. 17/28 (Fr).

547 Esta convenção, denunciada pela França depois da Guerra, mantém, no entanto, a sua validade no que se refere às vantagens adquiridas pela França na parte norte da fronteira. Isso foi confirmado pelo art.º 125 do Tratado de Versalhes de 1919.

548 Ver também a declaração franco-alemã assinada em Paris de 20 de Setembro de 1912, Rouard de Card, II, pp. 19/56 (Fr).

549 Cf. também o Acordo franco-alemão de Berlim de 15 de Março de 1894 e a Convenção franco-alemã de 18 de Abril de 1908, *in* Rouard de Card, I, pp. 8 e 17 respectivamente.

- Acordo anglo-alemão relativo aos seus territórios respectivos em África; assinado em Berlim, em 1 de Julho de 1890, art.º IV, § 2. (Volta, Rio del Rey, Benoué).
  Hertslet, Map of Africa, 2.ª ed., p. 642 e ss (647 sobretudo) (En); Van Ortroy, pp. 277/8 (En); Cordero Torres, II, pp. 492/3 (Es).
- Acordo anglo-alemaão, a respeito das suas possessões na região do Rio del Rey, na costa ocidental de África; assinado em Berlim, em 14 de Abril de 1893.
  Hertslet, Map of Africa, 2.ª ed., p. 654 e ss. (En); Van Ortroy, pp. 277/8 (En + De); Cordero Torres, II, p. 493 em nota (Es).
- Acordo anglo-alemão a respeito das fronteiras em África; assinado em Berlim, em 15 de Novembro de 1893.
  Hertslet, Op. cit., pp. 658/61 com mapa (En); Van Ortroy, pp. 293/6 (En + De); Cordero Torres, II, pp. 495/7 (Es).
- Tratado anglo-alemão a respeito das fronteiras em África; assinado em Londres, em 19 de Março de 1906.
  Cordero Torres, II, p. 497 (Es).
- Convenção anglo-alemã relativa à fronteira entre os Camarões e Lagos; assinada em Londres, em 29 de Maio de 1906.
  Cordero Torres, II, p. 475 (Es).
- Declaração franco-britânica relativa à delimitação da fronteira dos mandatos franceses e britânicos nos Camarões; assinada em 10 de Julho de 1919.[550]
  J. Off. Da S.D.N., XIX Sessão do Conselho, 8 de Agosto de 1922 (P. II), p. 874 (En + Fr); Bull. Comité Afr. Fr., 1921, p. 344 (Fr); Cordero Torres, p. 477 (Es).

a) CAMARÕES — REPÚBLICA CENTRO-AFRICANA
   V. Camarões — Congo (Brazzaville).
b) CAMARÕES — TCHAD
   V. Camarões — Congo (Brazzaville).

CHADE (12 de Agosto de 1960)

V. os seguintes países: Camarões, Líbia, Níger, Nigéria, R.C.A. e Sudão.

[550] Após o plebiscito de 11 de Fevereiro de 1961, parte dessa fronteira separa agora os Camarões e a Nigéria, apesar do fim do mandato. É a antiga 4.ª região dos Camarões sob mandato britânico (linha Gamanza-Donga até ao norte). Os Camarões, no entanto, contestam essa situação. Recordar o caso do norte dos Camarões, em que o T.I.J. se declarou incompetente.

CONGO (Brazzaville) (15 de Agosto de 1960)

a) CONGO — ANGOLA
Cf. Angola — Congo (Brazzaville).

b) CONGO — CONGO (Kinshasa)

- Convenção entre a França e a Associação Internacional do Congo para a delimitação dos seus territórios respectivos; assinada em Paris, em 5 de Fevereiro de1885.
  Colectânea Basdevant, I, p. 398 (Fr); Van Ortroy, p. 103 e ss. (Fr); Herstlet, Op. cit., 2.ª ed., pp. 209/11 (En); Cordero Torres, II, pp. 536/7 (Es); Rouard de Card, I, pp. 51/2 (Fr).
- Protocolo (França/Ass. Internacional do Congo) delimitando as fronteiras das suas possessões na região de Manianga; assinado em Manianga, em 22 de Novembro de 1885.
  Van Ortroy, pp. 143/4 (Fr); Rouard de Card, pp. 54/5 (Fr); Hertslet, pp. 213/4 (En); Ministère des Aff. Etr. Doc. Diplom. Affaires du Congo et de l'Afrique occidentale, Paris, Imprimerie Nationale, 1885, pp. 319/21 (Fr); Cordero Torres, II, p. 536 em nota (Es).
- Protocolo delimitando as fronteiras entre as suas possessões respectivas da costa do Oubangui (Estado Livre do Congo-França); assinado em Bruxelas, em 29 de Abril de 1887.
  Van Ortroy, pp. 181/2 (Fr); Rouard de Card, I, pp. 56/7 (Fr); Colectânea Basdevant, I, p. 401 ss. (Fr); Hertslet, Op. cit., p. 217 ss. (En).
- Acordo (França-Estado Livre do Congo) relativo à delimitação das suas possessões respectivas em África; assinado em Paris, em 14 de Agosto de 1894.

Colectânea Basdevant, I, p. 428 (Fr); Rouard de Card, I, pp. 58/60 (Fr); Van Ortroy, pp. 326/8 (Fr); Cordero Torres, II, p. 538 (Es).

- Troca de declarações (França/Estado Livre do Congo) relativas aos limites das suas possessões respectivas no Stanley Pool; Paris, em 5 de Fevereiro de 1895.
  Rouard de Card, I, p. 33 (Fr); Herstlet, Op. cit., p. 1061 (En); Cordero Torres, II, p. 537 (Es).
- Declaração franco-belga relativa aos limites das possessões respectivas no Stanley Pool; feita em Bruxelas em 23 de Dezembro de 1908.
  Colectânea Basdevant, I, p. 477 (Fr); Rouard de Card, p. 35 (Fr); Cordero Torres, II (Es); Bull, Com. Afr. Fr. 1912, p. 236 (Fr).

- Declaração franco-belga relativa aos limites das possessões francesas e belgas entre Manianga e o oceano; feita em Bruxelas, em 23 de Dezembro de 1908.[551]
  Colectânea Basdevant, I, p. 477 (Fr); Rouard de Card, I, p. 34 (Fr).

c) CONGO — CAMEROUN
   V. Camarões — Congo.

d) CONGO — GABÃO

- Decreto de 11 de Fevereiro de 1906, relativo à reorganização das possessões do Congo francês e dependências.
  Bull. Off. du Ministère des Colonies, 1906, p. 136 e ss. (Fr).
- Decreto do Governo Geral da A.E.F. de 7 de Setembro de 1940 modificando as fronteiras entre os territórios do Congo e do Gabão.
  J.0.A.E.F., 1940.
- Decreto do Governo Geral de A.E.F. com data de 23 de Dezembro de 1940 referente à integração no território do Gabão, dos departamentos da Nova Gonnie, de Nianga e do Djouah.[552]
  J.0.A.E.F., 1941, p. 58.

e) CONGO — REPÚBLICA CENTRO-AFRICANA

- Decreto do Governo Geral, na data de 26 de Setembro de 1921, que fixa os limites entre as colónias do Congo e do Oubangui-Chari.
  J.0.A.E.F., 1921, p. 520.
- Decreto do Governo Geral, integrando definitivamente, na colónia de Oubangui-Chari, a circunscrição de Bouar-Baboua, com data de 27 de Dezembro de 1933.[553]
  J.0.A.E.F. 1933, v. 199.

CONGO (Kinshasa) (30 de Junho de 1960)

a) CONGO — ANGOLA
   V. Angola — Congo.

[551] Esta declaração completa o art.º 3 da Convenção de 5 de Fevereiro de 1885.

[552] Cf. também o decreto de 28 de Março de 1937 relativo à delimitação do território do Congo, J.0.A.E.F. 1937 e também o decreto modificando o anterior (20 de Novembro de 1941), J.0.A.E.F. 1941, p. 742.

[553] Cf. também os Decretos de 28 de Março de 1937 e de 20 de Novembro de 1941 relativos à delimitação dos territórios dos departamentos do Congo, J.0.A.E.F., 1937 e 1941, p. 742.

b) CONGO — CONGO (Brazzaville)
V. Congo (Brazzaville) — Congo (Kinshasa).

c) CONGO — BURUNDI
V. Burundi — Congo.

d) CONGO — REPÚBLICA CENTRO-AFRICANA

- Protocolo entre o Estado Livre do Congo e a França definindo os limites das suas possessões respectivas na região do Oubangui; assinado em Bruxelas, em 29 de Abril de 1887.
Rouard de Card, I, pp. 56/7 (Fr); Hertslet, Map of Africa, 2.ª ed., p. 217 e ss. (En); Cordero Torres, II, p. 537 (Es); Van Ortroy, p. 181 (Fr); Colectânea Basdevant, I, p. 401 (Fr).
- Convénio entre a França e o Estado Livre do Congo para a delimitação dos seus territórios respectivos no Alto Oubangui; assinado em Paris, em 14 de Agosto de 1894.
Rouard de Card, I, p. 58 e ss. (Fr); Colectânea Basdevant, I, p: 428 (Fr); Cordero Torres, II, p. 538 (Es); Van Ortroy, pp. 326/8 (Fr).

e) CONGO — RUANDA
V. BURUNDI — CONGO.

f) CONGO — SUDÃO

- Acordo anglo-congolês para a delimitação dos seus territórios respectivos em África; assinado em Londres, em 9 de Maio de 1906, art.º 2.
Cordero Torres, II, pp. 552/4 (Es).

g) CONGO — TANZÂNIA (lago Tanganica)

- Ver a Declaração de neutralidade do Estado do Congo com data de 11 de Janeiro de 1895.
Herstlet, Map of Africa, 2.ª ed., pp. 1043/7 (En).

h) CONGO — ZÂMBIA

- Acordo anglo-congolês para a delimitação das suas esferas de influência respectivas na África Oriental e Central; assinado em Bruxelas, em 12 de Maio de 1894.
Van Ortroy, pp. 320/1 (Fr + Ar); Hertslet, Map of Africa, p. 1008 (En); Cordero Torres, II, p. 551 (Es).
- Troca de notas anglo-belga em relação à fronteira; feita em Londres, em 4 de Abril/3 de Maio de 1927.
Colectânea da S.D.N., vol. 140, pp. 71/85 (En + Fr).

- Troca de notas anglo-belga (com anexos) para a delimitação da fronteira entre a Rodésia e o Congo; feita em Bruxelas, em 7 de Abril de 1933.
  Colectânea da S.D.N., vol. 140, p. 86 (En + Fr).

COSTA FRANCESA DOS SOMALIS

a) COSTA FRANCESA DOS SOMALIS — SOMÁLIA

- Declaração franco-britânica relativa às suas possessões respectivas na costa do Mar Vermelho; feita em Londres, em 2/9 de Fevereiro de 1888.
  Rouard de Card, I, pp. 77/80 (Fr); Cordero Torres, II, p. 380 (Es); Van Ortroy, pp. 83/4 (Fr).
- Protocolo franco-italiano relativo à delimitação das possessões respectivas na região do Mar Vermelho e do Golfo de Aden; assinado em Roma, em 24 de Janeiro de 1900.
  Colectânea Basdevant, II, p. 767 (Fr); Bol. Comité Afr. Franç., 1902, p. 238 (Fr).
- Protocolo complementar franco-italiano; assinado em Roma, em 10 de Julho de 1901.
  Colectânea Basdevant, II, p. 768 (Fr); Bull. Comité Afr. Fr: 1901, p. 364 (Fr); Cordero Torres, II, p. 352 em nota (Es).

b) COSTA FRANCESA DOS SOMALIS — ETIÓPIA

- Convenção franco-etíope que fixa a fronteira entre a costa francesa dos Somalis e o território do Império Etíope; assinada em Adis Abeba, em 20 de Março de 1897.[554]
  Rouard de Card, I, p. 65 (Fr) com a Carta; Colectânea Basdevant, II, p. 256 (Fr); Cordero Torres, II, p. 380 (Es).
- Acordo franco-etíope relativo à fronteira; assinado em 16 de Janeiro de 1954.
  Citado por Cordero Torres, II, p. 381 em nota.

[554] Ver também as declarações franco-britânicas de Londres de 2/9 de Abril de 1888 a que esta convenção se refere.

CÔTE D'IVOIRE[555] (7 de Agosto de 1960)

a) CÔTE D'IVOIRE — GANA

- Acordo franco-britânico relativo à delimitação das suas respectivas possessões na costa ocidental de África; feito em Paris, em 10 de Agosto de 1889.
  Van Ortroy, p. 199 e ss. (En + Fr); Rouard de Card, I, pp. 81/8 (Fr); Colectânea Basdevant, II, p. 336 e ss. (Fr).
- Convénio franco-britânico relativo ao estabelecimento da fronteira entre as respectivas possessões no norte e leste da Serra Leoa e na Côte d'Or; assinado em Paris, em 26 de Junho de 1891.
  Van Ortroy, pp. 264/5 (Fr); Colectânea Basdevant, II, p. 350 (Fr); Rouard De Card, I, pp. 92/3 (Fr); Cordero Torres, II, p. 463 (Es).
- Acordo franco-britânico que delimita as possessões respectivas na Côte d'Or; assinado em Paris, em 12 de Julho de 1893.
  Colectânea Basdevant, II, p. 351 (Fr); Rouard de Card, I, pp. 94/6 (Fr); Van Ortroy, pp. 287/9 (En + Fr); Cordero Torres, II, pp. 465/6 (Es).
- Convenção franco-britânica para a delimitação das possessões francesas da Côte d'Ivoire, do Sudão e do Daomé e das colónias britânicas da Côte d'Or e Lagos e outras possessões britânicas a leste do Níger; assinada em Paris, em 14 de Junho de 1898.
  Van Ortroy, pp. 505/12 (En + Fr); Rouard de Card, I, pp. 102/112 (Fr); Colectânea Basdevant, II, p. 372 e ss. (Fr); Livre Jaune Français, Afrique, 1881–1898, p. 233 (Fr); Cordero Torres, II, p. 467 (Es).
- Troca de notas franco-britânica que fixa a fronteira entre a Côte d'Ivoire e a Côte d'Or; feita em Londres, em 11/15 de Maio de 1905.
  Colectânea Basdevant, II, p. 429 (Fr).

b) CÔTE D'IVOIRE — GUINÉ

- Decreto de 17 de Outubro de 1899.
  B.O.M.C., pp. 899 e 1297.
- Carta do Administrador de Korhogo ao tenente governador da Côte d'Ivoire a respeito da fronteira entre os círculos de Beyla (Guiné) e Kong (Côte d'Ivoire); com data de 5 de Novembro de 1906.
  A.N. 200 MI 1082.

555 Cf. também decreto local de 31 de Dezembro de 1907 sobre a reorganização administrativa da Côte d'Ivoire, B.O.A.O.F. 1907, p. 1008.

c) CÔTE D'IVOIRE — LIBÉRIA

- Acordo franco-liberiano relativo à delimitação das suas possessões respectivas; assinado em Paris, em 8 de Dezembro de 1892.
  Colecção Basdevant, II, p. 19 ss. (Fr); Rouard de Card, pp. 157/9, vol. I (Fr); Van Ortroy, pp. 274/6 (Fr); J.0.R.F., 14 de Agosto de 1894, pp. 4078/9 (Fr).
- Acordo franco-liberiano que fixa definitivamente os limites das possessões francesas e dos territórios da Libéria; assinado em Paris, em 18 de Setembro de 1907.
  Rouard de Card, I, pp. 160/2 (Fr); Colectânea Basdevant, III, p. 26 (Fr).
- Declaração que fixa a fronteira entre a República da Libéria e as possessões francesas vizinhas; assinada em Paris, em 13 de Janeiro de 1911.
  Colectânea Basdevant, III, p. 28 (Fr); Rouard de Card, II, pp. 115/6 (Fr).

d) CÔTE D'IVOIRE — MALI

- Decreto de 17 de Outubro de 1899.[556]
  B.O.M.C., 1899, p. 1297.
- Decreto do Governo Geral n.º 243 relativo à modificação da fronteira entre a Côte d'Ivoire e o 2.º território militar; com data de 23 de Março de 1902.
  B.O. Côte d'Ivoire 1902; A.N. 200 MI 1082.

e) CÔTE D'IVOIRE — ALTO VOLTA

- Decreto de 17 de Outubro de 1899.
  Ibid.
- Decreto relativo à modificação dos limites norte da Côte d'Ivoire; com data de 12 de Fevereiro de 1903.
  B.O.M.C., 1903, p. 122.

DAOMÉ (1 de Agosto de 1960)

a) DAOMÉ — ALTO VOLTA

- Decreto de 2 de Março de 1907, que integra às colónias do Alto-Senegal e do Níger os círculos de Fada N'Gourma e Say.
  B.O.M.C., 1907, p. 162 e ss. (Fr).
- Decreto de 12 de Agosto de 1909 que fixa os limites entre os círculos de Fada N'Gourma e de Djougou.
  B.O.M.C., p. 837 (1909) (Fr).

[556] Ver decreto local de 25 de Dezembro de 1899.

- Decreto de 23 de Abril de 1913 que fixa os limites do círculo de Atacora (modificando o anterior).
  B.O.M.C., 1913, p. 515 e ss. (Fr).
- Decreto de 21 de Julho de 1914 que fixa os limites entre os círculos de Fada N'Gourma e do Atacora.
  B.O.M.C., 1914, p. 1534 ss. (Fr).

b) DAOMÉ — NÍGER

- Decreto de 2 de Março de 1907 que integra, nas colónias do Alto-Senegal e Níger, os círculos de Fada N'Gourma e Say.
  B.O.M.C., 1907, p. 162 e ss.

c) DAOMÉ — TOGO

- Protocolo franco-alemão relativo às possessões francesas e alemãs na Costa Ocidental de África e na Oceânia; assinado em Berlim, em 24 de Dezembro de 1885.
  Colectânea Basdevant, I, p. 64 ss. (Fr); Van Ortroy, pp. 145/57 (Fr + De); Rouard de Card, I, pp. 5/7 (Fr).
- Protocolo de delimitação das possessões francesas de Dahomey e do Sudão e das possessões alemãs do Togo; assinado em Paris, em 28 de Setembro de 1892.
  Colectânea Basdevant, I, p. 79 (Fr).
- Convenção franco-alemã com vista a delimitar as possessões francesas do Daomé e do Sudão e as possessões alemãs do Togo; assinada em Paris, em 23 de Julho de 1897.[557]
  Colectânea Basdevant, I, p. 79 (Fr); Van Ortroy, p. 487 e ss. (Fr + De); Rouard De Card, I, pp. 14/16 (Fr); Cordero Torres, II, pp. 501/2 (Es).
- Declaração franco-alemã em relação à delimitação das possessões francesas de Daomé e do Sudão e das possessões alemãs do Togo; assinada em Paris, em 28 de Setembro de 1912.
  Colectânea Basdevant, I, p. 12 (Fr); Rouard de Card, I, pp. 57/67 (Fr).

d) DAHOMEY — NIGÉRIA

- Convénio franco-britânico relativo à delimitação das possessões respectivas na costa ocidental de África, art.º 4, § 1; assinado em Paris, em 10 de Agosto de 1889.[558]

[557] Esta convenção confirma o protocolo anterior.

[558] Ver também a troca de notas confirmando este acordo (2/19 de Novembro de 1889) em Colecção Basdevant, II, p. 336, nota.

Colectânea Basdevant, II, p. 336 (Fr); Van Ortroy, pp. 199/208 (Fr + De); Rouard de Card, I, pp. 81/8 (Fr); Hertslet, Map of Africa, p. 558 (En).

- Declaração franco-britânica relativa às suas possessões respectivas a norte do Níger; assinada em Londres, em 5 de Agosto de 1890.
  Rouard de Card, I, pp. 89/91 (Fr); Van Ortroy, pp. 229/32 (Fr); Hertslet, p. 570 (En).
- Convenção franco-britânica para a delimitação das possessões francesas da Côte d'Ivoire, do Sudão e do Daomé e das colónias britânicas da Côte d'Or e de Lagos e outras possessões britânicas a oeste do Níger; assinada em Londres, em 14 de Junho de 1898.
  Colectânea Basdevant, II, p. 367 e ss (Fr); Rouard de Card, I, pp. 102/8 (Fr); Van Ortroy, pp. 504/17 (En + Fr); Cordero Torres, II, p. 467 (Es).
- Convenção franco-britânica adicional a convenção anterior; assinada em Londres, em 21 de Março de 1899.
  Colectânea Basdevant, II, p. 374 e ss. (Fr); Rouard de Card, I, pp. 114/5 (Fr).

ETIÓPIA (31 de Janeiro de 1941)

a) ETIÓPIA — COSTA FRANCESA DOS SOMALIS

- Convenção franco-etíope relativa à fronteira entre os seus territórios respectivos; assinada em Addis Abeba, em 20 de Março de 1897.
  Colectânea Basdevant, II, p. 256 (Fr); Rouard de Card, I, pp. 68/9 (Fr); Cordero Torres, II, p. 380 (Es).
- Acordo franco-etíope sobre a fronteira; assinado em 16 de Janeiro de 1954.
  Cordero Torres, II, p. 381.

b) ETIÓPIA — QUÉNIA

- Acordo anglo-etíope sobre a fronteira entre os seus respectivos territórios; assinado em 15 de Maio de 1902.
  Cordero Torres, II, p. 347.
- Acordo anglo-etíope sobre a fronteira entre a África Oriental Britânica, o Uganda e a Etiópia; assinado em Adis Abeba, em 6 de Dezembro de 1907.
  Colectânea da O.N.U., vol. 82, p. 191 (En), há uma tradução francesa.
- Troca de notas (com anexos e mapas) que modifica o traçado da fronteira entre o Quénia e a Etiópia; assinada em 29 de Setembro de 1947 (constituindo um acordo).
  Colectânea da O.N.U., vol. 82, p. 191 e ss. (En + Fr).

- Troca de notas constituindo um acordo e modificando o acordo anterior; 3 de Agosto de 1950.
  Colectânea da O.N.U., vol. 99, p. 339 e ss. (En + Fr).
- Troca de notas constituindo um Acordo que modifica o anterior; 29 de Dezembro/2 de Janeiro de 1951.
  Compêndio da O.N.U., vol. 99, p. 349 e ss. (En + Fr). Ver também o vol. 191, p. 375 e ss.

c) ETIÓPIA — SOMÁLIA

- Tratado anglo-etíope de comércio e de limites (com anexos); assinado em Addis Abeba, em 14 de Maio de 1897.
  Van Ortroy, pp. 491/501 (Ar + Fr).
- Acordo anglo-etíope relativo à fronteira; assinado em 16 de Maio de 1908.
  Cordero Torres, II, p. 372 nota 1.
- Protocolo ítalo-britânico relativo às suas esferas de influência na região do Mar Vermelho e do Golfo de Áden; assinado em 5 de Maio de 1894.
  Van Ortroy, pp. 318/9 (En + It); Hertslet, Map of Africa, p. 669 (En); Cordero Torres, p. 345 (Es).
- Protocolo anglo-italiano sobre as suas respectivas esferas de influência; assinado em 15 de Julho de 1924.
  Colectânea da S.D.N., vol. 37, p. 380 (Ar + It); Cordero Torres, II, p. 346. (Es).
- Troca de notas anglo-italiana (com anexos) sobre a fronteira entre o Sudão e a Eritreia; 19 de Maio/18 de Junho de 1924.
  Colectânea da S.D.N., vol. 28, p. 498 (En + It).

d) ETIÓPIA — SUDÃO

- Protocolo anglo-italiano relativo à fronteira entre os seus respectivos territórios; assinado em 15 de Abril de 1891.
  Van Ortroy, pp. 240/2 (Fr); Hertslet, p. 667 (En); Cordero Torres, II, p. 345 (Es).
- Acordo anglo-etíope relativo à fronteira dos seus territórios; assinado em Adis Abeba, em 15 de Maio de 1902.
  Cordero Torres, II, p. 347 (Es).
- Troca de notas anglo-italiana (com anexos) sobre a fronteira entre o Sudão e a Eritreia; 19 de Maio/18 de Junho de 1924.
  Colectânea S.D.N., vol. 28, D. 498 (En + It).
- Acordo anglo-etíope relativo à fronteira; assinado em Adis Abeba, em 6 de Dezembro de 1907.

Colectânea da O.N.U., vol. 82, p. 191 e ss. (En); Cordero Torres, II, p. 348 em nota (Es).

- Acordo anglo-italiano relativo à fronteira; assinado em 15 de Maio de 1902. Cordero Torres, II, nota I (Es).
- Acordo anglo-etíope relativo à fronteira; assinado em 19 de Janeiro de 1904. Cordero Torres, II, p. 344 em nota (Es).
- Troca de notas anglo-italiana com anexos, que delimita a fronteira entre o Sudão e a Eritreia; 19 de Maio/18 de Junho de 1924. Colectânea S.D.N., vol. 28, p. 498 (En+It).

GABÃO (17 de Agosto de 1960)

a) GABÃO — CAMARÕES
V. Camarões — Gabão.

b) GABÃO — CONGO (Brazzaville)
V. Congo (Brazzaville) — Gabão.

c) GABÃO — GUINÉ EQUATORIAL

- Convenção franco-espanhola para a delimitação das suas possessões na costa do Saara e na costa do Golfo da Guiné; assinada em Paris, em 27 de Junho de 1900. Colectânea Basdevant, II, p. 181 (Fr); Rouard De Card, I, p. 41 (Fr); Cordero Torres, II, p. 509 (Es).

GÂMBIA (18 de Fevereiro de 1965)

a) GÂMBIA — SENEGAL

- Convénio franco-britânico em relação à delimitação das suas respectivas possessões na costa ocidental de África; assinado em Paris, em 10 de Agosto de 1889.[559] Van Ortroy, pp. 199/208 (Ar + Fr); Colectânea Basdevant, II, p. 336 (Fr); J.O.R.F. de 18 de Março de 1890, pp. 1419/20 (Fr); Rouard De Card, I, pp. 81/88 (Fr).

[559] Cf. também a troca de notas (2/19 Nov. 1889) que aprova o convénio de 1889, Colectânea Basdevant, II, p. 336.

- Convenção franco-britânica sobre a fronteira entre a Gâmbia e o Senegal; assinada em Londres, em 8 de Abril de 1904.
  Rouard De Card, I, pp. 115/9 (Fr); Cordero Torres, II, p. 470 (Es).
- Acordo franco-britânico para a delimitação da fronteira entre o Senegal e a Gâmbia; assinado em 6 de Maio de 1929.
  Colectânea da S.D.N., vol. 93, p. 27 (En + Fr); G.B.1., n.º 13 (1929), Cmd. 3340 (En).

GANA (6 de Março de 1957)

a) GANA — CÔTE D'IVOIRE
   V. Côte d'Ivoire — Gana.
b) GANA — TOGO[560]
- Troca de declarações (com anexos) para a partilha dos Camarões e do Togo; Londres, em 10 de Julho de 1919.
  Cordero Torres, II, pp. 477/8 (Es).

GUINÉ/Bissau

a) GUINÉ — GUINÉ (Conakry)
- Convenção franco-portuguesa em relação à delimitação das respectivas possessões na África Ocidental; assinada em Paris, em 12 de Maio de 1886.[561]
  J.O.R.F. de 15 de Setembro de 1887 (Fr); Van Ortroy, p. 154 e ss. (Fr + Pt); Colectânea Basdevant, III, p. 243 e ss. (Fr); Cordero Torres, II, pp. 503/4 (Es).
b) GUINÉ — SENEGAL
   V. Guiné — Guiné (Conakry).

[560] Como consequência do plebiscito de Maio de 1956, aprovado pelas Nações Unidas em 6 de Março de 1957, a parte do Togo sob o mandato britânico juntou-se ao Gana. Portanto, a fronteira entre essas duas partes do Togo, anteriormente sob mandato, forma a fronteira entre o Togo e o Gana.

[561] Essa delimitação é consequência da sentença arbitral do Presidente Grant dos Estados Unidos da América de 21 de Abril de 1870.

GUINÉ/Conakry (2 de Outubro de 1958)

a) GUINÉ — CÔTE D'IVOIRE
V. Côte d'Ivoire — Guiné.

b) GUINÉ — GUINÉ (Bissau)
V. Guiné/Bissau — Guiné/Conakry.

c) GUINÉ — LIBÉRIA

- Acordo franco-liberiano relativo à delimitação das respectivas possessões; assinado em Paris, em 8 de Dezembro de 1892.
  Colectânea Basdevant, III, p. 19 e ss. (Fr); Rouard de Card, I, pp. 157/9 (Fr); Hertslet, D. 783 (En); Cordero Torres, II, p. 437 (Es).
- Acordo franco-liberiano para definir os limites da A.O.F. e Libéria; assinado em Paris, em 18 de Setembro de 1907.
  Colectânea Basdevant, III, p. 26 (Fr); Rouard De Card, I, p. 160 e ss. (Fr).
- Acto de delimitação adicional ao acordo anterior; assinado em Paris, em 13 de Janeiro de 1911.
  Colectânea Basdevant, III, p. 28 (Fr); Bulletin du Comité de l'Afrique Française, 1911, p. 134 (suppl.) (Fr); Rouard De Card, II, p. 115 (Fr).

d) GUINÉ — SERRA LEOA

- Convenção franco-britânica relativa às suas possessões na costa ocidental da África (norte de Serra Leoa); assinada em Paris, em 28 de Junho de 1882.
  Cordero Torres, II, p. 456 (Es); Rouard de Card, I, p. 73 (Fr); Hertslet, p. 554 (En).
- Convénio franco-britânico relativo à delimitação das respectivas possessões na costa ocidental da África; assinado em Paris, em 10 de Agosto de 1889.
  Cordero Torres, II, p. 458 (Es); Colectânea Basdevant, II, p. 336 (Fr); Rouard De Card, I, p. 81 (Fr); Herslet, p. 558 (En).

e) GUINÉ — MALI

- Despacho ministerial n.º 236 de 15 de Novembro de 1898.
  A.N. 200, MI, 1082; B.0. Guiné Fr. 1898/1900, p. 377.
- Decreto local sobre a delimitação da Guiné francesa com o Senegal e o Sudão; 12 de Janeiro de 1899.
  B.O. Guiné fr. 1897/1900, p. 646.
- Processo verbal de delimitação entre os círculos de Dinguiray (Guiné francesa) e Satadougou (Alto Senegal e Níger); 30 de Abril/7 de Maio de 1906.
  A.N. 200, ML, 1082.

f) GUINÉ — SENEGAL

- Despacho Ministerial n.º 236 de 15 de Novembro de 1898.
  B.O. Guiné francesa 1898/1900, p. 377.
- Decreto local sobre a delimitação da Guiné francesa com o Senegal e o Sudão; em 12 de Janeiro de 1899.
  B.O. Guiné, 1897/1900, p. 646.
- Decreto sobre a delimitação da Guiné francesa e do Senegal; em 27 de Fevereiro de 1915.
  B.O.M.C., 1915, p. 186.
- Decreto que modifica o limite territorial entre a Guiné francesa e o Senegal; 13 de Dezembro de 1933.
  B.O.M.C., 1933, p. 1725; cf. também Juris classeur de la France d'Outre-Mer.

GUINÉ EQUATORIAL (12 de Outubro de 1968)

a) GUINÉ EQUATORIAL — CAMARÕES
V. Camarões — Guiné Equatorial.

b) GUINÉ EQUATORIAL — GABÃO
V. Gabão — Guiné Equatorial.

LESOTO (ex-Basutolândia) (4 de Outubro de 1966)

a) LESOTO — UNIÃO SUL-AFRICANA

- Convenção entre a Grã-Bretanha e o Estado Livre de Orange sobre a fronteira entre o Estado Livre e a Basutolândia; assinada em Aliwal North, em 12 de Fevereiro de 1869.[562]
  Van Ortroy, p. 47 (Nl + En); Hertslet, p. 330 (En).
- Acordo entre a Grã-Bretanha e o Estado Livre de Orange sobre as fronteiras das suas respectivas possessões; assinado em Londres, em 13 de Julho de 1876.
  Van Ortroy, pp. 67/9 (En).

[562] Cf. o tratado de paz de 3 de Abril de 1866 entre o Presidente Livre de Orange e Mosheh, chefe dos Basutos, cujo art.º 1 determina as respectivas fronteiras, em Van Ortroy, p. 53 texto em neerlandês.

- Instrução do Alto-Comissário do Governo da Colónia do Cabo, a respeito das fronteiras da Basutolândia; datada de 13 de Maio de 1870.[563]
- Proclamação do Alto-Comissário com data de 19 de Outubro de 1891.[564]

LIBÉRIA (1822)

a) LIBÉRIA — CÔTE D'IVOIRE
V. Côte d'Ivoire — Libéria.

b) LIBÉRIA — GUINÉ
V. Guiné — Libéria.

c) LIBÉRIA — SERRA LEOA

- Convenção anglo-liberiana que fixa a fronteira noroeste da República da Libéria; assinada em Freetown, em 11 de Novembro de 1885.
  Cordero Torres, II, p. 436 (Es); Hertslet, p. 781 (En); Van Ortroy, pp. 139/142 (En).
- Acordo anglo-liberiano que completa o traçado anterior; assinado em 21 de Janeiro de 1911.
  Cordero Torres, II, p. 436 em nota; De Martens, N.R.G. 3.ª série, VII, n.º 125, p. 854 (En); Boletim do Comité de l'Afr. fr. 1912, p. 468 (Fr).
- Convenção anglo-liberiana que completa a delimitação anterior; com data de 25 de Janeiro de 1917.
  Colectânea de Tratados da S.D.N., vol. 40 (En); De Martens, N.R.G., 3.ª série, p. 571 (En).
- Troca de notas anglo-liberiana relativa à fronteira entre a Serra Leoa e a Libéria; 16/17 de Janeiro de 1930.
  Colectânea da S.D.N., vol. 101, p. 395 (En); G.B.T.s, n.º 17, Cmd. n.º 3543 (En).
- Protocolo anglo-liberiano relativo à fronteira entre a Serra Leoa e a Libéria; assinado em 30 de Maio de 1930.
  Cordero Torres, II, p. 436 em nota.

[563] Os textos destes dois documentos foram-nos gentilmente enviados pelo bibliotecário do Foreign Office, não tendo estes documentos sido publicados no Reino Unido.

[564] Os textos destes dois documentos foram-nos gentilmente enviados pelo bibliotecário do Foreign Office, não tendo estes documentos sido publicados no Reino Unido.

LÍBIA (2 de Janeiro de 1952)

a) LÍBIA — ARGÉLIA
V. Argélia — Líbia.

b) LÍBIA — NÍGER

- Troca de declarações franco-britânica de 5 de Agosto de 1890.
Van Ortroy, p. 229 e ss. (Ar + Fr); Rouard De Card, I, p. 89 (Fr).
- Acordo franco-britânico relativo às suas esferas de influência em África; assinado em 14 de Junho de 1898.
Colectânea Basdevant, II, p. 372 (Fr); Rouard de Card, I, p. 102 (Fr); Van Ortroy, p. 505 (En + Fr).
- Declaração franco-britânica adicional ao acordo anterior; assinada em Londres, em 21 de Março de 1899.
Cordero Torres, II, p. 261 (Es); Rouard De Card, I, p. 113 (Fr).
- Acordo franco-italiano sobre a fronteira entre as suas possessões em África; assinado em 8 de Setembro de 1919.
Cordero Torres, II, p. 352 em nota.

c) LIBIA — REPÚBLICA ÁRABE UNIDA

- Acordo ítalo-egípcio sobre a fronteira entre os seus territórios; assinado no Cairo, em 6 de Dezembro de 1925.
Cordero Torres, II, p. 264 (Es); Pichon, Op. cit., p. 206 (Fr); G.B.T.S. n.º 29, Cmd. 2427 (En).
- Acordo ítalo-anglo-egípcio relativo à fronteira da Líbia com o Sudão e o Egipto; assinado em 20 de Julho de 1934.
Cordero Torres, II, p. 265 em nota (Es); G.B.T.S. n.º 21, Cmd. n.º 4694 (En).

d) LIBIA — SUDÃO
V. Acordo ítalo-anglo-egípcio de 20 de Julho de 1934, citado na alínea acima.

e) LÍBIA — CHADE
V. Líbia — Níger.

f) LÍBIA — TUNÍSIA
Convenção franco-turca relativa à delimitação da fronteira entre a Regência de Túnis e Trípoli; assinada em Trípoli, em 19 de Maio de 1910.
Pichon, Op. cit., p. 60 (Fr); Rouard de Card, II, p. 123 e ss. (Fr).

MALÁUI (ex-Niassalândia) (6 de Julho de 1964)

a) MALÁUI — MOÇAMBIQUE

- Tratado luso-britânico relativo à delimitação das esferas de influência inglesa e portuguesa na África oriental (região do Zambeze); assinado em Lisboa, em 11 de Junho de 1891.[565]

Cordero Torres, II, p. 643 (Es); Van Ortroy, p. 252 (En + Pt); Hertslet, p. 731 (En).

- *Modus vivendi* relativo às esferas de influência dos dois países a norte do Zambeze; assinado em 31 de Maio/5 de Junho de 1893.

  Van Ortroy, p. 280 (En); Cordero Torres, II, p. 643 em nota; Hertslet, p. 743 (En).

- Acordo luso-britânico sobre as fronteiras na África do Sudeste; assinado em Lisboa, em 6 de Maio de 1920.

  B.F.S.P., vol. 113 (1920), pp. 409/23 (En).

- Troca de notas constituindo um acordo relativo à participação de Portugal na execução do projecto para o vale do Chiré; assinada em Lisboa, em 21 de Janeiro de 1953.[566]

  Colectânea da O.N.U., vol. 175, p. 13 e ss. (Ar + Fr + Pt).

b) MALÁUI — TANZÂNIA

- Acordo anglo-alemão relativo às suas possessões em África e à cessão da Ilha de Heligoland; Berlim, em 1 de Julho de 1890.

  Cordero Torres, II, p. 597 (Es); Van Ortroy, p. 213 e ss. (En + De); Hertslet, p. 642 (En).

c) MALÁUI — ZÂMBIA

- Convénio de 14 de Maio de 1891 entre o Foreign Office e a British South Africa Company.

  Hertslet, p. 811 (En).

MALI (20 de Junho de 1960)

a) MALI — ARGÉLIA

  V. Argélia — Mali.

[565] Este tratado foi precedido pela convenção de 20 de Agosto de 1890, não ratificada, e pelo *modus vivendi* de 14 de Novembro de 1890, cf. Van Ortroy, p. 252, em nota; Hertslet, p. 728.
[566] Um tratado de 1964 aprovou a delimitação de princípio contida nesta troca de notas.

b) MALI — CÔTE D'IVOIRE

V. Côte d'Ivoire — Mali.

c) MALI — GUINÉ (Conakry)

V. Guiné — Mali.

d) MALI — ALTO VOLTA

V. Alto Volta — Mali.

e) MALI — MAURITÂNIA

- Decreto de 13 de Fevereiro de 1904 modificando os limites entre o Senegal e a Senegâmbia-Níger.
  B.O.M.C., 1913, p. 582.
- Decreto relativo às modificações nos limites entre as colónias da Mauritânia e do Sudão; 5 de Julho de 1944.
  B.O.M.C., 1944, p. 37; J.0.A.O.F., 1944, p. 783.
- Tratado relativo à delimitação da fronteira entre o Mali e a Mauritânia; assinado em Kayes, em 17 de Fevereiro de 1963.
  J.O. República do Mali, 15 de Julho de 1963, e Mauritânia, 19 de Junho de 1963.

f) MALI — NÍGER

- Decreto n.º 672 do Governador Geral da A.O.F. que integra a região de Tombouctu no território do Alto-Senegal e do Níger; em 22 de Junho de 1910.
  A.N. 200, MI, 1083.

g) MALI — SENEGAL

- Decreto relativo à organização da A.O.F.; em 16 de Junho de 1895.[567]
  Bulletin du Comité de l'Afr. Française, 1895, pp. 55/6.
- Decreto do Governador Geral da A.O.F. relativo à delimitação do Sudão e do Senegal; em 24 de Dezembro de 1895.
  B.O. du Sénégal, 1895, p. 554.
- Decreto do Governador-Geral relativo à delimitação dos territórios entre o Senegal e Senegâmbia-Níger; em 15 de Novembro de 1903.
  Cf. Mauritânia — Senegal.
- Decreto de 18 de Outubro de 1904 relativo à reorganização do Governo Geral da A.O.F.
  B.O.M.C., 1904, p. 1036.

[567] Cf. também o decreto de 27 de Agosto de 1892 que integra o círculo de Ballel no Senegal. B.O.M.C., 1892, pp. 611/13.

MARROCOS (2 de Março de 1956)

a) MARROCOS — ARGÉLIA
V. Argélia — Marrocos.
b) MARROCOS — TERRITÓRIOS dependentes da ESPANHA
- Tratado franco-espanhol de 3 de Outubro de 1904.
Cordero Torres, II, pp. 75/6 (Es); Livre blanc sur la Mauritanie, p. 74 (Fr).
- Tratado franco-espanhol de 27 de Novembro de 1912.
R.G.D.I.P., 1913, p. 9, doc. diplom. (Fr); Cordero Torres, II, p. 99 (Es).

MAURITÂNIA (28 de Novembro de 1960)

a) MAURITÂNIA — ARGÉLIA
V. Argélia — Mali.
b) MAURITÂNIA — MALI
V. Mali — Mauritânia.
c) MAURITÂNIA — SENEGAL
- Decreto do Governador Geral da A.O.F. relativo à delimitação dos territórios entre o Senegal e Senegâmbia-Níger; em 15 de Novembro de 1903.
- Decreto de 13 de Fevereiro de 1904 que modifica os limites entre o Senegal e a Senegâmbia-Níger.
B.O.M.C., 1904, p. 157.
- Decreto de 25 de Fevereiro de 1905, relativo à delimitação do território civil da Mauritânia e do Senegal.
B.O.M.C., p. 279.
- Decreto de 8 de Dezembro de 1933 que determina o limite entre o Senegal e a Mauritânia.
B.O.M.C., 1933, p. 1715; cf. também o Juris classeur de la F.O.M.
d) MAURITÂNIA — RIO DE ORO
- Acordo franco-espanhol de 27 de Junho de 1900, art.º 1.
Rouard De Card, II, p. 41 e ss. (Fr); Cordero Torres, II, p. 242 e ss. (Es).
- Tratado franco-espanhol de 3 de Outubro de 1904, art.º 2, 5 e 6.
Cordero Torres, II, p. 73 (Es); Rouard De Card, II, p. 75 (Fr).
- Tratado franco-espanhol sobre a delimitação dos seus respectivos territórios em África; em 27 de Novembro de 1912.

Cordero Torres, II, p. 95 (Es); R.G.D.I.P., 1913, p. 9, doc. Dipl. (Fr); Rouard De Card, II, p. 81 e ss. (Fr).

- Acordo franco-espanhol sobre a fronteira entre os dois territórios; assinado em 18 de Dezembro de 1956.
  Cordero Torres, II, pp. 246/7 (Es).

MOÇAMBIQUE

a) MOÇAMBIQUE — MALÁUI
   V. Maláui — Moçambique.

b) MOÇAMBIQUE — NGWANE (ex-Suazilândia)

- Tratado de paz, amizade e limites entre a União Sul-Africana e Portugal; assinado em Pretória, em 29 de Julho de 1869.
  Hertslet, p. 822 (En); Cordero Torres, II, p. 639 e ss. (Es); Van Ortroy, p. 57 e ss. (Pt).
- Tratado luso-britânico em relação à fronteira entre Moçambique e a Suazilândia; assinado em Londres, em 11 de Junho de 1891.
  Hertslet, p. 731 (En); Van Ortroy, p. 252 e ss. (En + Pt).
- Troca de notas entre a Grã-Bretanha e Portugal sobre a delimitação da fronteira entre Moçambique e a Suazilândia; com data de 6 de Outubro de 1927.
  Colectânea S.D.N., vol. 80, p. 219 (Ar + Pt).

c) MOÇAMBIQUE — RODÉSIA

- Tratado luso-britânico relativo à delimitação das esferas de influência respectivas em África (Região do Zambeze); assinado em 14 de Fevereiro de 1906.[568]
  B.O.M.C., 1906, p. 136 e ss.
- Decreto relativo à organização do território Centro-Africano; em 30 de Junho de 1914.
  B.O.M.C., 1914, p. 1457.

d) MOÇAMBIQUE — TANZÂNIA

- Acordo luso-alemão relativo à delimitação das suas esferas de influência na África do Sul; assinado em Lisboa, em 30 de Dezembro de 1886.

[568] Cf. também o decreto de 18 de Outubro de 1904 sobre a organização do G.G. da A.O.F. (B.O.M.C., 1904, p. 1036); o decreto de 7 de Setembro de 1911 relativo à integração do território do Níger no G.G. da A.O.F. (B.O.M.C., 1911, p. 1109), e o decreto de 5 de Abril de 1912 instituindo um comissário do governo G. no território militar do Níger (B.O.M.C., 1912).

Cordero Torres, II, p. 635 e ss. (Es); Van Ortroy, p. 171 e ss. (De + Pt); Hertslet, p. 323 (En).

e) MOÇAMBIQUE — UNIÃO SUL-AFRICANA

- Tratado de paz, de amizade e de limites (Portugal-União Sul-Africana); assinado em Pretória, em 29 de Julho de 1869.
  Cordero Torres, II, p. 639 e ss. (Es); Van Ortroy, p. 57 e ss. (En + Pt); Hertslet, p. 822 (En).
- Tratado anglo-português relativo à delimitação das respectivas esferas de influência em África; assinado em Lisboa, em 11 de Junho de 1891.
  Hertslet, p. 731 (En); Van Ortroy, p. 252 e ss. (En + Pt).
- Acordo entre Portugal e a União Sul-Africana sobre a resolução da fronteira entre a União e Moçambique; assinado em 18 de Fevereiro de 926.
  Colectânea da S.D.N., vol. 81, p. 359 (En + Pt).
- Troca de notas que confirma o acordo anterior; 6 de Outubro de 1927.
  Colectânea S.D.N., vol. 81, p. 359 (Ar + Pt).

f) MOÇAMBIQUE — ZÂMBIA

- Tratado luso-britânico relativo à delimitação das respectivas esferas de influência em África; assinado em Lisboa, em 11 de Junho de 1891.
  V. Moçambique — Rodésia.
- *Modus vivendi* de 31 de Maio/5 de Junho de 1893 relativo às esferas de influência dos dois países a norte do Zambeze.
  Cordero Torres, II, p. 644 em nota (Es); Hertslet, p. 743 (En).
- Acordo anglo-português de 6 de Maio de 1920.
  Colectânea da S.D.N., vol. 4, p. 94 (En + Fr + Pt).
- Troca de notas (luso-britânica) que constitui um acordo relativo à participação de Portugal nos trabalhos de desenvolvimento do vale do Chiré; assinada em Lisboa, em 21 de Janeiro de 1953.
  Colectânea da O.N.U., vol. 175, p. 20 e ss. (Pt + Fr + En).

NGWANE (6 de Setembro de 1968)

a) NGWANE — MOÇAMBIQUE
   V. Moçambique — Ngwane.

b) NGWANE — UNIÃO SUL-AFRICANA

- Convenção entre a Grã-Bretanha e a União Sul-Africana que regulamenta as suas relações políticas; assinada em Londres, em 27 de Fevereiro de 1884.[569]
  Hertslet, p. 847 (En); Van Ortroy, p. 82 e ss. (En + Nl).
- Ordem do Conselho sobre a Suazilândia, 1903, n.º 531; 25 de Junho de 1903.
  S.R.O. & S.I. Rev., vol. VIII, p. 360 (En)
  Lisboa, em 11 de Junho de 1891.
  Cordero Torres, II, p. 645 (Es); Van Ortroy, p. 252 e ss. (En + Pt); Hertslet, p. 731 (En).
- Sentença arbitral do Senador Paolo Vigliani para a determinação da linha fronteiriça entre as possessões inglesas e portuguesas a sul do Zambeze; pronunciada em Florença a 30 de Janeiro de 1897.
  Cordero Torres, II, p. 649 e ss. (Es); Van Ortroy, p. 478 e ss. (Fr).
- Troca de Notas entre a Grã-Bretanha e Portugal para a delimitação da fronteira entre a Rodésia e Moçambique; 29 de Outubro de 1940.
  Colectânea da S.D.N., vol. 204, p. 26 e ss. (En + Pt).

NÍGER (3 de Agosto de 1960)

a) NÍGER — DAOMÉ
   V. Daomé — Níger.

b) NÍGER — ALTO VOLTA
   V. Alto Volta — Níger.

c) NÍGER — LÍBIA
   V. Líbia — Níger.

d) NÍGER — MALI
   V. Mali — Níger.

e) NÍGER — ARGÉLIA
   V. Argélia — Níger.

f) NÍGER — NIGÉRIA

- Declaração franco-britânica relativa às suas possessões respectivas; assinada em Londres, em 5 de Agosto de 1890.
  Hertslet, p. 571 (Es); Van Ortroy, p. 229 e ss. (En + Fr).

569 Esta convenção substitui a de 3 de Agosto de 1881 fixando os limites do Transvaal.

- Convenção franco-britânica relativa às suas respectivas possessões em África; assinada em 14 de Junho de 1898.
  Rouard de Card, I, pp. 102/8 (Fr).
- Acordo franco-britânico de 25 de Fevereiro de 1908.
  Pichon, Op. cit., p. 51 em nota (Fr).

g) NÍGER — CHADE

- Decreto relativo à nova organização da região do Chari; 5 de Setembro de 1900.
  B.O.M.C., 1900, p. 883.
- Decreto relativo à reorganização das possessões do Congo e dependências.

NIGÉRIA (1 de Outubro de 1960)

a) NIGÉRIA — CAMARÕES
   V. Camarões — Nigéria.

b) NIGÉRIA — DAOMÉ
   V. Daomé — Níger.

c) NIGÉRIA — NÍGER
   V. Níger — Nigéria.

d) NIGÉRIA — CHADE
   V. Níger — Nigéria.

QUÉNIA (10 de Dezembro de 1963)

a) QUÉNIA — ETIÓPIA
   V. Etiópia — Quénia.

b) QUÉNIA — UGANDA

- Ordem do Conselho para a África Oriental, 1902.
  S.O.R. & S.I. Rev., vol. VIII, p. 246; S.R.O. 1902, n.º 661.
- Para a África Oriental, 1914.
  S.O.R., 1914, n.º 407.
- Ordem do Conselho sobre o Quénia (anexação), 1920.
  S.R.O., 1920, n.º 2342; S.R.O. & S.I. Rev., vol. XI, p. 673.
- Ordem do Conselho sobre a colónia do Quénia e o protectorado (fronteiras), 1926.
  S.R.O., 1926, n.º 1733; S.R.O. & S.I. Rev., vol. XI, p. 682.

c) QUÉNIA — SOMÁLIA

- Protocolo anglo-italiano sobre a delimitação das suas respectivas esferas de influência na África oriental; 24 de Março de 1891.
  Cordero Torres, II, p. 345 (Es); Van Ortroy, p. 238 (En + It); Hertslet, p. 665 (En).
- Troca de notas anglo-italiana sobre a delimitação dos seus territórios na África Oriental; 16/26 de Junho de 1924.
  Colectânea da S.D.N., vol. 36, p. 380 (Ar + It).
- Tratado anglo-italiano confirmando a troca de notas de 16/26 de Junho de 1924; assinado em Londres, em 15 de Julho de 1924.
  Colectânea S.D.N., vol. 36, p. 380 (En + It); Cordero Torres, II, p. 346 (Es).
- Troca de notas anglo-italiana que contém o Acordo de 17 de Dezembro de 1927 (com anexos) sobre a fronteira entre a Somália italiana e o Quénia; 3 de Junho de 1933.
  Colectânea da S.D.N., vol. 145, p. 337 (Ar + It).

d) QUÉNIA — SUDÃO
   V. Quénia — Uganda.

e) QUÉNIA — TANZÂNIA

- Troca de notas anglo-alemã sobre a delimitação das suas respectivas esferas de influência; Londres, 29 de Outubro/1 de Novembro de 1886.
  Cordero Torres, II, p. 585 (Es); Hertslet, p. 615 (En).
- Tratado anglo-alemão sobre as fronteiras na África Oriental; assinado em Berlim, em 1 de Julho de 1890.
  Cordero Torres, II, pp. 596/7 (Es); Hertslet; p. 642 (En); Van Ortroy, p. 213 e ss. (En + De).
- Acordo anglo-alemão sobre as fronteiras da África oriental; Berlim, em 25 de Julho de 1893.
  Cordero Torres, II, p. 597 (Es); Hertslet, p. 656 (En); Van Ortroy, p. 585 (En + De).

REPÚBLICA ÁRABE UNIDA (R.A.U.) (1922)

a) R.A.U. — LÍBIA
   V. Líbia — República Árabe Unida.

b) R.A.U. — SUDÃO

- Acordo anglo-egípcio para condomínio do Sudão; 19 de Janeiro de 1899.
  Cordero Torres, II, p. 257 (Es); State Papers, vol. 91, p. 19 (En).
- Acordo para incluir Suakin no acordo de 19 de Janeiro de 1899; 10 de Julho de 1899.[570]
  State Papers, vol. 91, p. 21 (En).

REPÚBLICA CENTRO-AFRICANA (R.C.A.) (13 de Agosto de 1960)

a) R.C.A. — CAMARÕES
   V. Camarões — República Centro-Africana.

b) R.C.A. — CONGO (Brazzaville)
   V. Congo — República Centro-Africana.

c) R.C.A. — CONGO (Kinshasa)
   V. Congo (Kinshasa) — República Centro-Africana.

d) R.C.A. — SUDÃO

- Convenção para a delimitação das possessões francesas e inglesas localizadas em Loop, e a leste e oeste do Níger; Paris, em 14 de Junho de 1898.
  Colectânea Basdevant, II, p. 372 (Fr); Cordero Torres, II, p. 517 (Es); Van Ortroy, p. 505 e ss. (En + Fr).
- Convenção franco-britânica de 21 de Março de 1899.
  Cordero Torres, II, p. 519 em nota (Es).
- Convenção franco-britânica de 8 de Setembro de 1919.
  Cordero Torres, II, p. 517 (Es); Pichon, Op. cit., p. 186 (Fr).
- Protocolo franco-egípcio de 10 de Janeiro de 1924.
  Cordero Torres, II, p. 519 em nota (Es); J.O.R.F. de 27 de Fevereiro de 1924 (Fr).
- Troca de notas que constitui um acordo que ratifica o protocolo anterior; assinada em 21 de Janeiro de 1924 (refere-se à delimitação da fronteira entre a A.E.F. e o Sudão anglo-egípcio).
  Colectânea da S.D.N., vol. 28, p. 462 (En + Fr).

[570] A parte norte da fronteira — o paralelo 22 N — foi modificada em 1906 por uma linha administrativa que foi respeitada por ambas as partes após a independência do Sudão. A R.A.U., entretanto, em 1957, incluiu esta zona no seu território eleitoral. Após o protesto sudanês, as duas partes voltaram ao *statu quo* de 1906. Cf. Cordero Torres, II, p. 258, em nota.

e) R.C.A. — CHADE

- Decreto de 11 de Fevereiro de 1906.
- Decreto do G.G. que modifica a fronteira do Chade e do Oubangui Chari; com data de 27 de Dezembro de 1933.
  J.O.A.E.F., 1934, p. 106.

RIO DE ORO

a) RIO DE ORO — MARROCOS
   V. Marrocos — Rio de Oro.
b) RIO DE ORO — MAURITÂNIA
   V. Mauritânia — Rio de Oro.

RODÉSIA

a) RODÉSIA — BOTSUANA
   V. Botsuana — Rodésia.
b) RODÉSIA — MOÇAMBIQUE
   V. Moçambique — Rodésia.
c) RODÉSIA — UNIÃO SUL-AFRICANA

- Convenção entre a Grã-Bretanha e a União Sul-Africana que regulamenta as suas relações políticas; assinada em Londres, em 27 de Fevereiro de 1884.
  Cordero Torres, II, p. 678 (Es); Van Ortroy, pp. 82/97 (EN + Nl).
- Ordem do Conselho sobre a Rodésia do Sul de 1898, n.º 1068, 20 de Outubro de 1898.
  S.R.O. & S.I. Rev., vol. XXI, p. 339.
- Ordem do Conselho sobre a Rodésia do Sul, n.º 81, de 2 de Fevereiro de 1899.
  S.R.O. & S.I. Rev., vol. XXI, p. 357.

d) RODÉSIA — ZÂMBIA
   V. Ordem do Conselho sobre a Rodésia do Sul de 20 de Outubro de 1898 e 2 de Fevereiro de 1899.

RUANDA (1 de Julho de 1962)
V. Burundi.

SENEGAL (20 de Junho de 1960)

a) SENEGAL — GÂMBIA
V. Gâmbia — Senegal.
b) SENEGAL — GUINÉ (Bissau)
V. Guiné (Bissau) — Senegal.
c) SENEGAL — GUINÉ (Conakry)
V. Guiné — Serra Leoa.
d) SENEGAL — MALI
V. Mali — Senegal.
e) SENEGAL — MAURITÂNIA
V. Mauritânia — Senegal.

SERRA LEOA (27 de Abril de 1961)

a) SERRA LEOA — GUINÉ (Conakry)
V. Guiné — Serra Leoa.
b) SERRA LEOA — LIBÉRIA
V. Libéria — Serra Leoa.

SOMÁLIA (1 de Julho de 1960)

a) SOMÁLIA — COSTA FRANCESA DOS SOMALIS
V. Costa francesa dos Somalis — Somália.
b) SOMÁLIA — ETIÓPIA
V. Etiópia — Somália.
c) SOMÁLIA — QUÉNIA
V. Quénia — Somália.

SUDÃO (1 de Janeiro de 1956)

a) SUDÃO — CONGO (Kinshasa)
V. Congo — Sudão.
b) SUDÃO — ETIÓPIA
V. Etiópia — Sudão.

c) SUDÃO — Quénia
V. Quénia — Sudão.
d) SUDÃO — LÍBIA
V. Líbia — Sudão.
e) SUDÃO — UGANDA
V. Uganda — Sudão.
f) SUDÃO — CHADE
V. R.C.A. — Sudão.
g) SUDÃO — R.A.U
V. R.A.U. — Sudão.
h) SUDÃO — R.C.A.
V. R.C.A. — Sudão.

SUDOESTE AFRICANO (Namíbia)

a) SUDOESTE AFRICANO — ANGOLA
V. Angola — Sudoeste Africano.
b) SUDOESTE AFRICANO — BOTSUANA
V. Botsuana — Sudoeste Africano.
c) SUDOESTE AFRICANO — UNIÃO SUL-AFRICANA
- Tratado anglo-alemão de 1 de Julho de 1890.

d) SUDOESTE AFRICANO — ZÂMBIA
V. Sudoeste Africano — União Sul-Africana.

TANZÂNIA (9 de Dezembro de 1961)

V. os seguintes países: Congo, Burundi, Quénia, Maláui, Moçambique, Uganda, Ruanda.
a) TANZÂNIA — ZÂMBIA
- Tratado anglo-alemão de 1 de Julho de 1890; assinado em Berlim.

TOGO (27 de Abril de 1960)
V. os seguintes países: Daomé, Gana e Alto Volta.

TUNÍSIA (20 de Março de 1956)

V. os seguintes países: Argélia e Líbia.

UGANDA (9 de Outubro de 1962)

a) UGANDA — CONGO
V. Congo — Uganda.

b) UGANDA — QUÉNIA
V. Quénia — Uganda.

c) UGANDA — RUANDA

- Tratado anglo-alemão de 1 de Julho de 1890 sobre a delimitação das suas esferas de influência em África.
Cordero Torres, II, p. 597 (Es); Van Ortroy, p. 213 e ss. (En + De); Hertslet, p. 642 (En).
- Cf. também o acordo anglo-belga relativo ao mandato sobre o Ruanda-Urundi e sobre o Tanganica; 30 de Maio de 1919.
Bull. Comité Afr. Fr. 1919, pp. 256/7 (Fr).

d) UGANDA — SUDÃO
V. Quénia — Uganda e Sudão.

e) UGANDA — TANZÂNIA
V. Uganda — Ruanda.

UNIÃO SUL-AFRICANA (1910)

V. os seguintes países: Botsuana, Lesoto, Moçambique, Rodésia e Sudoeste Africano.

ZÂMBIA (24 de Outubro de 1964)

V. os seguintes países: Angola, Congo (Kinshasa), Maláui, Moçambique, Rodésia e Tanzânia.

BIBLIOGRAFIA

I. — OBRAS GERAIS

Alvarez, A. — Le Droit International américain, Paris, 1910.

Anzilotti, D. — Corso di Diritto Internazional, Padova, 1955, 2 vols.

Bluntschli, M. — Le Droit International Codifié, trad. do alemão por M. Lardy, Paris, 1831.

Bustamante y Sirven. — Droit International Public, Paris, 1934, 5 tomos.

Calvo, Ch. — Droit International théorique et pratique, Paris, 1895, 6 vols.

Colliard, C.A. — Droit International et histoire diplomatique, Paris, 1948.

De Louter, J. — Droit International positif, Oxford, 1920, 2 vols.

De Martens, G.F. — Précis du droit des gens modernes de l'Europe, 1858, 2 vols.

Deschamps, H. — Peuples et Nations d'Outre-Mer, Paris, 1954.

Despagnet, F. — Cours de Droit International Public, Paris, 1899.

Despagnet, F. — *et* Boeck, Ch. — Cours de Droit International Public, Paris, 1910. 4.ª ed.

Dictionnaire de Droit International public et privé, Paris, 1885, 3 vols.

Dupuy, R. J. — Le Droit International, Que sais-je, PUF, 1963.

Fauchille, P. — Traité de Droit International Public, Paris, 4 vols., 1922.

Fiore, P. — Droit International codifié, Paris, 1890.

Girard, P. — Manuel Élémentaire de Droit Romain, 3.ª ed., Paris, 1929.

Guggenheim, P. — Traité de Droit International Public, Genebra, 2 vols., 1953. — Traité de Droit International Public, 1967, vol. I.

Jimenez de Arechaga, E. — Curso de Derecho Internacional Publico, Montevideo, 1961, 2 vols.

Kluber. — Droit des Gens Moderne de l'Europe, Paris, Rio de Janeiro, 1831.

Oppenheim-Lauterpacht. — International Law. A treatise, 2 vols., 7.ª ed. (vol. I), 8.ª ed. (vol. II), 1957/1958.

Piedlièvre, S. — Précis du Droit International Public, Paris, 1895, 2 vols.

Pradier-Fodere. — Traité de Droit International Public, Paris, 6 vol., 1906.

Quadri, R. — Diritto Internazionale Pubblico, 4.ª ed., Nápoles, 1964.

Rivier, A. — Principes du Droit des gens, Paris, 2 vols., 1896.

Rousseau, Ch. — Droit International Public, Paris, 1953. — Droit International Public Approfondi, Paris, 1961.

Schwartzenberger, G. — A Manual of International Law, Londres, 2 vols., 4.ª ed., 1960.

Starke, J.G. — An Introduction to International law, Londres, 4.ª ed., 1958.

Triepel, H. — Droit International et Droit Interne, Paris, 1920.

Vattel, E. — Le Droit des gens ou principes de la Loi naturelle appliquée à la conduite des États, Paris, 1830. — Le Droit des gens, Paris, 1863, 3 vols.

II. — OBRAS, ARTIGOS E COLECTÂNEAS DE TEXTOS QUE INTERESSAM À INTRODUÇÃO E A CADA UMA DAS PARTES

a) OBRAS

Anta Diop, C. — L'Afrique Noire Précoloniale, Paris, 1960. — Nations Nègres et Culture, Paris, Présence Africaine, Paris, 1965.

Boggs, S.W. — International Boundaries, Columbia University Press, 1940.

Broek, J.M. — The Problem of Natural Frontiers, Los Angeles, 1941.

Chen, T.C. — International Law of Recognition, Londres, 1951.

Cordero Torres, J.M. — Fronteras Hispanicas, Madrid, 1960.

Darcy, J. — La Conquête de l'Afrique, Tours, 1900.

Davidson, B. — Mère Afrique, Paris, P.U.F. 1965.

De Courcel, G. — L'influence de la Conférence de Berlin de 1885 sur le Droit International Colonial, Paris, 1936.

Delafosse, M. — Les frontières de la Côte d'Ivoire, de la Côte d'Or et du Soudan, Paris, 1900.

De la Pradelle, P. — La frontière, thèse droit Paris, 1928.

De Visscher, Ch. — Les effectivités du Droit International, Paris, 1967.

Duffy, J. — Portugal in Africa, Penguin book, Londres, 1962.

Fitzgerald, W. — Africa: A social, economic, and political geography of its major regions, Nova Iorque, 1934.

Fordham, P. — The Geography of African Affairs, Pelican original, Penguin book, 1965.

Gottmann, J. — La politique des États et leur géographie, Paris (A. Colin), 1952.

Gunther, J. — Inside Africa, Londres, 1957.

Hardy, G. — Vue Générale de l'histoire de l'Afrique, Paris, 1922.

Hengelhardt. — Du régime international des fleuves internationaux, Paris, 1879.

Husson, Ph. — La question des frontières terrestres du Maroc, S.L. 1960.

International Law Association. — The effect of independence on treaties, Londres, 1967.

Ireland, G. — Boundaries, Possessions and Conflicts in Central and North America and the Caribbean, Cambridge, Massachusetts, 1941.

Jones, S.B. — Boundary-making. A handbook for Statesmen, treaty editors and boundary Commissioners, Washington, 1945.

Lauterpacht, H. — Recognition in International Law, Cambridge, 1948.

Martel, A. — Les confins saharo-tripolitains de la Tunisie, 1881–1911, P.U.F., Paris, 1965, 2 vols.

Ministère Marocain des Affaires Étrangères. — Livre blanc sur la Mauritanie, Rabat, 1960.

Ministère Marocain de l'Information. — Le Maroc en marche, Rabat, 1965.

Moulin, H.A. — Le litige chilo-argentin et la délimitation politique des frontières naturelles, Paris, 1902.

O'Connell, D.P. — The law of State Succession, Cambridge, 1956.

Pichon, J. — La question de Libye dans le règlement de la paix, Paris, 1946.

Rios Gallardo, C. — Chile y Bolivia definen sus fronteras. 1842–1904, Santiago, 1963.

Rouard de Carde. — La frontière franco-marocaine, Paris (Padoue), 1902.

Traités de délimitation concernant l'Afrique française. Avec cartes des frontières, Paris, 1910/3, 2 vols.

Traités de la France avec les Pays de l'Afrique du Nord (Algérie, Tunisie, Tripolitaine, Maroc), Paris (Padoue), 1906.

La Turquie et le Protectorat français en Tunisie (1881–1913), Paris (Padoue), 1916.

Rouget, F. — Ce que tout français doit savoir sur l'A.E.F., Paris, 1918.

Rousseau, Ch. — Le conflit italo-éthiopien Devant le droit international, Paris (Padoue), 1938.

Santamaria De Paredes, V. — Estudio de la cuestión de límites entre las Repúblicas del Perú y del Ecuador, Madrid, 1907.

Sik, E. — Histoire de l'Afrique Noire, Budapeste, 3 vols., 1961/5.

Terrasse, H. — Histoire du Maroc des origines à l'établissement du protectorat français, Éditions Atlantides, Casablanca, 1951.

Touscoz, J. — Le principe d'effectivité dans l'ordre international (thèse Aix), Paris, 1964.

Uribe, A.J. — Colombia. Venezuela — Costa Rica. Ecuador-Brasil. Nicaragua y Panamá. — Las cuestiones de límites y libre navegación fluvial, Bogotá, 1931.

Vast, H. — L'Algérie et les colonies françaises, Paris, 1900.

Warhurst, Ph.R. — Anglo-Portuguese relations in South Central Africa, 1890-1900. Londres (Longmans), 1962.

b) <u>ARTIGOS</u>

Ancel, J. — La frontière. Étude de Géographie politique, R.d.C, vol. 55 (1936), pp. 207 e 5.

Andrassy, J. — Les relations internationales de voisinage, R.d.C., vol. 79 (1951), pp.73/182.

Aufricht, H. — State Succession under the law and practice of the International Monetary Fund, I.C.L., 1962, p. 154 e ss.

Bouchez, L.J. — The concept of effectiveness as applied to territorial sovereignty over sea-areas, air space and outer space, Y.L.R., 1962, p. 151 e ss. — The fixing of boundaries in international boundary rivers, I.C.L.Q., 1963, p. 789 e ss.

Brierly. — Règles générales du droit de la paix, R.d.C., vol. 58, p. 59 e ss.

Castren, E. — Aspects récents de la succession d'États, R.d.C., vol. 78 (1951), p. 387 e ss.

Clifford, E.H.M. — The British Somaliland: Ethiopia boundary, Geographical Journal, vol. 87 (1936), p. 296 e ss.

De Geouffre, De la Pradelle, P. — Les frontières de l'air, R.d.C., vol. 86 (1954), p. 117 e ss.

De Visscher, P. — Observations sur l'effectivité en droit international public, R.G.D.I.P., 1958, p. 601.

Fischer, F.C. — The arbitration of the Guatemalan-Honduras boundary dispute, A.J.I.L, 1933, p. 403 e ss.

Flory, M. — La notion de protectorat et son évolution en Afrique du Nord, Revue juridique et politique de l'Union Française, 1954, n.º 4, 1955, n.º 1. — La notion de territoire arabe et son application au problème du Sahara, A.F.D.I, 1957, p. 73 e ss.

Green, L.C. — Le statut des forces rebelles en droit international, R.G.D.I.P., 1962, p. 15 e ss.

Guyomar, G. — La succession d'États et le respect de la volonté des populations, R.G.D.I.P., 1963, p. 92.

Hall, H.D. — The international frontier, A.J.I.L, vol. 42 (1948), p. 42 e ss.

Herndl, K. — Les accords internationaux et la succession d'États, A.A.A., vol. 32/33 (1962/1963), p. 37 e ss.

Holdich, T. — African boundaries and the application of Indian Systems of geographic Society, 1884, p. 596 e ss. — The use of practical Geography illustrated by recent frontier operations, Geographical Journal, 1899, p. 465.

Hurst, C. — State Succession in matters of Tort, B.Y.I.L., vol. 5 (1924), p. 163 e ss.

Jenks, C.W. — State Succession in respect of law-making treaties, B.Y.I.L., vol. 29 (1952), p. 105 e ss.

Joos, L.C. — Des frontières trop souvent établies au gré des colonisateurs, Monde Diplomatique, Fevereiro 1965, n.º 130, vol. 9.

Kitson, A.E. — Southern Nigeria: some considerations of its structure, people, and natural history, Geographical Journal, vol. 41 (1913), p. 24 e ss.

Lauterpacht, E. — Contemporary practice of the United Kingdom. Survey and Comment, IV. — State Succession, I.C.L.Q., 1958, p. 514.

Lindsay Temple, Ch. — Northern Nigeria, Geographical Journal, vol. 40 (1912), pp. 149/61.

Mesa Garrido, R. — Reflexiones sobre fronteras de nuevos Estados, R.E.D.I., 1966, p. 51 e ss.

Mochi Oury, A.G. — Les aspects récents de la succession aux traités R.G.D.I.P., 1968, p. 565 e ss.

Nys, E. — Rivières et fleuves frontières, La ligne médiane et le Thalweg. Un aperçu historique, R.D.I.L.C., vol. 77 (1901), p. 77 e ss.

O'Connell, D.P. — Economic concessions in the law of State Succession, B.Y.I.L., vol. 27 (1950), p. 93 e ss. — Independence and Succession to treaties, B.Y.I.L., 1962, p. 34 e ss. — Secured and unsecured debts in the law of state succession, B.Y.I.L., vol. 28 (1951), p. 204 e ss. — The British Commonwealth and State Succession after the second world war, B.Y.I.L., 1949, p. 451 e ss.

Ravenstein, E.G. — The recent territorial arrangements in Africa, Geographical Journal, vol. 3 (1894), pp. 54/8.

Reeves, J.R. — International Boundaries, A.J.I.L., 1944, vol. 38, p. 583.

Reyner, A.S. — Morocco's international Boundaries, The Journal of Modern African Studies, vol. I, n.º 3, 1963.

Rosenne, S. — Israël et les traités internationaux de la Palestine, Clunet, 1950, p. 1140 e ss.

Rousseau, Ch. — Chronique des faits internationaux, R.G.D.I.P., 1966. — Les frontières de la France, R.G.D.I.P., 1954, pp. 23 e ss., 203 e ss., 345 e ss.

Shearer, I.A. — La succession d'États et les traités non localisés, R.G.D.I.P., 1963, p. 5 e ss.

Smith, C.S. — The anglo-german boundary in East Equatorial Africa, proceedings of the British Commission, Geographical Journal, vol. 3 (1894), p. 424 e ss.

Spykman, N.J. — Frontiers, security, and international organizations, Geographical Review, vol. 32 (1942), p. 438.

Stebbing, E.P. — The threat to the West African Colonies, Geographical Journal, vol. 35 (1935), p. 506 e ss.

Talbot, P.A. — The land of the Ekkoi, Southera Nigeria, Geographical Journal, vol. 36, p. 637 e ss.

Thomson, D. — State succession under the law and practice of the International Monetary Fund, I.C.L.O., 1962, p. 595.

Truyol y Serra, A. — Las fronteras y las marcas, R.E.D.I., vol. 10 (1957), p. 105 e ss.

Verzijl, J.H. — Droit de la mer et la succession d'États, Hommages Basdevant, p. 500.

Woolsey, L.H. — Boundary disputes in Latin America, A.J.I.L., 1931, p. 324 e ss. — The Leticia Dispute between Colombia and Peru, A.J.I.L, vol. 27 (1933), p. 317 e ss.

Wright, Q. — Some thoughts about recognition, A.J.I.L., 1950, vol. 44 (1950), p. 548 e ss.

c) COLECTÂNEAS DE TEXTOS

Cordero Torres, J.M. — Textos básicos de Africa, Madrid, 2 vols., 1962.

De La Pradelle, A. — *et* Politis, N. — Recueil des arbitrages internationaux.

Hertslet, E. — The Map of Africa by treaty, 2.ª ed., Londres, 3 vols., 1896.

O.N.U. — Colectânea de tratados registados junto da O.N.U.

Pasdevant, J. — Traités et Conventions en vigueur entre la France et les puissances étrangères, Paris, 3 vols., 1918–1920.

Rouard de Card, E. — Traités de délimitation concernant l'Afrique française, Paris, 2 vols., 1910–1913.

S.D.N. — Colectânea de tratados registados junto da S.D.N.

Van Ortroy. — Conventions Internationales définissant les limites actuelles des Possessions, Protectorats et sphères d'influence en Afrique, Bruxelas, 1898.

PRINCIPAIS ABREVIATURAS

A.A.A. — Annuaire des Auditeurs et Anciens Auditeurs de l'Académie de Droit International

A.F.D.I. — Annuaire Français de Droit International

A.J.I.L. — American Journal of International Law

B.Y.I.L. — British Yearbook of International Law

I.C.L.Q. — International and Comparative Law Quarterly

N.Y.L.R. — Netherlands International Law Revient

R.d.C. — Recueil des Cours de l'Académie de Droit International

R.D.I.L.C. — Revue de Droit International et de Législation Comparée

R.E.D.I. — Revista Española de Derecho Internacional

R.G.D.I.P. — Revue Générale de Droit International Public

S.R.O.X.S.I. Rev. — Statutory Rules and Orders and Statutory Instruments Review

ÍNDICE

SEGUNDA PARTE
AS FRONTEIRAS NA ÉPOCA ACTUAL